MANUAL DE EJERCICIOS Y LABORATORIO

¡HABLEMOS ESPAÑOL!

SIXTH EDITION

TERESA MÉNDEZ-FAITH
Saint Anselm College

MARY MCVEY GILL

United States · Australia · Canada · Mexico · Singapore · Spain · United Kingdom

For Ray and Eddie,
John, Elizabeth and Laura

Cover image by Terry Hoff

ISBN: 0-03-025456-6

For more information contact Heinle & Heinle, 25 Thompson Place, Boston, MA 02210 USA, or you can visit our internet site at http://www.heinle.com

For permission to use material from this text or product contact us:	
Tel:	1-800-730-2214
Fax:	1-800-730-2215
Web:	www.thomsonrights.com

Printed in the United States of America

3 4 5 6 7 066 9

Contents

Preface

This **Manual de ejercicios y laboratorio** accompanies the sixth edition of ***¡Hablemos español!*** It is divided into two parts: **Ejercicios escritos,** the workbook, and **Ejercicios de laboratorio,** the laboratory manual. Both components are coordinated with the main textbook chapter by chapter and are designed to provide an additional context for the vocabulary, grammar structures, and language functions presented in each chapter.

The **Ejercicios escritos** contain a variety of exercises stressing both structure and communication. Each chapter begins with a vocabulary section that reinforces the new words related to the chapter theme. The grammar exercises are divided by sections corresponding to the main text. For easy reference, the same headings have been used. The **Para comunicarnos** section integrates all aspects of the chapter and emphasizes the language functions taught in the corresponding sections of the main text. All of the sections contain varied exercises to reinforce the material learned and to develop writing skills (guided and free compositions, situational responses, crossword puzzles, etc.). In addition to the exercises for each chapter, this part of the manual has three self-tests, each one focusing on the material of the preceding chapters.

The **Ejercicios de laboratorio** provide speaking, listening comprehension, and pronunciation practice. This component is to be used in conjunction with the tape program. Each chapter begins with a **Vocabulario** section, which presents the thematic vocabulary in a communicative context. The **Pronunciación** section gives models and practice for correct pronunciation in Spanish. The grammar sections correspond to the main text and include substitution and transformation drills, question and answer practice, listening comprehension passages, and a variety of contextualized exercises. The **Diálogo** and **Mosaico cultural** sections further develop listening comprehension skills. Students read along with the dialogue or **Mosaico cultural** excerpted from the main textbook, and then answer comprehension questions. A final section of each **Ejercicios de laboratorio** chapter provides a mixture of listening and guided writing activities: **Para escuchar y escribir.** Each tape is approximately 45 minutes in length; the speakers are natives, male and female, from Spain and Spanish America. The complete tapescript, containing a transcription of the taped materials, as well as the answers for the **Ejercicios de laboratorio,** is available upon request from the publisher.

The authors would like to thank Miriam Bleiweiss of Holt, Rinehart and Winston for her work editing the material and for her assistance in preparing the answer keys. We most appreciate her help and insights.

T.M.-F./M.M.G.

Glossary of Grammatical Terms

As you learn Spanish, you may come across grammatical terms in English with which you are not familiar. The following glossary is a reference list of grammatical terms and definitions with examples. You will find that these terms are used in the grammar sections of your textbook. If the terms are unfamiliar to you, it will be helpful to refer to this list.

adjective a word used to modify, qualify, define, or specify a noun or noun equivalent (*intricate* design, *volcanic* ash, *medical* examination)

A **demonstrative adjective** designates or points out a specific item. (*this* area)

A **descriptive adjective** provides description. (*narrow* street)

An **interrogative adjective** asks or questions. (*Which* page?)

A **possessive adjective** indicates possession. (*our* house)

A **predicate adjective** forms part of the predicate and complements (modifies) the subject. (His chances are *excellent.*)

In Spanish, the adjective form must agree with or show the same gender and number as the noun it modifies.

See **clause, adjective.**

adverb a word used to qualify or modify a verb, adjective, another adverb, or some other modifying phrase or clause (soared *gracefully, very* sad)

See **clause, adverbial.**

agreement the accordance of forms between subject and verb, in terms of person and number

In Spanish, the form of the adjective must also conform in gender and number with the modified noun or noun equivalent.

antecedent the noun or noun equivalent referred to by a pronoun (The *book* is interesting, but *it* is difficult to read.)

article a determining or nondetermining word used before a noun

A **definite article** limits, defines, or specifies. (*the* village)

An **indefinite article** refers to a nonspecific member of a group or class. (*a* village, *an* arrangement)

In Spanish, the article takes different forms to indicate the gender and number of a noun.

auxiliary a verb or verb form used with other verbs to construct certain tenses, voices, or moods (He *is* leaving. She *has* arrived. You *must* listen.)

clause a group of words consisting of a subject and a predicate and functioning as part of a complex or compound sentence rather than as a complete sentence

An **adjective clause** functions as an adjective. (The ad calls for someone *who can speak Spanish.*)

An **adverbial clause** functions as an adverb. (The lecturer began her talk *when everyone was seated.*)

A **dependent clause** modifies and is dependent upon another clause. (*Since the rain has stopped,* we can have a picnic.)

A **main clause** is capable of standing independently as a complete sentence. (If all goes well, *the plane will depart in twenty minutes.*)

A **noun clause** functions as a subject or object. (I think *the traffic will be heavy.*)

cognate a word having a common root or being of the same or similar origin and meaning as a word in another language (*university* and **universidad**)

command See **mood, imperative.**

comparative level of comparison used to show an increase or decrease of quantity or quality or to compare or show inequality between two items (*higher* prices, the *more* beautiful of the two mirrors, *less* diligently, *better* than)

comparison the forms an adjective or adverb takes to express change in the quantity or quality of an item or the relation, equal or unequal, between items

conditional a verb construction used in a contrary-to-fact statement consisting of a condition or an *if* clause and a conclusion (If you had told me you were sick, *I would have offered* to help.)

See **mood, subjunctive.**

conjugation the set of forms a verb takes to indicate changes of person, number, tense, mood, and voice

conjunction a word used to link or connect sentences or parts of sentences

contraction an abbreviated or shortened form of a word or word group (*can't, we'll*)

diminutive a form of a word, usually a suffix added to the original word, used to indicate a smaller or younger version or variety and often expressive of endearment (duck*ling*, pupp*y*, novel*lette*)

diphthong in speech, two vowel sounds changing from one to the other within one syllable (s*oi*l, b*oy*)

gender the class of a word by sex, either biological or linguistic

In English, almost all nouns are classified as masculine, feminine, or neuter according to the biological sex of the thing named; in Spanish, however, a noun or adjective is classified as feminine or masculine (there is no neuter classification) on the basis of grammatical form or spelling.

idiom an expression that is grammatically or semantically unique to a particular language (*It rained cats and dogs. I ran out of time.*)

It must be learned as a unit because its meaning cannot be derived from knowing its parts.

imperative See **mood.**

indicative See **mood.**

infinitive the basic form of the verb, and the one listed in dictionaries

It is often used in verb constructions and as a verbal noun, usually with "to" in English. In Spanish, it ends in **-ar, -er,** or **-ir.**

inversion See **word order, inverted.**

mood the form and construction a verb assumes to express the manner in which the action or state takes place

The **imperative mood** is used to express commands (*Walk* to the park with me.)

The **indicative mood,** the form most frequently used, is usually expressive of certainty and fact. (My neighbor *walks* to the park every afternoon.)

The **subjunctive mood** is used in expressions of possibility, doubt, contrary-to-fact, or hypothetical situations (If I *were* thin, I'd be happier.)

noun word that names something and usually functions as a subject or an object (*lady, country, family*)

See **clause, noun.**

number the form a word or phrase assumes to indicate singular or plural (*light/lights, mouse/mice, he has/they have*)

A **cardinal number** is used in counting or expressing quantity. (*one, twenty-three, 6,825*)

An **ordinal number** refers to sequence. (*second, fifteenth, thirty-first*)

object a noun or noun equivalent

A **direct object** receives the action of the verb. (The boy caught *a fish.*)

An **indirect object** is affected by the action of the verb. (Please do *me* a favor.)

A **prepositional object** completes the relationship expressed by the preposition. (The cup is on *the table.*)

participle a verb form used as an adjective or adverb and in forming compound ("perfect") tenses

A **past participle** relates to the past or a perfect tense and takes the appropriate ending. (*written* proof, the door has been *locked*)

A **present participle** assumes the progressive "-ing" ending in English. (*protesting* loudly; will be *seeing*)

In Spanish, a past participle used as an adjective or in an adjectival phrase must agree in gender and number with the modified noun or noun equivalent.

passive See **voice, passive.**

person designated by the personal pronoun and/or by the verb form

first person the speaker or writer (*I, we*)

second person the person(s) addressed (*you*)

Note: In Spanish there are two forms of *you:* the familiar (**tú, vosotros**) and the polite (**usted, ustedes**).

third person the person(s) or thing(s) spoken about (*she, he, it, they*)

phrase a word group that forms a unit of expression, often named after the part of speech it contains or forms

A **prepositional phrase** contains a preposition. (*in the room, between the window and the door*)

predicate the verb or that portion of a statement that contains the verb and gives information about the subject (He *laughed.* My brother *commutes to the university by train.*)

prefix a letter or letter group added at the beginning of a word to alter the meaning (*non*committal, *re*discover)

preposition a connecting word used to indicate a spatial, temporal, causal, affective, directional, or some other relation between a noun or pronoun and the sentence or a portion of it (We waited *for* six hours. The article was written *by* a famous journalist.)

pronoun a word used in place of a noun

A **demonstrative pronoun** refers to something previously mentioned in context. (If you need hiking boots, I recommend *these.*)

An **indefinite pronoun** denotes a nonspecific class or item. (*Nothing* has changed.)

An **interrogative pronoun** asks about a person or thing. (*Whose* is this?)

An **object pronoun** functions as a direct, an indirect, or a prepositional object. (Three persons saw *her.* Write *me* a letter. The flowers are for *you.*)

A **possessive pronoun** indicates possession. (The blue car is *ours.*)

A **reciprocal pronoun** refers to two or more persons or things equally involved. (María and Juan saw *each other* today.)

A **reflexive pronoun** refers back to the subject. (They introduced *themselves.*)
A **subject pronoun** functions as the subject of a clause or sentence. (*He* departed a while ago.)

reciprocal construction See **pronoun, reciprocal.**

reflexive construction See **pronoun, reflexive.**

sentence a word group, or even a single word, that forms a meaningful complete expression
A **declarative sentence** states something and is followed by a period. (*The museum contains many fine examples of folk art.*)
An **exclamatory sentence** exhibits force or passion and is followed by an exclamation point. (*I want to be left alone!*)
An **interrogative sentence** asks a question and is followed by a question mark. (*Who are you?*)

subject a noun or noun equivalent acting as the agent of the action or the person, place, thing, or abstraction spoken about (*The fishermen* drew in their nets. *The nets* were filled with the day's catch.)

suffix a letter or letter group added to the end of a word to alter the meaning or function (like*ness,* transport*ation,* joy*ous,* love*ly*)

superlative level of comparison used to express the highest or lowest level or to indicate the highest or lowest relation in comparing more than two items (*highest* prices, the *most* beautiful, *least* diligently)
The **absolute superlative** expresses a very high level without reference to comparison. (the *very beautiful* mirror, *most diligent, extremely well*)

tense the form a verb takes to express the time of the action, state, or condition in relation to the time of speaking or writing
The **future tense** relates something that has not yet occurred. (It *will* exist. We *will* learn.)
The **future perfect tense** relates something that has not yet occurred but will have taken place and be completed by some future time. (It *will have* existed. We *will have* learned.)
The **past tense** relates to something that occurred in the past, distinguished as **preterit** (It *existed.* We *learned.*) and **imperfect.** (It *was existing.* We *were learning.*)
The **past perfect tense** relates to an occurrence that began and ended before or by the time of a past event or time spoken or written of. (It *had existed* before then. Kathleen *had learned* to drive before she got her learner's permit.)
The **present tense** relates to now, the time of speaking or writing, or to a general, timeless fact. (It *exists.* We *learn.* Fish *swim.*)
The **present perfect tense** generally relates to an occurrence that began at some point in the past but was finished by the time of speaking or writing. It is also used for action begun in the past and continued into the present. (Kathleen *has fed* the rabbit, so we can go. Kathleen *has* always *fed* the rabbit.)
The **progressive tense** relates an action that is, was, or will be in progress or continuance. (It *is happening.* It *was happening.* It *will be happening.*)

triphthong in speech, three vowel sounds changing from one to another within one syllable (*wire, hour*)

verb a word that expresses action or a state or condition (*walk, be, feel*)
A **spelling-changing verb** undergoes spelling changes in conjugation. (infinitive: *buy;* past indicative: *bought*)
A **stem-changing verb** undergoes a stem-vowel change in conjugation. (infinitive: *draw;* past indicative: *drew*)

voice the form a verb takes to indicate the relation between the expressed action or state and the subject

The **active voice** indicates that the subject is the agent of the action. (Harrison Ford *played* that role. Carlos Fuentes *wrote* this book.)

The **passive voice** indicates that the subject does not initiate the action but that the action is directed toward the subject. (The role *was played* by Harrison Ford. This book *was written* by Carlos Fuentes.)

word order the sequence of words in a clause or sentence

In **inverted word order,** an element other than the subject appears first. (*If the weather permits,* we plan to vacation in the country. *Please* be on time. *Have* you met my parents?)

In **normal word order,** the subject comes first, followed by the predicate. (*The people celebrated the holiday.*)

EJERCICIOS ESCRITOS

Nombre ______________________ Fecha ______________ Clase __________

Capítulo uno
La familia

VOCABULARIO
La familia de Juan

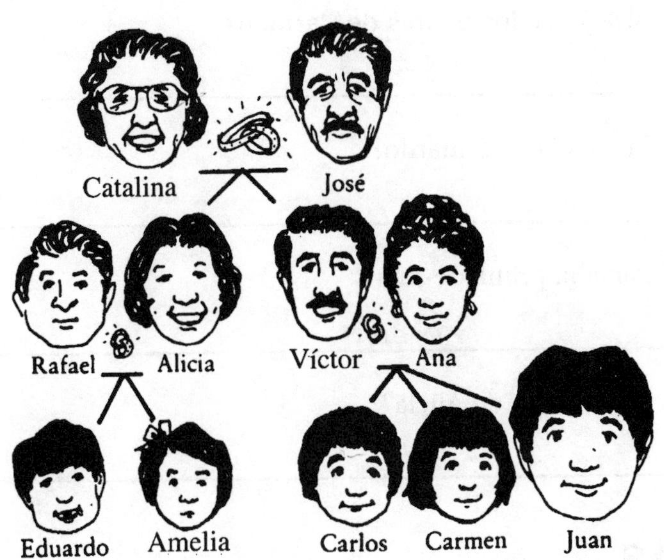

A. La familia de Juan. *Complete each sentence with a word that indicates the correct family relationship.*

1. Amelia es la hija de Rafael.
2. José es el abuelo de Amelia.
3. Carmen es la prima de Eduardo.
4. Juan es el hijo de Ana.
5. Ana es la esposa de Víctor.
6. Rafael es el tío de Carlos.
7. Catalina es la abuela de Juan.
8. Alicia es la tía de Carlos.

B. Preguntas. *Using the illustration from Exercise A, answer the following questions.*

MODELO ¿Cómo se llama la madre de Juan?
Se llama Ana.

1. ¿Cómo se llama el abuelo de Carlos?
Se llama José.
2. ¿Cómo se llama la tía de Juan?
Se llama Alécia.
3. ¿Quiénes (*Who*) son los padres de Carmen?
Se llaman Victor y Ana.
4. ¿Quién es la abuela de Eduardo?
Se llama Catalina.
5. ¿Cómo se llama la prima de Juan?
Se llama Amelia.
6. ¿Quién es el hermano de Alicia?
Se llama Victor.

ESTRUCTURAS

I. The present tense of regular *-ar* verbs

A. Sujetos posibles. *In each of the following sentences, the subject noun or pronoun is missing. Circle all of the possible answers for each item.*

1. (Ustedes / Ellos / El pasaporte / Juan y yo / Los estudiantes) miran la pizarra.
2. (Ella / Tú / Usted / El esposo / La niña) viajas a Ecuador.
3. (La tía / Eduardo / Yo / Los hijos / Pablo) necesito estar en Los Ángeles.
4. (Marta / Nosotros / Tú / El esposo de Graciela / Ustedes) lleva los libros.
5. (Yo / Ella y yo / Nosotras / Tú y yo / Felipe / La profesora) buscamos los regalos mañana.

B. Fotos de España. *You and Ana have just returned from Madrid. Put captions under the snapshots of your trip; the following groups of words may help.*

Ana y yo / buscar / un hotel

Teresa, Paco y Juan Manuel / visitar / la Universidad de Madrid

Nombre ______________________ Fecha ______________ Clase __________

En la Plaza de España / Ana / mirar / la estatua (*statue*) de Don Quijote y Sancho Panza

Los amigos de Ana y yo / hablar / en el restaurante Botín

Los turistas / necesitar / un taxi

Nosotros / llegar / a la ciudad de Ávila

MODELO Los amigos de Ana y yo hablamos en el restaurante Botín.

1. ______________________________
____

2. ______________________________
____

3. ______________________________
____

4. ______________________________
____

5. ______________________________

____

II. Articles and nouns: Gender and number

A. Completar las frases. *Complete each sentence with the correct form of the indefinite article.*

1. Yo llevo ___un___ cuaderno,
   ___unos___ papeles y
   ___un___ bolígrafo a clase.
2. Los señores Martín necesitan ~~una~~ ___una___ mesa y
   ___unas___ sillas para la casa.
3. Juan necesita ___una___ cámara.
4. Los turistas buscan ___un___ restaurante español.
5. Rosa busca ___unos___ regalos.

B. Errores mínimos. *Rephrase each sentence as an afterthought, using the new word or words in parentheses. Make all necessary changes.*

MODELO Busca la dirección. (lápiz)
No, busca el lápiz.

1. Miramos el avión. (ciudad)
   No, miramos la ciudad.
2. El tío de Carlos está aquí. (tía)
   No La tía de Carlos está aquí.
3. Buscan la farmacia. (hoteles)
   No buscan los hoteles.

Nombre ______________________ Fecha ______________ Clase __________

4. Las hijas de Isabel desean hablar con usted. (hijos)

No, Los hijos de Isabel desean hablar con usted.

5. Necesito los regalos. (cámaras)

No, Necesito las cámaras.

C. La palabra correcta. *Circle the word that best completes each sentence.*

MODELO Ellos miran el (farmacia / avión / pared).

Buscar to look for

1. Deseo pasar una (semana / ciudad / hotel) aquí.
2. Busco el (ciudad / cámara / lápiz).
3. ¿Necesitas la (dirección / amigo / pasaporte)?
4. ¿Cómo está el (ciudad / niños / tío de Juan)?
5. Necesitamos unas (amiga / sillas / números de teléfono).
6. El señor Gómez llega con unos (lecciones / amigos / mujeres).
7. ¿Necesitas un (pasaporte / aeropuerto / cámara) para viajar a México?

III. Cardinal numbers 0–99; *hay*

A. Precios. (*Prices.*) *Write out the prices for each item. (dollars =* ***dólares****; cents =* ***centavos****)*

MODELO libro $23,95
veintitrés dólares y noventa y cinco centavos

1. cuaderno $0,87 cero dólares y ochenta y siete centavos.
2. pluma $2,37 dos dólares y treinta y tres centavos
3. lápices $1,56 uno dólares y cincuenta y seis centavos
4. mesa $74,12 setenta y cuatro dólares y doce centavos
5. silla $25,15 venticinco dólares y quince centavos
6. pasaporte $14,00 cotorce dólares y cero centavos
7. cámara $61,18 sesenta y uno dólares y ~~diecisie~~ dieciocho centavos
8. regalos $99,11 noventa y nueve dólares y once centavos

B. Preguntas. *Answer little Amelia's questions.*

MODELO ¿Hay seis días en una semana?
No, no hay seis días en una semana.

¿Hay once personas en la familia de Juan?
Sí, hay once personas en la familia de Juan.

1. ¿Hay un hombre en la luna (*moon*)?

No, no hay un hombre en la luna.

2. ¿Hay treinta días en noviembre (*November*)?

No, no hay treinta días en noviembre.

3. ¿Hay tres días en un fin de semana?

No, no hay tres días en un fin de semana

4. ¿Hay hoteles en los aeropuertos?

No, no hay hoteles en los aeropuertos.

5. ¿Hay doctores en las farmacias?

Sí, hay doctores en las farmacias.

IV. Interrogative words and word order in questions

¿Qué, quién, cómo...? *Write questions that would elicit the following responses. The cues for the answers are underlined.*

MODELO Juan estudia español.
¿Quién estudia español?

1. Pepito y Carlos hablan mucho.

¿Quiénen hablan mucho?

2. Nosotros viajamos a Caracas.

3. Viajamos por avión.

4. Pepito lleva el regalo.

Nombre ______________________ Fecha ______________ Clase __________

5. La mujer se llama Teresa.

¿Quien

6. Yo estoy con Ana.

¿Quien está con Ana?

7. Antonio pasa una semana aquí.

¿Quien pasa una semana aquí?

8. El avión llega en cuarenta minutos.

¿Cuantó el avión llega?

9. Juan y José están en casa.

¿Dondé están Juan y José?

PARA COMUNICARNOS

A. Conversación imaginaria. *For each of the following expressions, circle the letter preceding the most appropriate response.*

1. Hola, ¿hablo con el padre de Raquel?
   a. No, con el libro de Raquel.
   b. No, con el hermano de Raquel.
   c. No, con la oficina de Raquel.

2. ¿Viajan a México en las vacaciones?
   a. No, al Hotel Continental.
   b. Sí, a Madrid.
   c. No, a Bolivia y a Chile.

3. ¿Cómo se llama usted?
   a. Juan Bernardino Méndez.
   b. Muy bien, gracias.
   c. Hasta mañana.

4. Hay dos profesores italianos en la universidad.
   a. ¡Chau!
   b. ¿Verdad?
   c. ¿De acuerdo?

5. ¿Cómo se dice "parents" en español?
   a. Se dice padres.
   b. Se dice parientes.
   c. Se dice paredes.

B. Crucigrama. *Complete the following crossword puzzle.*

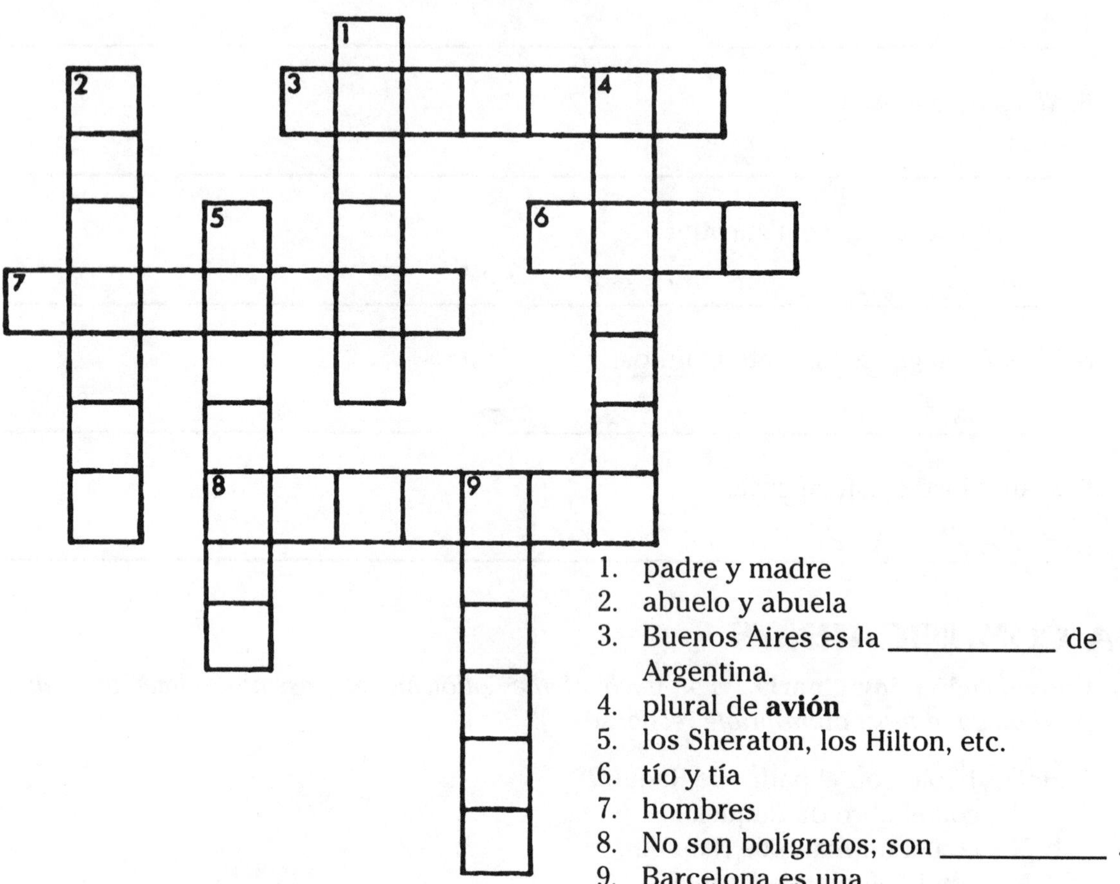

1. padre y madre
2. abuelo y abuela
3. Buenos Aires es la ___________ de Argentina.
4. plural de **avión**
5. los Sheraton, los Hilton, etc.
6. tío y tía
7. hombres
8. No son bolígrafos; son ___________ .
9. Barcelona es una ___________ .

PARA ESCRIBIR

Preguntas personales. *Answer the following personal questions.*

1. ¿Cómo está usted hoy?

____

2. ¿Cómo se llama usted?

____

3. ¿Qué lleva usted a la clase de español?

____

4. ¿Escucha usted la radio?

____

5. ¿Adónde desea viajar usted?

____

Nombre ______________________ Fecha ______________ Clase __________

Capítulo dos
Descripciones

VOCABULARIO

A. Antónimos. *Give the opposite of each of the following words.*

1. cortés ______________ 6. pesimista ______________
2. grande ______________ 7. interesante ______________
3. malo ______________ 8. altruista ______________
4. responsable ______________ 9. sensible ______________
5. realista ______________ 10. nuevo ______________

B. ¿Cómo son? *Describe the personalities of the following people.*

1. Yo ____
2. Mi mejor amigo (-a) (*My best friend*) ______________________________
____
3. Mi profesor(a) ____
4. Mi hermano(-a) ____

ESTRUCTURAS

I. The verb *ser*

A. Las Naciones Unidas. *You are telling your friend Gustavo that in your college there are people from all over the world. Circle the correct form of the verb* **ser** *in each sentence.*

1. Mario y Sofía (es / son) de Italia.
2. John, Susie y yo (somos / son) de los Estados Unidos.
3. Laura y Fred (eres / son) de California y yo (es / soy) de Florida.
4. La profesora Valle (eres / es) de México y el profesor Ruiz (es / son) argentino.
5. Tú (eres / soy) español, ¿verdad?
6. Y ustedes también (sois / son) de España, ¿no?

B. **Ser y más ser.** *Complete each sentence with the appropriate form of the verb* ***ser.***

MODELO El libro **es** pequeño.

1. Nosotros somos rubios.
2. Eduardo y Alberto son altos.
3. Yo ~~estoy~~ soy de México.
4. Usted es profesor de español, ¿verdad?
5. Luis y yo somos realistas.
6. Tú eres responsable.
7. Bogotá es la capital de Colombia.
8. Ella y tú son idealistas.
9. Cristina es la hermana de Pedro.
10. Yo ~~estoy~~ soy estudiante.

II. Adjectives

A. **La palabra correcta.** *Circle the word that correctly completes each sentence.*

MODELO La señorita Roa Ortiz es una profesora muy (simpática / bonito / trabajador).

1. Los Ángeles es una ciudad (bueno / grande / contaminado).
2. La Estancia es un (grande / buen / bueno) restaurante.
3. El señor Gómez habla ahora con unas personas (norteamericanas / inteligente / famosos).
4. ¿Un (mal / malo / argentino) amigo? No, Vicente es un amigo muy bueno.
5. ¿Comida italiana? No, yo busco un restaurante (gran / pequeña / mexicano).
6. Es una persona muy (famoso / inteligentes / trabajadora).
7. Visitamos una ciudad muy (viejo / linda / corteses).

old Linda courtesy

Nombre ______________________ Fecha______________ Clase __________

B. Buenos Aires. *Describe Buenos Aires using the adjectives in parentheses. Make the necessary agreements.*

MODELO (grande / famoso) Buenos Aires es una ciudad **grande** y muy **famosa** .

1. (mucho / bueno) Allí hay muchos restaurantes buenos .
2. (horrible / amable) El tráfico es horrible pero las personas son muy amable .
3. (viejo / lindo) Hay muchas casas lindas pero muy viejas .
4. (excelente / moderno) Hay universidades excelente y modernos .
5. (inteligente / trabajador) Los estudiantes son inteligentes y trabajadores .
6. (internacional / famoso) En la avenida Lavalle hay hoteles internacional muy famosos .
7. (mucho / interesante / elegante) Allí está el Hotel Claridge, donde hay muchas personas interesantes . Es un hotel ~~elegante~~ interesante .
8. (grande / importante) También hay una importante plaza muy grande : la Plaza de Mayo.

Y ahora, ¿no deseas visitar Buenos Aires...?

III. *ser* vs. *estar*

A. ¿Por qué usar *ser*? *For each of the following sentences write the letter that indicates why **ser** is used.*

a. links the subject to a noun or pronoun
b. indicates origin
c. indicates where an event takes place
d. describes what something is made of
e. shows a personal characteristic
f. shows possession

Permanent

F. 1. La casa es de Elena.
A. ~~E.~~ 2. Marisa es una persona muy sensible.
B. 3. Inés es de Costa Rica.
C. 4. La fiesta es en la universidad.
D. 5. Las sillas no son de plástico.
A. 6. La señorita Guitiérrez es profesora de inglés.
E. 7. Ellos son inteligentes.

B. ¿Por qué usar *estar*? *For each of the following sentences write the letter that indicates why **estar** is used.*

Temporary

a. shows location or position
b. indicates a particular condition

B. 1. Roberto está contento.
B. 2. El café está bueno hoy.
A. 3. No estoy en clase.
B. 4. ¿Cómo está usted?
A. 5. Marta está en la biblioteca.

C. ¿Ser o estar? *Complete each sentence with the correct form of **ser** or **estar**, as appropriate.*

MODELO Elisa **está** bonita hoy.

1. Los chicos estan perdidos.
2. Nosotros estamos en la agencia de viajes.
3. Yo soy norteamericano.
4. El hotel está enfrente de la universidad.
5. Los tíos ~~estan~~ son simpáticos y muy altruistas.
6. Rafael ~~esta~~ es amable.
7. Tú estás aburrida, ¿verdad?
8. Elena y yo estamos de vacaciones.

Nombre ______________________ Fecha ______________ Clase __________

D. La señora Ramírez y Anita. *Complete the following sentences about Mrs. Ramírez and Anita by filling in each blank with a form of* ***ser*** *or* ***estar,*** *as appropriate.*

La señora Ramírez…

1. es baja.
2. está en un autobús.
3. es gorda.
4. es vieja.

Anita…

5. está en clase.
6. es morena. – dark hair
7. está nerviosa.
8. es joven.

IV. The contractions *al* and *del*
and
V. The personal *a*

A. ¿Personal o impersonal? *Complete each sentence with the personal* **a** *if it is needed.*

1. Tomás busca ______ el hotel y también busca ______ Felipe.
2. Usted se llama ______ Teresa, ¿verdad?
3. Visitamos ______ los abuelos de Raúl.
4. Llamo ______ un taxi.
5. Alicia necesita ______ dos semanas de vacaciones. ¿Y tú?
6. Necesito llamar ______ la doctora.

B. Confusiones. *Your roommate doesn't know what's happening. Respond to each of his or her questions using the cue given.*

MODELO ¿Visitas a la hermana de Laura mañana? (el hermano)
No, visito al hermano de Laura mañana.

1. ¿Necesitas el número de teléfono del profesor de español? (la profesora de francés)

____

2. ¿Buscas la dirección de la doctora? (el profesor de inglés)

____

3. ¿Llevas los libros al laboratorio? (la clase)

____

4. ¿Comemos en el restaurante de la universidad? (el museo de arte)

____

5. ¿Llamamos a la prima de Laura? (las primas)

____

Nombre ______________________ Fecha______________ Clase __________

C. La imaginación creadora. *Complete the sentences using the cues given for (a) and (b) and adding words as necessary. Give an original response for (c).*

MODELO Ella visita...
(a) la agencia
(b) Tomás
(c) ____________________

(a) Ella visita la agencia de viajes.
(b) Ella visita a Tomás Gómez, el tío de Juan.
(c) Ella visita un museo muy interesante.

1. Busco...

(a) una exposición

____

(b) señor Aguirre

____

(c) ____

2. La farmacia está...

(a) lejos / hotel

____

(b) cerca / Avenida Caracas

____

(c) ____

3. El turista mira...

(a) chicas

____

(b) museos

____

(c) ____

4. Los pasajeros llegan...

(a) aeropuerto

____

(b) Estados Unidos

____

(c) ______________________________

5. El restaurante está...

(a) lado / hotel

____

(b) enfrente / universidad

____

(c) ______________________________

PARA COMUNICARNOS

A. **Reacciones lógicas.** *React to each of the following statements by choosing an appropriate phrase from the list below.*

¡Qué horrible!	¡Qué bueno!	¿Verdad?
¡Qué aburrido!	¡Qué malo!	¡Qué egoísta!
¡Qué descortés!	¡Qué interesante!	

1. Luis está muy mal. Ahora está en el hospital. ______________________________
2. Fernando no escucha a la profesora. ______________________________
3. El chico no desea visitar a la abuela. ______________________________
4. Estamos en clase ahora. ______________________________
5. Visitamos el Museo de Historia Natural. ______________________________
6. ¡Allí la comida es deliciosa! ______________________________
7. Escuchamos una ópera de Wagner. ______________________________

Nombre ______________________ Fecha______________ Clase __________

B. En la ciudad. *Look at the drawing and then complete each sentence with an appropriate prepositional phrase, choosing from the list that follows. Don't use the same prepositional phrase twice.*

a la derecha de
a la izquierda de
al lado de
cerca de
detrás de
enfrente de
lejos de

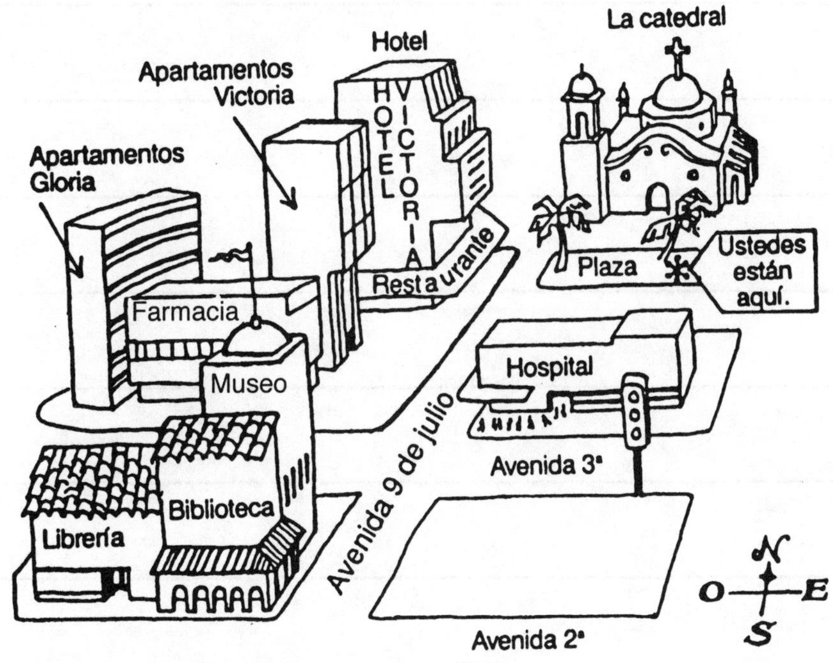

1. La plaza está ______________________ la catedral (*cathedral*).
2. La librería (*bookstore*) está ______________________ la biblioteca (*library*).
3. La farmacia está ______________________ los Apartamentos Gloria.
4. El Hotel Victoria está ______________________ los Apartamentos Victoria.
5. La librería está ______________________ la catedral.
6. El museo está ______________________ la biblioteca.

PARA ESCRIBIR

Una foto para un(a) amigo(-a). *You have just received a postcard from an Argentine friend. He (She) enclosed a photograph of his (her) family describing the people in it and asking that you do the same for him (her). Answer your friend's request with a photo of your own family and a brief description of them. Use exercises B and C from the PARA COMUNICARNOS section (on page 62 of your textbook) as models.*

Nombre ______________________ Fecha ______________ Clase __________

Capítulo tres
Estudios y profesiones

VOCABULARIO

Estudios universitarios. *In each of the following passages people are describing their activities or preferences. Try to guess what they are studying.*

MODELO Necesito unos libros sobre John Locke y Thomas Jefferson.
a. ciencias políticas b. biología c. literatura

1. Necesito dos libros sobre Aristóteles y uno sobre Platón. También busco uno de Jean-Paul Sartre.
   a. matemáticas b. filosofía c. música
2. Deseo visitar el museo para ver una exposición sobre la civilización azteca.
   a. antropología b. biología c. música
3. Necesito información sobre Jonas Salk y Luis Pasteur.
   a. química b. medicina c. sociología
4. Hoy estudiamos la Revolución Mexicana.
   a. historia b. física c. ciencias de computación
5. Llevo un libro de Cervantes y dos de Stephen King.
   a. ciencias naturales b. literatura c. antropología

ESTRUCTURAS
I. Telling time

A. ¿A qué hora? *Form complete sentences with the following words.*

MODELO yo / salir / 9:00 A.M.
Yo salgo a las nueve de la mañana.

a las? son las?

1. tú / llegar / 4:50 P.M.
   Tú llegas a las cinco menos diez de la tarde
2. el doctor Jaramillo y yo / visitar / clase / 10:40 A.M.
   ~~El doctor Jaramillo y yo~~
   Nos. visitamos la clase a las once menos veinte de la mañana.

3. tú / llamar / agencia / 2:05 P.M.

Tú llamas la agencia a las dos y cinco minutos a la tarde.

4. ahora / ser / 8:00 A.M. / en París

Ahora yo soy en París a las ocho de la mañana.

5. nosotros / desear / llegar / 11:30 A.M.

Nos. desea llegar a las once y media de la mañana.

B. Una tarde en la vida (*life*) de Juana. *Looking at the clocks and the words given, tell what time Juana is doing each activity. Add words as needed.*

MODELO Juana / estudiar / biología
A la una y diez Juana estudia biología.

1:10

1. Juana / llevar / libros / casa / amiga

A la una y ~~[illegible]~~ media Juana lleva la casa

2. Juana / hablar / profesora / física

to speak · physics

Son las tres menos veinte ~~minutos~~ Juana hablas a la profesora de la física.

3. Juana / visitar / familia / Miguel

Son las tres y ~~quince minut~~ cuarto Juana y Miguel visitan ~~la~~ la familia.

4. Juana / preguntar / la hora

to ask the hour

~~Son las seis menos~~ Son las cinco menos cuarto Juana pregunta a la hora.

Nombre ______________________ Fecha ______________ Clase __________

5. Juana / mirar / televisión

Son las cinco y media

Juana mira la televisión.

II. The present tense of regular *-er* and *-ir* verbs

A. En la cafetería. *You overhear a group of students talking about the first week of classes. Complete their sentences with the correct forms of the verbs in parentheses.*

1. El profesor de filosofía cree (creer) que nosotros debemos (deber) hablar más en clase.
2. ¿Qué leen (leer) ustedes en la clase de inglés ahora?
3. Patricia y yo no vivimos (vivir) en la universidad. ¿Y tú, Sandy?
4. Irene no escribe (escribir) muchas cartas pero recibe (recibir) muchas de su familia.
5. ¿ Aprendemen (Aprender) mucho ustedes en la clase de español?
6. ¿Dónde comen (comer) tú y Fred mañana?
7. Yo no comprendo (comprender) el Capítulo 1. ¿Y ustedes?

B. Lógica verbal. *Complete each sentence; choose the most appropriate verb in parentheses and supply the correct form.*

1. Busco el libro sobre la civilización azteca, pero creo que no está aquí. (creer, vender, vivir)
2. Ellos leen muchos libros interesantes en la biblioteca. (leer, escribir, vender)
3. María siempre recibe regalos de la familia Rodríguez. (comprender, recibir, leer)
4. Nosotras comemos mucha comida italiana. (comer, abrir, leer)

5. Jorge, ¿por qué no ______lee______ el libro de Carlos Fuentes? (vivir, leer, aprender)

6. Muchos comerciantes ______viven______ en casas elegantes. (descubrir, vivir, comprender)

7. Tú ______debes______ hablar con un abogado. (leer, descubrir, deber)

8. Mamá, ¿por qué no ______abrimos______ (nosotros) los regalos ahora? (abrir, vivir, creer)

III. Possessive adjectives

A. Cambios necesarios. *Make a new sentence by replacing the underlined word(s) with the word(s) in parentheses. Make all necessary changes.*

MODELO Mi amigo Raúl aprende italiano. (Raúl y Carmen)
Mis amigos Raúl y Carmen aprenden italiano.

1. Tu composición está en la mesa. (composiciones)

Tus composiciones estan en la mesa.

2. Nuestra prima Berta vive aquí. (Alberto)

Nuestro primo Alberto vive aquí.

3. Necesito tus libros, Justina. (doctora Carretón)

Necesito sus libros, doctora Carretón

4. Nuestras universidades son bonitas. (parques y plazas)

Nuestros parques y plazas son bonitas.

5. Bienvenido, Tomás, estás en tu casa. (profesor Álvarez)

Bienvenido, profesor Álvarez, está en su casa.

6. Voy a escribir a mi hija. (hijas)

Voy a escribir a mis hijas.

Nombre ______________________ Fecha______________ Clase __________

B. La familia de Silvia. *Silvia is talking about her family. Complete the description using the cues given.*

1. (*My*) ___Mi___ familia es muy simpática. Yo vivo con
2. (*my*) ___Mis___ hermanas Elena y Sofía y con
3. (*my*) ___Mis___ padres.
4. (*Our*) ___Nuestro___ apartamento no es grande, pero es muy bonito. Elena va a la escuela con
5. (*her*) ___sus___ amigas. Sofía trabaja;
6. (*her*) ___su___ oficina está cerca del apartamento.
7. (*Our*) ___Nuestro___ padre habla inglés y español;
8. (*his*) ___Su___ madre es puertorriqueña.
9. (*Our*) ___Nuestra___ madre es de Cuba.
10. (*Her*) ___Su___ padre todavía está allí. ¿Y tu familia...? ¿De dónde son
11. (*your*) ___¿ Sus___ padres?

IV. The present indicative of *tener*

A. ¿Qué tienen? *Complete each sentence by supplying the noun shown in the picture and the correct form of* ***tener.***

MODELO Roberto ______________ para el regalo.

Roberto tiene cincuenta dólares para el regalo.

1. Yo ___tengo un reloja___ nuevo.

2. Los padres de Ana ___tienen un hotel___ en Veracruz.

3. María Pilar y yo tenemos los libros de muchos escritores mexicanos.

4. El presidente tiene un avión grande.

5. Los señores Espinoza tienen una librería en la Avenida Juárez.

B. Conversaciones. *Complete the following conversations with the appropriate forms of* ***tener, tener ganas de,*** *or* ***tener que.***

to have / to feel like / to have to

1. —Raúl, ¿comes con nosotros?

   —No, mamá, hoy no tengo tiempo.

2. —Mamá, yo tengo ganas de estudiar música.

   —Bueno, la señora López enseña piano.

3. —Papá, creo que la química y la ingeniería son importantes, pero…

   —Comprendo, hijo. La verdad es que no tienes ganas de estudiar…

4. —¿Qué hora es?

   —Son las tres. Nosotros tenemos estar allí en veinte minutos.

to need

5. —Debemos hablar con un doctor.

   —Yo tengo una idea. ¿Por qué no llamamos al doctor Torres?

C. Posesiones. *Write two sentences telling some things that you or your friends have, using the verb* ***tener.***

Yo tengo un bicicleta.

Yo tengo un reloja.

Nombre ______________________ Fecha ______________ Clase __________

V. The verbs *hacer, poner, salir,* and *venir*

A. Completar las frases. *Complete each sentence with the appropriate form of* **hacer,** **poner, salir,** *or* **venir.**

1. ¿Qué haces tú?

   Yo haigo la maleta.

2. Jaime pone los libros en la mesa.
3. Nosotras hacemos ejercicios.
4. Arturo y ella vienen a la fiesta mañana.
5. Tú vienes a la fiesta también, ¿no?
6. Yo salgo de la casa a las nueve de la mañana todos los días.

B. Preguntas personales. *Answer the following questions in Spanish.*

1. ¿Vienes a la universidad por la mañana? ¿A qué hora?

   No, vengo a la universidad por la mañana.

2. ¿Sales mucho a comer? ¿Con quién(es)?

   No, salgo mucho a comer.

3. ¿A qué hora vienen ustedes a la clase de español?

   Vengo a la clase de español a las seis en punto de la noche.

4. ¿Haces la comida todas las noches o comes en la cafetería de la universidad?

   Hago la comida todas las noches.

PARA COMUNICARNOS

A. ¿Cómo? No comprendo. *Eduardo is looking for a restaurant on his first trip to the university. Play his role and interrupt the speaker to ask for clarification. Use a variety of expressions of incomprehension.*

MODELO Usted debe comer en el restaurante universitario.
¿Cómo? ¿Dónde debo comer?

1. El restaurante universitario está cerca de la biblioteca.

   ____

2. Usted no necesita un mapa, ¿verdad?

____

3. Muchos estudiantes y profesores comen en el restaurante mexicano que está en la Avenida Moctezuma.

____

4. Hoy tienen huachinango veracruzano y mole poblano de guajolote.

____

5. Usted es turista, ¿no?

____

B. Escenas de todos los días en el Edificio Rosales. *Everyone in the Edificio Rosales lives in a world apart. Tell about each one, using an expression with* **tener** *and as many verbs from Section V (***hacer, poner, salir,** *and* **venir***) as possible.*

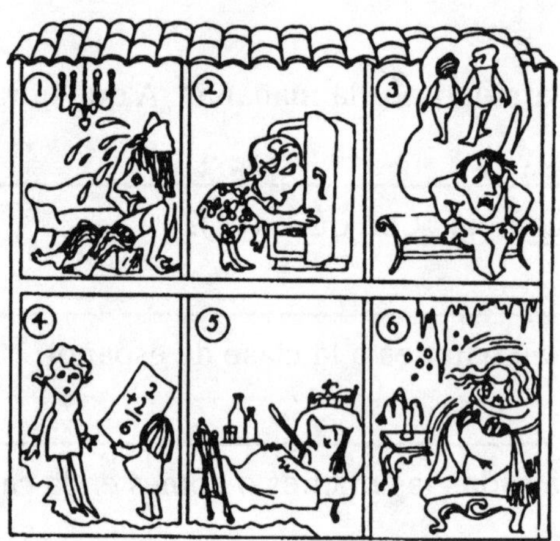

1. El señor Gómez ____.
2. La señora Mendizábal ____.
3. Cristóbal no ____.
4. Isabelita no ____.
5. El amigo de Juan ____.
6. Yo ____.

Nombre ______________________________ Fecha __________________ Clase ___________

PARA ESCRIBIR

¡Hola, amigo(-a)! Aquí estoy... ¡en video! *Write a paragraph for a script for a videocassette to send to your pen pal in Mexico. Use the questions below as guidelines for describing yourself and your academic activities to your pen pal and for asking her or him for similar information.*

1. ¿Dónde vives?
2. ¿Cómo es tu ciudad?
3. ¿Tienes muchos amigos? ¿Cómo son?
4. ¿Eres estudiante?
5. ¿Qué estudias?
6. ¿Cuál es tu clase favorita? ¿Por qué?
7. ¿Y quién es tu profesor(a) favorito(-a)? ¿Por qué?
8. ¿A qué hora asistes a clases?
9. ¿Sales los fines de semana (*weekends*)? ¿Con quién(es)?
10. ¿Qué haces durante as vacaciones?

____

____

____

____

____

____

____

____

____

____

Nombre ______________________ Fecha ______________ Clase __________

Capítulo cuatro

Las estaciones y el tiempo

VOCABULARIO

A. Estaciones y meses. *Complete each sentence with the appropriate word or words from the list below.*

frío	sol	primavera	enero	nieva
calor	otoño	estación	meses	llueve

1. En las montañas ______________ en el invierno.
2. En el verano hace ______________ y ______________ .
3. Abril y mayo son ______________ de la ______________ , no del otoño.
4. La ______________ favorita de Alberto es el ______________ ; para él, septiembre y octubre son meses estupendos.
5. En Chicago hace mucho viento y mucho ______________ en diciembre y ______________ .
6. En abril ______________ mucho aquí.

B. El tiempo. *The word **tiempo** can refer either to "time" or "weather." Which is the case in each of the following examples?*

1. ¿Ir a comer con ustedes? No, no tengo tiempo. ______________
2. Hoy hace muy buen tiempo. ______________
3. ¡Rápido! El tiempo es oro. ______________
4. ¡Qué lluvia! Aquí siempre hace mal tiempo. ______________

ESTRUCTURAS

I. The irregular verb *ir;* adverbs with *-mente*

A. Actividades. *Circle the verb that correctly completes each sentence.*

MODELO Nosotros ______________________ de vacaciones en agosto.
(voy, (**vamos,**) van)

1. Aquí hace calor en julio. María Elena y Marcelo siempre ______________________ a la playa. (voy, vamos, van)
2. Rogelio, ¿ ______________________ a esquiar con nosotros? (voy, vas, vamos)
3. Creo que no ______________________ a hacer calor cerca del mar. (van, vamos, va)
4. Hija, ¿por qué ______________________ a salir con Fernando Cuevas? Es un muchacho muy descortés. (vamos, vas, voy)
5. El sábado yo ______________________ a ir de compras. (vamos, va, voy)

B. Las clases. *Refer to the class schedules below and complete each sentence with the appropriate form of* **ir** *and other information.*

	Yo	**Félix**	**Magdalena**
9:00	ANTROPOLOGÍA	ANTROPOLOGÍA	FRANCÉS
10:00	ESPAÑOL	FÍSICA	FÍSICA
11:00	QUÍMICA	INGENIERÍA	QUÍMICA
1:00	INGLÉS	INGLÉS	PSICOLOGÍA

MODELO A las diez yo ___voy___ a la clase de español.

1. Félix y Magdalena ______________________ a la clase de ______________________ a las diez.
2. Magdalena ______________________ a la clase de ______________________ a la una.
3. Félix y yo ______________________ a la clase de antropología.
4. Magdalena y yo ______________________ a la clase de ______________________ .

Nombre ______________________ Fecha ________________ Clase ___________

5. A las once Félix ________________ a la clase de ________________.

6. A la una Félix y yo ________________ a la clase de ________________.

C. **¿Cómo?** *Using the correct adverbial form of the adjective given, tell* ***how*** *the following people do certain things.*

MODELO (terrible) Felipe esquía **terriblemente.**

1. (descortés) Ana habla ________________.
2. (rápido) Los estudiantes van ________________ a la clase de inglés.
3. (posible) ________________ voy a la playa con ustedes.
4. (lento) Tú y yo vamos ________________ a la casa de Pablo.

II. Dates

A. **Preguntas.** *Answer each question in a complete sentence.*

1. ¿Qué día es hoy?

____

2. ¿Qué hace usted los sábados? ¿Va a fiestas?

____

3. ¿Cuándo van a tener ustedes un examen?

____

4. ¿Cuál es el día favorito de usted? ¿Por qué?

____

5. ¿Qué meses tienen treinta días?

____

6. ¿Cuál es la fecha de su cumpleaños?

____

7. ¿Es usted supersticioso(-a)? En muchas partes del mundo hispano, el día de mala suerte (*luck*) es el martes (especialmente el martes 13). ¿Cuál es el día de mala suerte aquí?

____

B. **Fechas importantes.** *Complete the following chart with birthdays of four people you don't want to forget.*

MODELO	Persona	Fecha
	mamá	**el nueve de julio**
1.	______________	______________
2.	______________	______________
3.	______________	______________
4.	______________	______________

III. Cardinal numbers 100 and above

A. **La inflación.** *Inflation is a big problem in Latin America. Sometimes currency is devalued by a factor of as much as 10,000. Convert the following amounts from* **pesos viejos** *to* **pesos nuevos.** *(Hint: just drop four zeros from the number of old pesos to get the number of new pesos.)*

MODELO 100.000 pesos viejos =
Cien mil pesos viejos son diez pesos nuevos.

1. 5.000.000 pesos viejos =

____

2. 30.000 pesos viejos =

____

3. 2.000.000 pesos viejos =

____

4. 800.000 pesos viejos =

____

5. 80.000 pesos viejos =

____

6. 550.000 pesos viejos =

____

Nombre ______________________ Fecha______________ Clase __________

7. 10.990.000 pesos viejos =

____

8. 4.440.000 pesos viejos =

____

B. Vuelos internacionales. *This schedule from the Chilean newspaper* ***La Época*** *shows international flights to and from Santiago. Write out the flight numbers of the following.*

MODELO el avión que sale para Sao Paulo-Río a las 8:30 de la mañana
ciento catorce

INTERNACIONALES

LLEGAN:

Nueva York-Miami	149	LAN	07.25
Nueva York-Washington-Miami	341	LADECO	09.00
Miami	477	PANAM	08.30
B. Aires	040	ECUATORIANA	09.15
Asunción	502	PARAGUAYAS	12.05
Buenos Aires	088	AVIANCA	11.10
Madrid-Buenos Aires	985	IBERIA	14.10
Miami-B.Aires	901	AMERICAN AIR	12.58
Buenos Aires	206	ARGENTINAS	13.20
Moscú-Isla de Sal.-Buenos Aires	357	AEROFLOT	17.30
Miami—Caracas-Sta Cruz- La Paz	967	LLOYD	15.45
Frankfurt-Rio-Sao Paulo	920	VARIG	14.15
Papeete-Pascua	034	LAN	15.25
Paris-Recife-Rio-Buenos Aires	097	AIR FRANCE	15.20
Caracas-Lima	129	LAN	19.35
B. Aires	320	LADECO	20.00
Montevideo-B. Aires	148	LAN	20.05
Rio-Sao Paulo-Asunción	115	LADECO	20.45
Miami-Bogotá-Guayaquil	301	LADECO	22.40
Nueva-York-Miami-Lima	987	AMERICAN AIR	22.43

SALEN:

Sao Paulo-Rio	114	LADECO	08.30
Buenos Aires-Montevideo-Rio-Paris	098	AIR FRANCE	10.35
B. Aires	341	LADECO	10.15
Guayaquil	040	ECUATORIANA	10.15
B. Aires-Montevideo	149	LAN	09.45
Bogotá	088	AVIANCA	12.00
Buenos Airés	207	ARGENTINAS	14.00
Buenos Aires-Madrid	986	IBERIA	14.55
Asunción	503	PARAGUAYAS	13.40
Sao Paulo-Rio-Londres	921	VARIG	15.15
La Paz-Sta. Cruz-Panamá-Miami	966	LLOYD	16.45
Buenos Aires-Isla de Sal-Lux-Moscú	358	AEROFLOT	19.30
B. Aires- Miami	900	AMERICAN AIR	16.30
Miami-Nueva York	148	LAN	21.45
Miami	320	LADECO	21.30
Miami	478	PANAM	21.45

1. el avión que llega de Nueva York-Miami a las 7:25 de la mañana

____

2. el avión que llega de Asunción a las 12:05

____

3. el avión que llega de Madrid-Buenos Aires a las 2:10 de la tarde

____

4. el avión que llega de Miami-Bogotá-Guayaquil a las 10:40 de la noche

____

5. el avión que sale para Buenos Aires a las 10:15 de la mañana

____

6. el avión que sale para Sao Paulo-Río-Londres a las 3:15 de la tarde

____

7. el avión que sale para Buenos Aires-Isla de Sal-Lux-Moscú a las 7:30 de la noche

____

8. el avión de Pan Am que sale para Miami a las 9:45 de la noche

____

IV. Idiomatic expressions with *tener; hay que*

A. Otro mundo. *Gustavo has just arrived from Chile to enroll in a large university in New York. Things are very different for him so he is asking you for information. Answer each of his questions using the cue given.*

MODELO ¿Qué día tengo que llegar a la universidad? (12 de septiembre)
Tienes que llegar el doce de septiembre.

1. ¿Adónde hay que ir primero? (a la oficina de la administración)

____

2. ¿Hay que estudiar la historia de Estados Unidos? (sí)

____

3. ¿Cuándo tienen que abrir la biblioteca? (7:30 A.M.)

____

4. ¿Cuántos libros tengo que tener para las clases? (un total de veinte)

____

Nombre ______________________ Fecha______________ Clase ________

5. ¿Adónde tengo que ir para buscar las oficinas de los profesores de inglés? (a Smith Hall)

____

B. ¿Por qué...? *Answer the questions in complete sentences, using the cues.*

MODELO ¿Por qué estudia Roberto? (tener ganas / viajar / España)
Porque tiene ganas de viajar a España.

1. ¿Por qué tienes sed? (hacer ejercicios y tener calor)

____

2. ¿Por qué tienen que estudiar Jorge y Juana? (tener examen hoy)

____

3. ¿Por qué no comes las enchiladas? (no tener hambre)

____

4. ¿Por qué van ustedes a la playa ahora? (tener ganas / nadar)

____

5. ¿Por qué toma usted Alka-Seltzer? (tener dolor / estómago)

____

V. Affirmative and negative words

A. ¿Cuál es la palabra...? *Circle the word that best completes each sentence.*

1. ______________________ de las fechas es posible. (Ninguna, Nadie, Algo)
2. Un momento... necesito hablar con ______________________.
(alguien, algo, nada)
3. No necesito ______________________, gracias. (nada, nadie, ningún)
4. Señorita, ¿hay ______________________ problema con el auto?
(algo, algún, nada)
5. ¿Por qué no hay ______________________ vendedor aquí en la librería?
(ninguno, ningún, algo)
6. Patricia no va a la fiesta ______________________. (nadie, tampoco, ninguna)
7. Ellos no viajan ______________________. (nunca, nada, siempre)
8. No tengo ni calor ______________________ frío. (jamás, ninguna, ni)

B. Construcciones sinónimas. *Rewrite each sentence by eliminating* ***no*** *and changing the word order.*

MODELO No voy nunca al teatro.
Nunca voy al teatro.

1. No viene nadie por aquí hoy.

____

2. No van de vacaciones ni Lorenzo ni Elena.

____

3. No esquía ninguno de los Balboa.

____

4. Marisa no baja aquí tampoco.

____

5. No llevan nada a la fiesta.

____

C. Preguntas. *Answer each question in the negative.*

MODELO ¿Buscas algo?
No, no busco nada.

1. ¿Siempre tomas café por la mañana?

____

2. ¿Tienes alguna pregunta?

____

3. ¿Visitas a alguien en el hospital hoy?

____

4. ¿Necesitas algo?

____

5. ¿Viajas a algún país hispano en el verano?

____

Nombre ______________________ Fecha ______________ Clase __________

PARA COMUNICARNOS

A. Obligaciones. *Complete each sentence in a logical manner.*

1. Debo ____.
2. Mi amigo tiene que ______________________________________.
3. Es necesario ____.
4. Los estudiantes necesitan ________________________________.
5. Hay que ____.

B. Pronóstico (Forecast) para hoy. *Look at the weather forecast from the Chilean newspaper* ***La Época.*** *Write at least six sentences about the weather for the day. Note:* ***Chubascos*** *=* ***lluvia.***

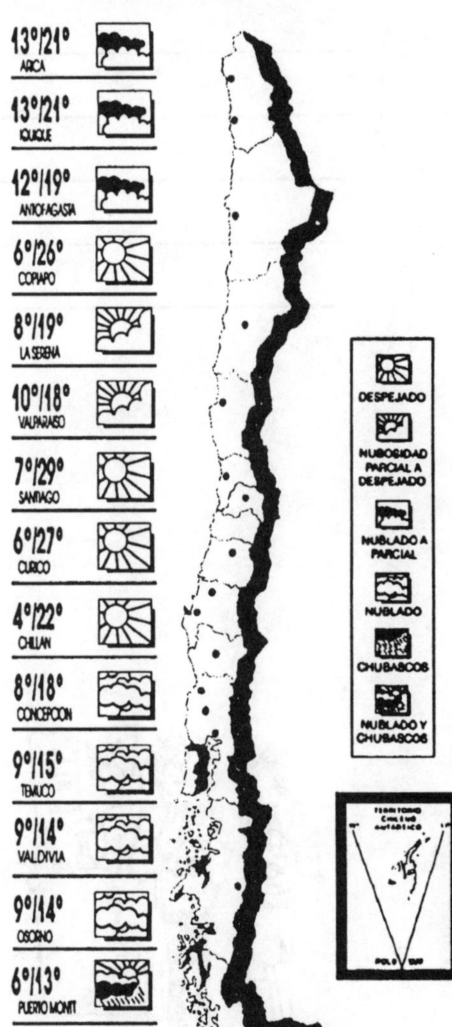

1. ______________________________
____
2. ______________________________
____
3. ______________________________
____
4. ______________________________
____
5. ______________________________
____
6. ______________________________
____

PARA ESCRIBIR

Dos minidiálogos. *Write a brief dialogue for each of the following drawings. Use your imagination and try to use at least two of the following expressions.*

¡Qué tiempo más horrible!
¿Qué estudias tú?
¿Usted (Tú) también...
Gracias.
¡Qué lluvia!
¡Qué coincidencia!
¡Cuidado!
Usted es (Tú eres) muy amable.

Nombre ______________________ Fecha ______________ Clase ________

Capítulo cinco
La gran ciudad

VOCABULARIO

A. ¿Cuál es la palabra...? *For each category, circle the word that does not belong.*

MODELO la montaña, el parque, la playa, **el correo**

1. el banco, el dinero, el museo, la inflación
2. la universidad, la discoteca, la escuela, la biblioteca
3. la tienda, el hospital, la farmacia, la clínica
4. el café, el restaurante, la cafetería, la agencia de viajes

B. En mi barrio. *Write six sentences describing your neighborhood. You might want to use some of the nouns in Exercise A or the following:* ***la calle, la plaza, la librería, el edificio de apartamentos. Adjetivos: bueno, malo, grande, pequeño, moderno, nuevo, viejo, elegante, bonito, mexicano, puertorriqueño, interesante, famoso, típico,*** *etc.*

MODELOS **Hay tres edificios de apartamentos muy modernos.**
Hay una buena librería en la calle 21.

1. ____
2. ____
3. ____
4. ____
5. ____
6. ____

ESTRUCTURAS

I. Demonstrative adjectives and pronouns

A. Cambios. *Make a new sentence using the cue given.*

MODELO Esa señorita tiene mala suerte. (hombre)
Ese hombre tiene mala suerte.

1. Este tráfico es terrible. (contaminación del aire)

____

2. ¿Qué edificio buscas? ¿Éste? (calle)

____

3. Busco la biblioteca municipal. ¿Es aquélla? (Museo de Arte Moderno)

____

4. Esos hombres que están allí necesitan empleo. (aquí)

____

5. Aquel teatro es nuevo. (tienda)

____

B. ¿Dónde comemos? *Complete the conversation with the appropriate demonstrative adjectives or pronouns.*

ANA: Es hora de comer, Pablo. ¿En qué restaurante comemos?

PABLO: ¿En ______________ (1) restaurante francés, aquí enfrente?

ANA: No, no deseo comida francesa esta noche.

PABLO: Bueno. ¿Y en ______________ (2) restaurante italiano que está allí cerca de la estación del metro?

ANA: Creo que ______________ (3) (*that one*) no es bueno.

PABLO: De acuerdo. ¿Y en ______________ (4) (*that . . . far away*) restaurante alemán que está en la calle 48?

ANA: Pero en ______________ (5) la comida es horrible.

PABLO: Pues... ¿y en ______________ (6) (*that . . . far away*) cafetería que está en la avenida Broadway?

ANA: ¿Cómo? ¿Qué cafetería?

PABLO: La cafetería de la avenida Broadway, al lado del teatro.

ANA: ¡Oh!, pero ________________________ (*that . . . far away*) está
(7)
lejos, ¿no?

PABLO: ¡Ay, ay, ay! ¿Por qué no comemos en casa?

II. Stem-changing verbs: *e* to *ie*

A. Problemas económicos. *Complete the conversation with the correct forms of the verbs indicated.*

JORGE: Raúl, ¿qué ________________________ (1. pensar) tú del problema de la inflación?

RAÚL: ¡Ay! Yo no ________________________ (2. entender) eso muy bien.

La inflación ________________________ (3. empezar) cuando los precios suben (*rise*), ¿no?

JORGE: Sí, y muchos bancos ________________________ (4. cerrar) después de unos años. No hay dinero y la gente

________________________ (5. perder) su trabajo. ¿Y qué

________________________ (6. pensar) tú del problema del desempleo?

RAÚL: Yo tampoco ________________________ (7. entender) muy bien ese problema. ¡Es que siempre tengo trabajo!

B. Reunión política. *While waiting for a town council meeting to begin, some people are conversing. Complete their sentences, choosing from these verbs:* ***empezar, entender, perder, pensar, preferir, querer.*** *There may be more than one possible answer.*

1. Ellos no ________________________ muy bien el problema de la inflación. ¿Y tú?
2. Nosotros ________________________ a entender el problema de las drogas (*drugs*).
3. Yo ________________________ hablar de la contaminación del aire.
4. Ellos ________________________ hablar de las escuelas.
5. Yo ________________________ que (nosotros) ________________________ el tiempo aquí.

C. Preguntas personales. *Answer each question in a complete sentence.*

1. ¿Qué quieres hacer esta tarde?

____

2. ¿Qué piensas hacer este fin de semana?

____

3. ¿Cuándo empiezan las vacaciones de verano?

____

4. ¿Prefieres ir a una gran ciudad o a una región rural durante (*during*) las vacaciones?

____

III. Direct object pronouns

A. Al revés. (*Backwards.*) *Rewrite the following conversation, changing the position of the pronouns in italics.*

MODELO ¿Cuándo *lo* vamos a visitar?
¿Cuándo vamos a visitarlo?

RAFA Ese café es muy bueno. ¿Por qué *lo* vas a comprar?

1. _______________

HUGO: Porque Susana *nos* va a visitar.

2. _______________

RAFA: ¿Quién *la* va a invitar (*invite*)?

3. _______________

HUGO: Yo. *La* voy a llamar ahora.

4. _______________

RAFA: ¿Tienes su número de teléfono?

HUGO: *Lo* voy a buscar.

5. ____

RAFA: ¿Cuándo vas a hacer la comida?

HUGO: ¿Yo? No, amigo. ¡Tú *la* vas a hacer!

6. ____

B. Turistas. *Mr. and Mrs. Gil are talking to some visitors from out of town. Answer each question in the affirmative using the appropriate direct object pronoun.*

1. Silvia, ¿te va a ayudar Jorge con las maletas?

____

2. ¿Nos esperan ustedes en el hotel?

____

3. ¿Jorge va a llamarlos a ustedes mañana?

____

4. ¿Van a visitar a sus amigos el sábado?

____

5. ¿Ven al Banco Central, allí cerca del restaurante?

____

6. ¿Tienen los pasaportes?

____

IV. The present tense of *saber* and *conocer*

A. TV al día. *Look at the TV schedule from* **El diario/La prensa**, *a New York newspaper, and answer the questions.*

TV al día

VIERNES NOCHE OCTUBRE 4								
	7:00	7:30	8:00	8:30	9:00	9:30	10:00	10:30
PROGRAMACION EN ESPANOL								
41	Alcanzar una Estrella II		En Carne Propia	Amor de Nadie	Dona Beija / Dona Bella		El Show de Paul Rodriguez	
47	Manuela		Los Anos Perdidos		Película: *"Furia de Ladrones"* Miguel Angel Rodriguez.			Ocurrio Así
GA. 4	(6:30) Andale	T.V. O	Yo No Creo En Los Hombres		Milagro y Magia		Picara Sonadora	

1. ¿Conoce usted el programa «El Show de Paul Rodríguez»?

____

2. ¿Sabe quién es Paul Rodríguez?

____

3. ¿Conoce el programa «Ocurrió así» (“*That's How It Happened*”)?

____

4. ¿A qué hora presentan una película?

____

5. ¿Sabe si hay programas en español en su área? ¿En qué canales los presentan?

____

B. Un(a) estudiante puertorriqueño(-a). *You have just met a Puerto Rican student. Ask him or her five questions, using* **saber** *or* **conocer.** *Ideas: know the city well; familiar with . . . (restaurant, store, etc.); know Professor . . . ; know how to swim (ski, etc.); know the address (phone number) of . . .*

1. _______________
2. _______________
3. _______________
4. _______________
5. _______________

Nombre ______________________________ Fecha__________________ Clase ___________

PARA COMUNICARNOS

Reacciones. *React to each of the following situations, choosing an appropriate expression from the list below.*

¡Qué lástima!	¡Qué mala suerte!	Es de esperar.
¡Pobrecito(-a)!	¡Buena lección!	¿Qué espera(s)?

MODELO Raúl va a llegar tarde al aeropuerto porque no tiene su reloj.
¡Qué mala suerte!

1. Marta va al casino de Monte Carlo y pierde 5.000 dólares.

 ____

2. Enrique y Ana compran un auto por cien dólares y lo tienen que llevar al mecánico muchas veces.

 ____

3. La hermana de Jorge está en el hospital.

 ____

4. Los primos de Elena hacen un viaje a San Juan y allí llueve todos los días.

 ____

5. Usted y dos amigos van a un restaurante elegante y reciben una cuenta (*bill*) de 250 dólares.

 ____

PARA ESCRIBIR

Choose one of the ads below and write a short conversation in which one person expresses sympathy or lack of sympathy.

Nombre ______________________ Fecha______________ Clase ________

Capítulo seis
Diversiones y pasatiempos

VOCABULARIO

A. Cómo pasar el tiempo. *Tell what sorts of activities come to mind for each of the times indicated. Use the list below and add other ideas of your own.*

visitar a los amigos
sacar fotos
hacer ejercicios
hacer una fiesta
ir al teatro
jugar al béisbol (fútbol, vólibol)
ir al cine a ver una película
bailar
escuchar discos
esquiar
hablar por teléfono
escuchar un concierto
tocar la guitarra (el piano, el violín)
nadar
escuchar música
programar la computadora
viajar
escuchar la radio
cantar
patinar
pintar

1. El sábado por la noche: ______________________

____

2. El domingo: ______________________

____

3. Las vacaciones de verano: ______________________

____

4. Las vacaciones de invierno: ______________________

____

B. El tiempo libre. *Write four sentences telling what you will do in your free time during the next week.*

1. ______________________

2. ______________________

3. ______________________

4. ______________________

I. Indirect object pronouns

A. De manera original. *Complete each sentence with an indirect object pronoun and ideas of your own.*

1. Siempre ____________ presto ____________ a mi amigo(-a) ____________ .
2. A veces ____________ escribo a mis ____________ .
3. ____________ hablo mucho por teléfono a mi ____________ .
4. Mi amigo(-a) ____________ ____________ ayuda con ____________ .
5. En la clase de español, el profesor ____________ habla (a nosotros, los estudiantes) mucho de ____________ .
6. ____________ tengo que prometer a mis padres que ____________ .
7. Siempre ____________ compro ____________ a mi ____________ .

B. Ana y sus amigos. *Ana is always doing things for other people. Make a sentence for each drawing using an indirect pronoun and the cue given.*

MODELO comprar / a nosotros
Ana nos compra entradas para el Ballet Folklórico de México.

Ballet Folklórico de México

ANA

1. prestar / a ti

____

2. mostrar / a mí

____

3. tocar / a usted

____

4. sacar / a los turistas

____

5. hacer una fiesta de compleaños / a Federico

____

Nombre ______________________ Fecha ________________ Clase __________

6. preparar el almuerzo / a sus abuelos

____

II. Stem-changing verbs: *e* to *i*; the verb *dar*

A. Completar las frases. *Complete each sentence with the appropriate form of one of the following verbs.*

dar   decir   pedir   preguntar   seguir   servir

MODELO Yo no sé por qué tú siempre **pides** café y después no lo tomas.

1. ¿Ves esa calle que está al lado del teatro? Bueno, tú la ______________ hasta llegar al cine.

2. Yo conozco muy bien a Gregorio. Si usted le ______________ que va a esperarlo a las cinco, él va a llegar a las seis.

3. Quiero comprar una computadora pero primero tengo que ______________les dinero a mis padres.

4. Miguelito, no te ______________ el regalo ahora; tienes que esperar un poco.

5. ¿Por qué me ______________ eso ustedes? Yo no lo sé.

6. ¿Cuántos cursos ______________ ustedes este semestre?... ¡Siete! Son muchos.

   ¿Y tienen tiempo para ______________ un paseo o ir al cine los fines de semana?

7. Ellos siempre nos ______________ muchos favores.

8. En aquel restaurante ______________ buena comida colombiana.

B. Fin de semana. *On Thursday night, everyone is thinking about what to do on the weekend. Complete each sentence with the correct form of* **pedir** *or* **preguntar.**

1. —Sergio, ¿crees que Juana quiere ir a comer con nosotros?

   —No sé. ¿Por qué no le ______________________ ?

2. —¿Quieres ver una lista de restaurantes en Bogotá?

   —Sí, la voy a ______________________ en la oficina del hotel ahora.

3. —¿Por qué (tú) me ______________________ si quiero ir al Museo del Oro?

   ¡Siempre quiero visitar museos!

4. —Si (tú) le ______________________ dinero a tu papá, podemos ir al cine

   mañana.

5. —Le voy a ______________________ a la chica que trabaja en ese restaurante si

   allí podemos ______________________ comida mexicana.

III. Stem-changing verbs: *o* to *ue,* u to *ue*

A. Formación de frases. *Make a new sentence with the following words, changing and adding words as necessary.*

MODELO Yo siempre / jugar / los niños cuando / poder
Yo siempre juego con los niños cuando puedo.

1. ella / soñar / la comida que le / preparar / su mamá

   ____

2. mi papá / dormir / muy poco, pero siempre / poder / trabajar bien

   ____

3. Catalina y yo siempre / volver / temprano y te / encontrar / enfrente del televisor; ¿no / recordar / que / deber / estudiar?

   ____

   ____

   ____

4. las películas / costar / mucho ahora, pero mis amigos y yo siempre / encontrar / algún programa interesante en la televisión

____

____

B. Preguntas personales. *Answer each question in a complete sentence.*

1. ¿Vuelves siempre al mismo (*same*) restaurante para comer?

____

2. ¿Almuerzas en la cafetería de la universidad?

____

3. ¿Encuentras allí a tus amigos?

____

4. ¿Cuánto cuesta una cena completa en tu restaurante favorito?

____

5. ¿Juegas a algún deporte esta tarde? ¿mañana? ¿este fin de semana?

____

IV. Direct and indirect object pronouns in the same sentence

A. ¿Cuál es la palabra...? *Each of the following sentences has either the direct or indirect object underlined. Mark the word or phrase to which the pronoun might refer.*

MODELO Yo se la voy a dar mañana.
____ la carta __x__ a ellas ____ a mí ____ la guitarra

1. Ellos me la van a vender.

____ a ustedes ____ a mí ____ la bicicleta ____ las cintas

2. Si ustedes quieren esperar, yo se lo pregunto.

____ a ti ____ a la señorita ____ la información ____ el número

3. Creo que lo vas a necesitar muy pronto. ¿Por qué no se lo pides?

____ la comida ____ al señor Vargas ____ el dinero ____ a ustedes

4. Bueno, te las compro si prometes no decírselo a ellos.

____ a ella ____ la silla ____ a nosotros ____ las entradas

5. ¿Cuándo nos lo van a servir?

____ a Felipe ____ la comida ____ tú ____ el almuerzo

6. Voy a ponérselas cerca de la puerta.

____ a mí ____ a ustedes ____ el gato ____ las cosas

7. Podemos mostrársela en cinco minutos.

____ a ellas ____ la casa ____ el pasatiempo ____ a Elena

8. No se lo puedo hacer; es muy difícil.

____ a nosotros ____ a Juan y a Carmen ____ la cena ____ el consejo

B. Preguntas. *Answer each question in the affirmative using combined object pronouns.*

MODELO No conocemos esa canción. ¿Nos la pueden cantar ustedes?
Sí, podemos cantársela.

1. Queremos una foto de los hijos. ¿Nos la puedes sacar?

____

2. Necesito el auto para visitar a la familia. ¿Me lo puedes prestar?

____

3. Ana me dice que usted tiene un piano nuevo. ¿Me lo quiere mostrar?

____

4. ¡Qué bonita guitarra! Papá, ¿me la vas a comprar?

____

5. Felipe quiere leer este libro. ¿Se lo podemos llevar?

____

Nombre ______________________ Fecha ______________ Clase __________

en Cali....
Hotel Aristi
★★★★
Los mejores servicios a los mejores precios !
— Habitaciones dobles y sencillas con aire acondicionado.
— Servicio de piscina y baños turcos.
— Bar
— Cafetería
— Comedor
POR TRADICION EL PRIMER HOTEL DE CALI
Carrera 9 No. 10-04 Teléfonos: 812322 - 810444 Cali

PARA COMUNICARNOS

A. El Hotel Aristi. *You are in the Aristi Hotel in Cali getting a room. First, look at the ad and answer the following questions.* ***Vocabulario: mejores*** *best;* ***piscina*** *swimming pool;* ***baño turco*** *Turkish bath (sauna).*

1. ¿Dónde está el Hotel Aristi?

   ____

2. ¿Tiene aire acondicionado?

   ____

3. ¿Puedo uno nadar allí? ¿tomar algo? ¿comer?

   ____

4. La *habitación* quiere decir *el cuarto*. ¿Qué quiere decir *sencillas?*

   ____

B. En la recepción. *Using the ad for the Aristi Hotel, complete the following conversation.*

USTED: Buenas tardes, señor. ¿____

____?

RECEPCIONISTA: ¿Para dos personas? ¿ ____

____?

USTED: Con dos camas simples.

RECEPCIONISTA: Tenemos uno con _______________________

privado en el primer piso (*floor*).

USTED: ¿Y cuánto _______________________________________?

RECEPCIONISTA: _______________________________ pesos por noche. Está incluido

____.

USTED: Está bien. (*Pasa una hora.*)

RECEPCIONISTA: ¿Van a salir?

USTED: ¿Sí. ¿Está __________ de aquí el Museo de Arte Moderno «La Tertulia»?

RECEPCIONISTA: No, está lejos.

USTED: ¿ ____?

RECEPCIONISTA: Pueden tomar el autobús por la Avenida Colombia.

PARA ESCRIBIR

Write a short letter introducing yourself to a Colombian pen pal. Use the questions that follow as guidelines for describing yourself. Then ask your pen pal for personal information.

1. ¿Cómo te llamas?
2. ¿Dónde vives?
3. ¿Cuál es tu número de teléfono?
4. ¿Qué cursos sigues?
5. ¿Qué haces cuando no tienes que estudiar?
6. ¿Cuáles son tus diversiones favoritas?

____

____

____

____

____

____

____

Nombre ______________________ Fecha______________ Clase __________

SELF-TEST I*

I. The present tense

Complete the following sentences with the present tense of the verb in parentheses.

1. Yo ______________________ (conocer) a una abogada, pero no ______________________ (saber) dónde vive.
2. Los señores García ______________________ (buscar) a su prima Isabel.
3. Ahora nosotros ______________________ (poder) comer.
4. Yo ______________________ (poner) las maletas en al auto.
5. Yo ______________________ (salir) ahora para ir al cine. ¿ ______________________ (Venir) tú también?
6. ¿Qué ______________________ (creer) tú? ¿Que yo ______________________ (ser) irresponsable?
7. Nosotros ______________________ (deber) llegar temprano.
8. Los agentes ______________________ (querer) los pasaportes.
9. Yo ______________________ (tener) dos semanas de vacaciones. ¿Cuántas ______________________ (tener) tú?
10. Él ______________________ (ir) a Venezuela este verano.
11. ¿Qué ______________________ (tener) que hacer nosotros?
12. Adela ______________________ (vivir) ahora en Buenos Aires.
13. Pues, yo te ______________________ (decir) la verdad. Todo el mundo ______________________ (decir) que Enrique tiene mucho dinero.
14. Él ______________________ (dormir) como un gato.
15. Marisa y Eduardo ______________________ (volver) del concierto a las once.
16. Yo no los ______________________ (ver).

*For this self-test write your answers on a separate sheet of paper if necessary.

II. *ser* vs. *estar*

*Complete the following narration with an appropriate form of **ser** or **estar**. In each case, state the reason for your choice.*

Tengo un amigo, Felipe, que ______________________________ argentino.

Felipe no ______________________________ de Buenos Aires;

______________________________ de Córdoba, otra ciudad importante.

Córdoba ______________________________ en el interior de Argentina.

Felipe ______________________________ un chico muy inteligente y amable.

Esta noche debemos ir a una cena que ______________________________ en casa

de una de nuestras amigas, pero Felipe no ______________________________ bien.

Si ______________________________ enfermo (*sick*) esta noche, no va a ir.

III. Adjectives

Complete the sentences with the appropriate possessive or demonstrative adjective, as indicated by the cue in parentheses.

A. 1. ¿Dónde está ____________________ (*my*) pasaporte?

2. ____________________ (*Your,* familiar) ideas son brillantes.

3. ¿Cuándo empiezan ____________________ (*their*) vacaciones?

4. ____________________ (*our*) agente de viajes es Fernando Olivera.

5. ¿ ____________________ (*Your,* formal) familia está en Puerto Rico?

B. 1. ¿Hay muchos teatros en ____________________ (*this*) ciudad?

2. ¿Son amables ____________________ (*those, over there*) señores?

3. ____________________ (*This*) libro es de Manuel.

4. No conozco a ____________________ (*those, by you*) mujeres.

5. ____________________ (*That, by you*) chica es chilena.

Nombre ______________________ Fecha______________ Clase __________

IV. Object pronouns

Answer the following questions in the affirmative, replacing the words in italics with the appropriate direct or indirect object pronoun.

MODELO ¿*Me* puedes dar *la entrada?*
Sí, te la puedo dar. (*or* **Sí, puedo dártela.)**

1. ¿Tú llevas *la guitarra*?
2. ¿*Me* puedes esperar unos minutos?
3. ¿*Les* habla usted *a ellos*?
4. ¿Quieres preguntar*les eso a estos pasajeros*?
5. ¿*Me* quieres?
6. Puede decir*nos el nombre del restaurante*?
7. ¿Quiere usted dar*le los papeles*?
8. ¿*Les* escribe Anita mucho *a ustedes*?
9. ¿*Te* puedo visitar mañana?
10. ¿*Le* vas a dar *tu número de teléfono*?

V. Verb pairs

Choose the appropriate verb in each pair to complete the following sentences. Use the appropriate form of the present tense or the infinitive.

1. (saber/conocer) ¿ ______________ usted la ciudad? Yo quiero ______________ cómo llegar al teatro.
2. (hablar/decir) ¿Qué ______________ Enrique? ¿ ______________ de los Fernández?
3. (pedir/preguntar) Yo le ______________ dinero. Y él me ______________ para qué lo quiero.
4. (ser/estar) ¿Dónde ______________ Manuel y Silvia? ______________ las cinco.

VI. Useful expressions

Give the Spanish equivalent of the following expressions.

1. Glad to meet you. **2.** Good morning. **3.** Thank you. **4.** Please. **5.** What time is it? **6.** What day is today? **7.** I'm hungry. **8.** Good afternoon. **9.** Do you have a room with a bath? **10.** How much does this watch cost? **11.** I'll take it. **12.** The weather is warm. **13.** Are you warm? **14.** Do you feel like going? **15.** Welcome! **16.** Can you tell me where the restaurant "La Cazuela" is? **17.** See you tomorrow. **18.** What a shame! **19.** Be careful!

Nombre ______________________ Fecha______________ Clase __________

Capítulo siete
La moda; la rutina diaria

VOCABULARIO

A. ¿Qué llevan? *Label the articles of clothing in the following pictures.*

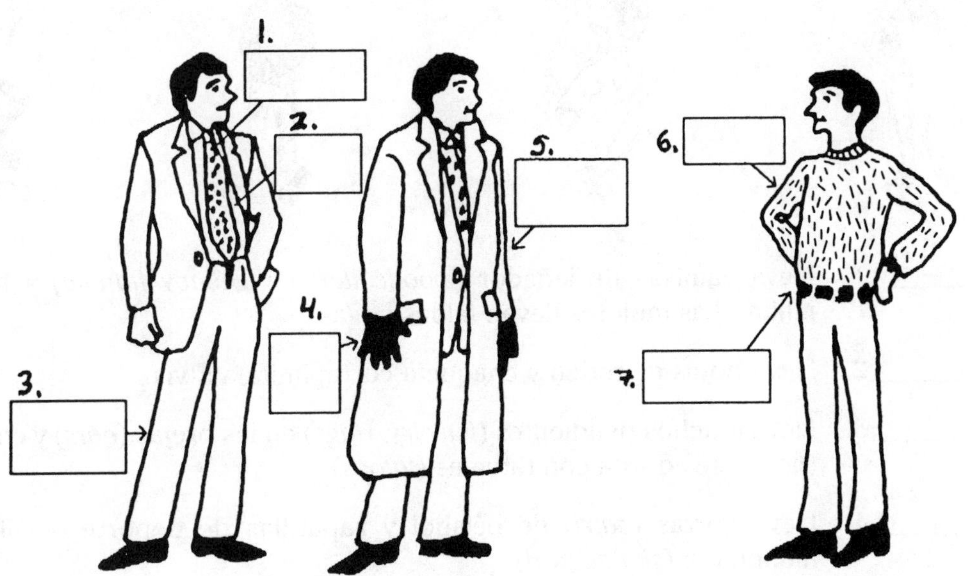

B. En «La Elegancia». *The clerk in the shop* ***La Elegancia*** *is trying to encourage customers to buy some clothing. Complete the sentences he might say with the names of the appropriate items.*

1. ¿Va a un lugar donde llueve mucho? ¿Por qué no se compra un

   ______________________ y un ______________________?

2. Para ir a un restaurante elegante, señor, debe usar

   ______________________ y corbata.

3. Para el frío del invierno usted necesita este ______________________.

4. Para una fiesta, señorita, puede comprarse una ______________________ larga (*long*) o un

   ______________________ elegante.

5. No, señor, ésas son blusas para señoras; pero aquí hay

   ______________________ para usted.

C. Tribus. *In Spain, youth have sometimes been classified into* ***tribus*** *(literally, tribes) or groups. Match the* ***tribu*** *with the description.*

a. el rockero b. el b-boy c. el grunge d. el punk

______ 1. Lleva camisas de leñador (*woodcutter: i.e., heavy flannel*) y botas de militar. Las mujeres llevan faldas largas.

______ 2. Lleva botas de rodeo y chaqueta corta; imita a Elvis.

______ 3. Lleva muchos pendientes (*jewelry, rings*) en las orejas (*ears*) y en la nariz (*nose*); se adorna con tatuajes (*tatoos*).

______ 4. Lleva gorras (*caps*) de béisbol y zapatillas de deporte («tenis»); usa monopatín (*skateboard*).

Nombre ______________________ Fecha______________ Clase __________

ESTRUCTURAS

I. The reflexive

A. Completar las frases... *Complete each sentence with the correct form of the more appropriate verb in parentheses.*

MODELO Nosotros **vamos** (ir / irse) de compras los sábados.

1. En general, yo ______________________ (acostar / acostarse) a mi hijo temprano.
2. ¿A qué hora ______________________ (levantar / levantarse) tú?
3. Ustedes ______________________ (divertir / divertirse) en las fiestas, ¿no?
4. Jorge prefiere ______________________ (quedar / quedarse) en casa esta noche.
5. Nosotros ______________________ (lavar / lavarse) el auto todos los viernes.
6. ¿Cuándo vas a ______________________ (llamar / llamarse) a Susana?
7. Ricardo ______________________ (poner / ponerse) el abrigo y los guantes.
8. Marta ______________________ (mudar / mudarse) a otro apartamento.

B. La rutina diaria de los Balboa. *Complete each sentence about the Balboas with the appropriate form of one of the verbs below.*

acostarse	despertarse	divertirse
irse	lavarse	ponerse
quedarse	quitarse	vestirse

1. A las siete y media de la mañana Alberto y Alicia ______________________ .
2. Después de levantarse, Alicia ______________________ y ______________________ .
3. Después del desayuno Alicia y Alberto ______________________ al trabajo.
4. Cuando Alberto llega al trabajo, ______________________ el abrigo y empieza a trabajar.
5. Por la noche ellos ______________________ en casa para mirar televisión.
6. Alicia y Alberto ven un programa cómico y ______________________ mucho.
7. A las once y media ellos ______________________ el pijama y ______________________ .

C. En mi familia. *Choosing from among the verbs below, write five sentences describing the relationship among members of your family. Use the reciprocal reflexive.*

MODELO Mis primos y yo no nos vemos mucho porque ellos viven en Chile.

ayudar	escribir
hablar	visitar
comprender	llamar
querer	ver

1. ______________________________

2. ______________________________

3. ______________________________

4. ______________________________

5. ______________________________

II. The preterit of regular and stem-changing verbs

A. ¿Presente o pretérito? *For each sentence, write* **presente** *or* **pretérito** *in the space provided, according to the verb tense.*

1. Anoche asistimos a un concierto. ______________
2. Ella nos visitó después de volver de Lima. ______________
3. Jugamos al vólibol todos los domingos. ______________
4. Ayer nos quedamos en casa. ______________
5. Volvimos a la tienda. ______________
6. Anoche dormimos ocho horas. ______________
7. Compro un vestido nuevo cada mes. ______________
8. Ella compró unas sandalias muy bonitas. ______________
9. Te acostumbraste pronto a la comida española, ¿no? ______________
10. Te levantas temprano todos los días. ______________

Nombre ______________________ Fecha______________ Clase __________

B. El gato y yo... *Complete the passage with the appropriate forms of the following verbs. Some verbs may be used more than once.*

empezar	hablar	llegar	preferir	sentarse
escuchar	llamar	llevar	salir	visitar

Ayer yo ______________ (1) a mi abuela en el hospital

Le ______________ (2) unos chocolates y (nosotros)

______________ (3) de la familia.

Yo ______________ (4) del hospital muy triste (*sad*) y cuando

______________ (5) a mi casa, ______________ (6)

a mi amiga Dolores y la invité a cenar. Nosotros ______________ (7)

a una mesa en un lugar agradable del restaurante. Durante la cena yo

______________ (8) a hablarle de mi abuela, pero ella no me

______________ (9) . ______________ (10)

hablar de sus problemas. ¡Qué egoísta! Después de cenar, la

______________ (11) a su casa. Si en el futuro estoy deprimido (*depressed*)

otra vez, pues ¡me quedo en casa con mi gato! Él sí sabe escuchar.

C. La Sevilla de ayer. *Find the verbs in these sentences about Sevilla and change them to the preterite, following the model.*

MODELO Miguel de Cervantes escribe su novela *Don Quijote* en Sevilla.
escribió

1. En Sevilla (o «Hispalis») viven seres humanos en el siglo IX antes de Cristo. ______________
2. Los romanos llegan a Sevilla en el año 206 antes de Cristo. ______________
3. Los árabes toman la ciudad en 712 después de Cristo; la llaman «Isbiliya». ______________ , ______________
4. Sevilla toma su nombre del nombre árabe (Isbiliya: Sevilla). ______________
5. De la Sevilla islámica quedan abundantes testimonios, como la famosa Torre de Oro. ______________

6. Isbiliya también cuenta con numerosas mezquitas (*mosques*) impresionantes. ____________

7. En 1248 Fernando III (tercero) reconquista la ciudad; los árabes salen de Sevilla. ____________ , ____________

8. Sevilla no pierde su importancia: reyes (*kings*) como Alfonso X y Pedro I viven allí. ____________ , ____________

9. Cristóbol Colón también vive y trabaja en Sevilla. ____________ , ____________

10. Los artistas Diego de Velázquez y Bartolomé Murillo nacen en Sevilla. ____________

11. En 1649 empieza una plaga (*plague*); la mitad (50%) de la gente sevillana muere poco después. ____________ , ____________

12. En 1810 tropas francesas bajo (*under*) Joseph Bonaparte ocupan la ciudad; la abandonan dos años después. ____________ , ____________

13. Los sevillanos celebran la Exposición Universal de 1992 (*Expo-92*) en la isla de la Cartuja. ____________

14. Dos sevillanos (un dúo flamenco, los del Río) escriben la canción «La macarena» en 1993. ____________

15. La canción viaja por todo el mundo y hasta Bob Dole, Al Gore y Bill Clinton bailan «La macarena» en 1996. ____________ , ____________

III. Comparisons; the superlative

A. ¿En Galicia? *You have returned to Barcelona from your stay in Galicia, where you visited the* **Universidad de Santiago** *and the towns of Vigo and Pontevedra. Tell about your experiences; circle the correct words to complete the sentences.*

1. Vigo no es (tan / tanto) grande como Barcelona.
2. En Galicia no hay (tanto / tantos) restaurantes (como / que) aquí.
3. ¡El paisaje (*landscape*) de Galicia es (tan / tanto) lindo!

Nombre ______________________ Fecha ______________ Clase __________

4. La catedral de Santiago de Compostela es (tan / tanto) interesante (que / como) Notre Dame de París.

5. Pontevedra no es una ciudad (tan / tanta) famosa (como / que) Barcelona.

6. Yo no escribí (tantas / tanto) tarjetas postales (*postcards*) (como / que) los otros estudiantes.

B. El Barrio Gótico de Barcelona. *Complete the sentences with the Spanish words for the English cues in parentheses.*

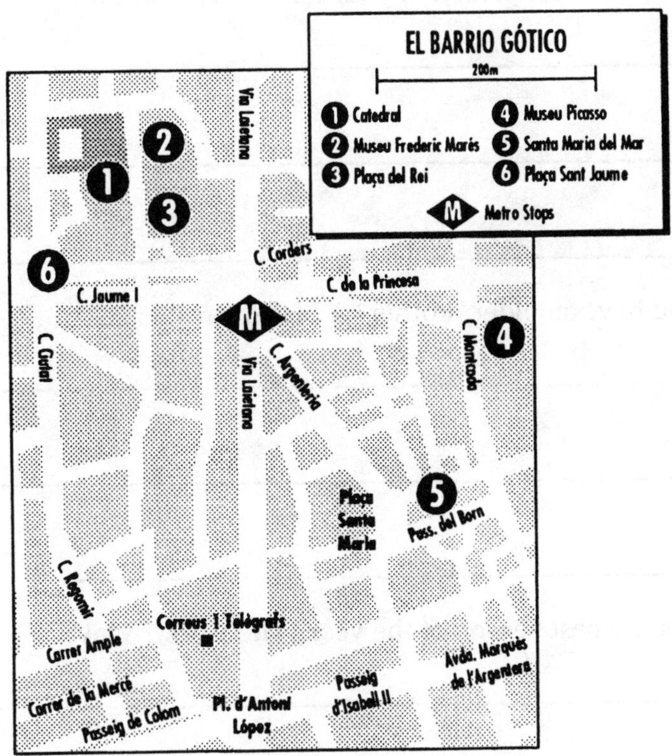

1. Este barrio es ______________________ (*older than*) los otros barrios de Barcelona.

2. La Vía Laietana es una de ______________________ (*the biggest streets in*) Barcelona.

3. El Museo Frederic Marés está ______________________ (*closer to*) la catedral que el Museo Picasso.

4. La catedral es uno de ______________________ (*the oldest buildings in*) toda Cataluña.

5. El Museo Frederic Marés es ______________________ (*less famous than*) el Museo Picasso.

C. ¡En español, por favor! *Give the Spanish equivalent of the following questions. Then answer them in Spanish.*

1. Are you the youngest person in your family?

2. Who's the oldest person in your family? The tallest?

3. Do you have an older brother? A bigger brother?

4. What's the best season of the year? The worst? Why?

5. What's the most interesting place that you know?

Nombre ______________________ Fecha ______________ Clase __________

PARA COMUNICARNOS

A. ¿Y la ropa? *Describe the type of clothing you might wear for each occasion.*

1. en una cena formal en casa de su profesor(a)

____

____

2. en un partido (*game*) de fútbol americano

____

____

3. en una fiesta en la playa

____

____

____

____

____

4. en el gimnasio

____

____

____

____

____

____

B. ¡No recuerdo cómo se llama! *You are shopping in a department store when you forget the Spanish word for the item you need. The clerk is very helpful. Complete the conversation.*

LA SEÑORITA: En general, ¿ ______________________________ (*what color is it*)?

USTED: Pues, ______________________________ (*it depends*).
Podría ser negro o...

LA SEÑORITA: ¿ ______________________________ (*What's it [made] of*)?

USTED: Es de nilón.

LA SEÑORITA: ¿ ______________________________ (*When or where do you need it*)?

USTED: ______________________________ (*I need it when it rains.*)

LA SEÑORITA: ¡Ah!... ¡Usted necesita un paraguas!

PARA ESCRIBIR

Describe the daily routine of a student at your school whose life is very different from yours (e.g., an athlete, a computer type, a social butterfly, etc.). Mention what type of clothing this person wears.

____

____

____

____

____

____

____

____

____

Nombre ______________________ Fecha________________ Clase __________

Capítulo ocho
Comidas y bebidas

VOCABULARIO

Menú para ocasiones especiales. *You're in charge of planning the hotel's menu for special occasions. Choose foods from the list below and add others you know to create interesting combinations like* ***ensalada de frutas tropicales, arroz con pollo, helado de vainilla,*** *etc.*

arroz	bistec	carne	cerdo
ensalada	flan	frijoles	fruta
hamburguesa	helado	huevos	jamón
jugo	lechuga	maíz	mantequilla
manzanas	naranjas	pan	papas
torta	pescado	piña	plátano
pollo	postre	queso	sándwich
sopa	tomates	verduras	

Para el primero de enero:

____

____

____

____

____

____

Para el Día de las Madres:

____

____

____

____

____

____

Para una fiesta de cumpleaños:

____

____

____

____

____

____

Para el Día de los Padres:

____

____

____

____

____

____

ESTRUCTURAS

I. The present tense of *encantar, faltar, gustar, importar, interesar;* the verbs *oír* and *traer*

A. ¿Qué comemos? *Two roommates can't seem to agree on the evening meal. Complete their conversation with the correct forms of the verbs indicated.*

CARMEN: ¡Hola! (Yo) ______________________ (1. traer) los huevos para hacer un omelet.

CLARA: ¿Un omelet? Pero Fernando viene a cenar, Carmen. No le ______________________ (2. gustar) mucho los huevos. Vamos a preparar arroz con pollo, ¿de acuerdo?

CARMEN: Pero el pollo es caro, y ahora nos ______________________ (3. faltar) arroz.

CLARA: No me ______________________ (4. importar). Voy a la tienda a comprar las cosas que nos ______________________ (5. faltar).

¿No te ______________________ (6. gustar) mi idea, Carmen?

Carmen... Carmen, ¿me ______________________ (7. oír)?

CARMEN: Sí, te ______________________ (8. oír)... Está bien. Si vas de compras, ¿por qué no compras leche y azúcar para hacer flan? ¡A mí me ______________________ (9. encantar) el flan!

CLARA: ¡Qué buena idea! Y a Fernando también le ______________________ (10. gustar) el flan, estoy segura.

CARMEN: ¿Y por qué te ______________________ (11. interesar) tanto la opinión de Fernando, Clara?

CLARA: Pues, ¿no lo puedes imaginar...?

B. Traducción. *Give the Spanish equivalent.*

1. I love rice and beans.

____

2. My family likes soup.

____

3. Do you hear the children?

____

4. Are you bringing the wine?

____

5. Do you (**tú**) need potatoes?

____

6. To me, friends are important.

____

7. They're interested in philosophy.

____

C. Gustos. *Make three statements about things you like, three about things you don't like, three about things you like to do, and three about things you don't like to do.*

MODELOS **Me gusta el helado.**
No me gustan las verduras.
Me encanta cocinar.
No me gusta tomar exámenes.

Cosas que me gustan:

1. ______________________________
2. ______________________________
3. ______________________________

Cosas que no me gustan:

1. ______________________________
2. ______________________________
3. ______________________________

Cosas que me gusta hacer:

1. ______________________________
2. ______________________________
3. ______________________________

Cosas que no me gusta hacer:

1. ______________________________
2. ______________________________
3. ______________________________

II. The preterit of irregular verbs

A. ¿Ser o ir? *Decide whether the preterit form in each sentence refers to* ***ser*** *or* ***ir*** *and mark your choice.*

1. La película fue buena, pero después no pudimos encontrar un taxi. ____ ser ____ ir
2. Ayer fue jueves, ¿no? ____ ser ____ ir
3. Beatriz fue a la tienda para comprar una blusa. ____ ser ____ ir
4. Fueron a cenar. ____ ser ____ ir

Nombre ______________________ Fecha__________________ Clase ____________

B. ¿Cuál es el verbo? *Circle the verb that best completes each sentence.*

1. Oscar, me ______________________ que César Chávez murió en 1993, ¿verdad? (dijiste / hiciste / trajiste)
2. Ayer Luisa nos ______________________ más manzanas. ¿Por qué no hacemos una deliciosa torta de manzanas? (hizo / tuvo / trajo)
3. ______________________ una cena en casa de los Ochoa el sábado. Estuvimos allí hasta las dos de la mañana. (Fue / Puso / Hubo)
4. ¿Cuándo ______________________ ustedes la verdad? (fueron / supieron / estuvieron)
5. Señora Reyes, la paella que usted ______________________ anoche estuvo muy sabrosa. ¿Me puede decir qué ingredientes le puso? (hizo / quiso / vino)
6. A mí me gustó el pollo con piña, pero mi esposo no ________________ comerlo. (puso / dio / pudo)
7. Miguelito necesita comer. Yo le ______________________ un sándwich pero todavía tiene hambre. (di / fui / estuve)

C. El «picnic». *Consuelo is describing a picnic she and several of her friends had last Sunday. Complete each sentence with the appropriate preterit form of the verb in parentheses.*

1. Nosotros ______________________ (ir) a un parque lindísimo para comer.
2. Las hermanas de Ramón ______________________ (hacer) una ensalada muy rica.
3. José y Ramón ______________________ (traer) vino y queso.
4. Mamá ______________________ (venir) con nosotros y preparó el postre.
5. José ______________________ (poner) una pequeña mesa cerca del lago.
6. Yo no ______________________ (poder) comer toda la comida que me dieron.
7. (Nosotros) ______________________ (tener) que descansar (*to rest*) un poco después de comer tanto.
8. (Nosotros) ______________________ (dar) un paseo antes de regresar a casa.

III. Prepositions; *por* vs. *para*

A. Preposiciones. *Circle the word or word segment that most appropriately completes each sentence.*

MODELO Antonio no quiere ir sin ______ .
(mí / me / yo)

1. Cenamos con ______ . (él / lo / ti)

2. Señor Samaniego, quiero almorzar con ______ y su esposa. (-tigo / usted / mí)

3. Ella siempre era muy buena con ______ . (-migo / ti / tú)

4. Él es cortés ______ tigo, pero no con otras personas. (sin/ con- / por)

5. ¿Por qué fuiste a comer ______ mí? (con/ sin / antes)

6. Decidimos irnos sin ______ más. (esperar / esperó /esperábamos)

7. Yo la vi después de ______ del teatro. (salir / salió / tomar)

8. Antes de ______ a este país, no sabía nada de la cultura española. (vengo / venía / venir)

B. Memorándum. *Here is a list of things Marisa wants to accomplish before she goes to bed tonight. Complete her phrases with* **por** *or* **para,** *as appropriate.*

MODELO estudiar / la mañana
estudiar por la mañana

leer la lección de física / las once
leer la lección de física / para las once

1. llamar a Susana / teléfono

____

2. escribir la composición / la clase de francés

____

3. ir de compras / la tarde

____

4. ir al centro / autobús

____

5. comprar una torta / David

____

6. buscar una falda / llevar a una fiesta

____

7. volver a casa / las nueve y media

____

C. En acción. *Describe the following drawings, using* **por** *or* **para,** *as appropriate. Make more than one sentence if possible.*

MODELO No va a comprar el suéter por el color.

1. ______________________ 2. ______________________

______________________ ______________________

______________________ ______________________

No voy a salir. Llueve mucho.

3. ______________________________

____

____

4. ______________________________

____

____

Miércoles, 5 de diciembre:
Leer Capítulos 6 y 7

Tengo dolor de cabeza. Necesito comprar aspirinas.
FARMACIA

5. ______________________________

____

____

6. ______________________________

____

____

Nombre ______________________ Fecha______________ Clase __________

PARA COMUNICARNOS

A. En el restaurante La Golondrina. *Arrange the conversation below in order.*

__________ —Pues es la primera vez que estamos aquí. ¿Qué nos recomienda?

__________ —¿Qué tal la comida?

__________ —El bistec picado está muy bueno... Las costillas en adobo y el pescado a la parrilla también están deliciosos.

__________ —Excelente. Volvemos mañana con unos amigos.

Entremeses

Quesadillas...4.95
Two tortillas, corn or flour filled with creamy cheese.

Chicharrones...4.25
Crispy morsels of pork, deep fried, served with salsa picante, pico de gallo and homemade tortillas.

Ceviche...4.25
Diced white fish marinated in lime juice with fresh herbs.

Nachos...4.50
Crispy corn tortilla chips topped with refried beans, creamy Jack cheese, salsa, guacamole and sour cream.

Ensaladas

Ensalada Verde 2.00
A crisp dinner salad served with the house dressing.

Ensalada de Verduras 5.95
A combination of fresh garden vegetables served with the house dressing

Especialidades

All our specialties are served with handmade flour or corn tortillas.

Bistec Picado 11.95
Strips of steak sauteed with onions, tomatoes, bell pepper, served with Spanish rice and refried beans.

Fajitas 11.95
Strips of tender steak or chicken grilled with fresh vegetables and sliced onions, served with pico de gallo, grated cheese and sour cream.

Carne Asada 11.95
Tender fillet of beef, cut in the traditional Mexican style, charbroiled to perfection and served with Spanish rice and refried beans.

Mole Poblano 9.95
Tender pieces of chicken simmered in a rich, spicy, red chile based sauce, served with Spanish rice.

Costillas en Adobo 10.95
Tender pork ribs baked in a mild red chile sauce, served with Spanish rice and beans.

Pescado a la Parilla 9.95
Grilled Sea Bass with fresh herbs and cilantro butter, served with rice

__________ —Para mí el bistec, entonces.

__________ —No, sólo la cuenta, por favor.

____1____ —Buenas noches, señores. ¿Qué desean comer?

__________ —El pescado a la parrilla y una ensalada, por favor.

__________ —¿Qué les servimos de postre? ¿Les servimos café?

B. Su opinión, por favor. *After your meal at La Golondrina, you are asked to respond to a questionnaire on the food and service. Answer each question in a complete sentence. Use your imagination.*

1. ¿Cuál de nuestros platos le gusta más?

____

2. ¿Podría usted recomendar otros platos que debemos servir?

____

3. ¿Qué podemos hacer para mejorar (*improve*) nuestro servicio?

____

4. ¿Le servimos la comida pronto o tuvo que esperar mucho tiempo?

____

5. ¿Qué bebida prefiere tomar usted con la cena?

____

6. En general, cuando va a un restaurante, ¿va solo(-a) o con otras personas?

____

7. ¿Piensa usted que nuestra comida cuesta demasiado (*too much*)?

____

8. ¿Qué otros comentarios y sugerencias (*suggestions*) tiene?

____

____

Nombre ______________________ Fecha______________ Clase __________

C. **Y así es el mundo.** *Everyone has different likes and dislikes, interests and aggravations. Complete the statements appropriately.*

1. A mí me encanta(n) ______________________________.

2. A mi familia le gusta(n) ______________________________.

3. A mis profesores les interesa(n) ______________________________.

4. Al presidente de Estados Unidos le interesa(n) ______________________________.

5. Me importa(n) mucho ______________________________.

PARA ESCRIBIR

You and a friend are having dinner at La Golondrina restaurant. You discuss the ***platos principales*** *and then order. Write a conversation among yourselves and the waiter that begins when you and your friend arrive.*

Nombre ______________________ Fecha ________________ Clase __________

Capítulo nueve
Novios y amigos

VOCABULARIO

A. Manolo y Pilar. *Circle the words that best complete the following passage.*

Manolo conoció a Pilar en una fiesta. Él (1. se llevó / se enamoró) de ella inmediatamente, pero ella no le prestó mucha atención. Durante la fiesta él le pidió una (2. cita / moda) para el sábado siguiente. Cuando llegó el día, decidieron ir al cine. Allí Pilar vio a su ex novio Miguel con otra chica. Miguel saludó (*greeted*) a Pilar y le dio un (3. beso / mano). Esto no le gustó a Manolo. —¿Tuviste (4. rojo / celos)? —le preguntó Pilar después. Manolo contestó que sí y se (5. abrazaron / parecieron). Después de ver la película, Manolo la llevó a un restaurante donde cenaron con un grupo de amigos. Luego él la (6. vino / acompañó) a su casa. Los dos salieron juntos muchas veces hasta el 21 de octubre, día de su (7. boda / amistad). (8. Se casaron / Se rompieron) en una iglesia muy linda. Hubo más de doscientos invitados y entre ellos muchos amigos y (9. parejas / compañeros) de los dos. Unos meses después, Manolo le preguntó a su esposa: —Mi amor, ¿siempre nos vamos a (10. llevar / tener) bien...?—Y ella le respondió que sí, pero por un instante pensó en Miguel...

B. El matrimonio perfecto. *Name five characteristics of the perfect marriage.*

1. ____

2. ____

3. ____

4. ____

5. ____

C. **Me caso pronto...** *Imagine that you are getting married in two months. Make a list of the things you and your future bride (groom) need to do to prepare for your wedding.*

1. ____________________

2. ____________________

3. ____________________

4. ____________________

5. ____________________

6. ____________________

ESTRUCTURAS

I. The imperfect of regular and irregular verbs (*ir, ser, ver*)

A. **En el sur de Guatemala.** *Leticia's grandmother is recalling her honeymoon in southern Guatemala in the 1930s. Supply the correct imperfect tense forms of the verbs given in parentheses.*

Pepe y yo (1. ser) ____________ muy jóvenes. Él (2. tener) ____________ veintiséis años y yo sólo veintidós. Nos casamos en julio y decidimos pasar nuestra luna de miel (*honeymoon*) lejos de la capital. Fuimos al sur, a un pequeño pueblo que (3. estar) ____________ cerca de la costa. Recuerdo que (4. ser) ____________ un lugar muy tranquilo y que (5. hacer) ____________ mucho calor. Tu abuelo y yo (6. estar) ____________ en una pensión (*inn*) y allí nosotros también (7. desayunar) ____________, (8. almorzar) ____________ y (9. cenar) ____________. Todas las mañanas, Pepe y yo (10. despertarse) ____________ cuando la cocinera (*cook*), doña Antonia, (11. volver) ____________ del mercado (*market*). Ella (12. ir) _________________________ allí muy temprano y (13. traer) ____________________ frutas y verduras frescas para las comidas del día. Recuerdo que doña Antonia nos (14. querer) ______________________ mucho y siempre nos (15. preparar) ______________________ algo especial para el almuerzo. En realidad, creo que la vida era más simple entonces, ¿no...?

B. Mi amiga Eulalia. *Rewrite the following paragraph, using the imperfect tense.*

Eulalia estudia ingeniería en la Universidad Nacional. Ella no es muy responsable y no saca muy buenas notas, pero es muy popular y tiene muchos amigos que la quieren mucho. Vive con sus padres y sus dos hermanos menores que la admiran mucho. A nosotros nos gusta su compañía y nos vemos frecuentemente: vamos a la playa, al cine, a algún baile, o simplemente nos quedamos en casa a conversar. Siempre nos divertimos cuando estamos juntos.

____

____

____

____

____

____

____

____

____

____

C. Ayer en el parque. *What were your friends doing when you arrived at the park yesterday afternoon? Look at the drawing below and describe each scene with two or three sentences in the imperfect. Follow the model.*

MODELO 1. Luis y Jorge hablaban de Susana, una prima de Jorge. Luis estaba enamorado de ella y quería oír los consejos de su amigo.

2. ____

____

3. ____

____

4. ____

____

5. ____

____

Nombre ______________________ Fecha ______________ Clase __________

II. The imperfect vs. the preterit

A. ¿Lo sabías? *Complete the following dialogue with the appropriate imperfect or preterit forms of* ***saber*** *or* ***conocer.***

LAURA: Tu amigo Jorge es muy simpático.

SORAYA: ¡Yo no ________ (1) que tú lo ________ (2)!

LAURA: Yo lo ________ (3) ayer en la biblioteca. Descubrí que a él le gusta la ciencia-ficción tanto como a mí.

SORAYA: ¿Y cómo lo ________ (4)? ¡Jorge no me dijo eso!

LAURA: Buscaba los mismos libros que siempre leo yo.

SORAYA: Y cuando le dijiste tu nombre, ¿ ________ (5) él que eras mi compañera de cuarto?

LAURA: No..., parece que tú no le hablas de mí. Yo no ________ (6) eso, Soraya. Bueno, con permiso, voy a la biblio... a la cafetería.

B. Un sábado aburrido. *Carlos is describing his weekend. Help him by completing this paragraph with the appropriate preterit or imperfect forms of the verbs given in parentheses.*

El sábado pasado yo (1. querer) ________ ir a esquiar. (2. Llamar) ________ a mi amigo José para saber si él (3. querer) ________ ir conmigo. Él me (4. decir) ________ que (5. tener) ________ que estudiar y que no podía ir. Entonces (6. llamar) ________ a Juan, otro amigo. Él me dijo que (7. ir) ________ a jugar al básquetbol y me (8. preguntar) ________ si yo (9. querer) ________ acompañarlo. (Yo) le (10. decir) ________ : «Gracias, pero hoy no...» Como (yo) no (11. tener) ________ ganas de ir a esquiar solo, (12. quedarse) ________ en casa a mirar televisión.

C. **Una carta de Marisa.** *This paragraph is part of a letter from an American college student in Tegucigalpa to a friend in the United States. Circle the verb in parentheses that correctly completes each sentence.*

El domingo pasado (1. fui / iba) a escuchar un concierto. Mientras (2. hablé / hablaba) con mis amigos allí, (3. llegó / llegaba) otro estudiante universitario y (4. se sentó / se sentaba) a mi lado. Se (5. llamó / llamaba) Pedro y nos dos (6. hablamos / hablábamos) de muchas cosas. Al salir, nos (7. abrazamos / abrazábamos). Después yo (8. fui / iba) a casa. Durante la noche, mientras yo (9. estudié / estudiaba), Pedro me (10. llamó / llamaba) por teléfono y me (11. pidió / pedía) una cita. Yo le (12. dije / decía) que sí porque él realmente me (13. gustó / gustaba).

III. *hacer* with expressions of time

A. **Un viaje a El Salvador.** *You have told your professor about a trip you plan to take to El Salvador. Answer her questions according to the cues provided, using* ***hace*** *+ time expressions.*

MODELO Usted está en mi clase, ¿verdad? (sí, tres meses)
Sí, hace tres meses que estoy en su clase.

1. ¿Cuánto tiempo hace que usted estudia español? (dos años)

   ____

2. Usted le escribió a su amigo en San Salvador, ¿no? (sí, unos días)

   ____

3. ¿Cuánto tiempo hace que prepara usted este viaje? (cuatro meses)

   ____

4. ¿Usted ya tiene su pasaporte? (sí, seis meses)

   ____

5. ¿Tiene usted el boleto para su vuelo? (sí, cinco semanas)

   ____

Nombre ______________________ Fecha ______________ Clase __________

B. Historia de un amor triste. *Complete the following sad story with appropriate expressions containing* ***hace, hacía, hace... que,*** *and so on. Then answer the questions.*

Conocí a Martín ____________(1)____________ doce años. Estábamos en Ciudad de Guatemala. El me dijo que ______________(2)______________ dos años ______________ esperaba conocer a una mujer tan inteligente como yo. ___________(3)___________ mucho tiempo ______________ (yo) quería salir con un hombre interesante, y como estaba aburrida, decidí darle la oportunidad a Martín. Por eso salí con él.

Bueno, para decirlo en pocas palabras, dos meses más tarde me casé con Martín y tres años depués el casamiento (*marriage*) terminó en un divorcio. Pasaron los años y no pensé más en él hasta que lo vi en un restaurante francés en San Salvador ______________(4)______________ tres años. No nos hablamos. Ahora otra vez ___________(5)___________ mucho tiempo ______________ no pienso más en Martín. Así es la vida, ¿verdad?

Now answer the following questions.

1. ¿Cuánto tiempo hacía que la mujer conocía a Martín cuando se casaron?

____

2. ¿Y cuánto tiempo hacía que estaban casados cuando el casamiento terminó en un divorcio?

____

3. ¿Cuánto tiempo hace que la mujer vio a Martín en San Salvador?

____

4. ¿Y cuánto tiempo hacía que ella no pensaba más en él cuando lo vio allí en San Salvador?

____

IV. The relative pronouns *que* and *quien*

A. Que o quien. *Circle the correct relative pronoun for each sentence.*

1. El explorador a (quien / que) Isabel y Fernando le dieron el dinero para un viaje famoso a América fue Cristóbal Colón.
2. El rey (*king*) español a (quien / que) llamaron «el Santo» fue Fernando III.
3. El explorador (que / quien) descubrió el Océano Pacífico fue Vasco Núñez de Balboa.
4. El rey (que / quien) vive en Madrid ahora se llama Juan Carlos de Borbón.

B. Combinaciones lógicas. *Combine each pair of short sentences into one, using either* ***que*** *or* ***quien(es)*** *and the appropriate preposition.*

MODELO Juan es un amigo italiano. Siempre te hablo de él.
Juan es el amigo italiano de quien siempre te hablo.

1. Espero el autobús. Siempre llega a las nueve.

____

2. Ese presidente visitó España. Él es un buen político.

____

3. Maribel y Joaquín son amigos. Vamos a almorzar con ellos.

____

4. Pedro es estudiante de biología. Tengo que pedirle un favor.

____

5. Tegucigalpa es una ciudad muy interesante. Quiero visitarla en diciembre.

____

6. ¿Éste es el amigo de Silvia? ¿Va a quedarse con nosotros?

____

Nombre ______________________ Fecha ______________ Clase __________

PARA COMUNICARNOS

La expresión apropiada. *Complete the speech baloons in the drawings with the expression that best fits each situation. Use expressions from the list below.*

¡Gracias!	Mucho gusto.	Con permiso.
¡Felicitaciones!	¡Bienvenido!	Perdón.
¡Salud!	No hay de qué.	¿Y qué pasó después?
¡Buen provecho!	De nada.	¡Adiós! Hasta mañana.
Me llamo Luis Durán.		

MODELO Doña Carmen: **¡Gracias!**
Roberto: **De nada.**

1.

2.

Señor Durán: ______________________

Don Carlos: ______________________

Camarero: ______________________

Señores Díaz: ______________________

3.

Pedro: ______________________

Señor Bonilla: ______________________

4.

Alicia: ______________________

5.

Los López: ______________________

6.

Pepito: ______________________

7.

Ramón: ______________________

8.

Señor Cabrera: ______________________

Nombre ______________________ Fecha______________ Clase __________

PARA ESCRIBIR

Mi mejor (peor) cita... *Write a paragraph describing the best (worst) date you have ever had. (Fibs are permitted!)*

Nombre ______________________ Fecha______________ Clase __________

Capítulo diez
Viajes y paseos

VOCABULARIO

A. ¡A México! *You are planning a trip to Mexico. Use the words provided to prepare two lists: one of places you want to visit and one of things you will want to take along. Add places or items of your own.*

el boleto	la estación de trenes	la agencia de viajes
las ruinas	el pasaporte	el monumento
el dinero	el parque zoológico	las pirámides
el mapa	las maletas	la aduana
el puerto	el Museo Nacional de Antropología	

Lugares	**Cosas**
______________________	______________________
______________________	______________________
______________________	______________________
______________________	______________________
______________________	______________________
______________________	______________________
______________________	______________________
______________________	______________________
______________________	______________________
______________________	______________________

B. Histeria de viaje. *A friend is traveling with you and doesn't know much Spanish. Help him by selecting the correct word or phrase to complete his sentences. Write the answers in the blanks.*

1. Para tomar un tren tenemos que ir a ______________________. (la estación de trenes / la agencia de viajes / el negocio)

2. La señorita perdió el pasaporte en el aeropuerto y va a informar

_______________ . (a la aduana / al banco / al puerto)

3. Ya es de noche y tenemos que buscar un lugar donde

_______________ . (calmarnos / tomar sol / quedarnos)

4. Antes de entrar a México, hay que pasar por _______________ . (la ruina / la aduana / el correo)

5. Salíamos de México y cuando subimos al avión todos nos dijeron:

_______________ . («¡Bienvenidos!» / «¡Buen viaje!» / «¡Arriba las manos!» [*Hands up!*])

6. Cuando el profesor estuvo en Guadalajara, se quedó en un

_______________ muy pequeño. (estación / hotel / cuadra)

7. Según la información que tengo en mi _______________ , el vuelo sale a las diez y veinte. (pasaje / mapa / equipaje)

8. Las ruinas de Palenque son muy _______________ . (modernas/ últimas / hermosas)

ESTRUCTURAS

I. Formal *usted* and *ustedes* commands

A. Decisiones. *Determine which of the following sentences are formal commands and mark the corresponding space.*

MODELO Visita ese museo. ________ Visite ese museo. ___x___

1. Busca el libro. ________ Busque el libro. ________

2. Van con ella. ________ Vayan con ella. ________

3. Espere cinco minutos. ________ Espera cinco minutos. ________

4. Sale de la catedral. ________ Salga de la catedral. ________

5. Empiezan a las ocho. ________ Empiecen a las ocho. ________

6. Llegue temprano. ________ Llega temprano. ________

7. Escriben pronto. ________ Escriban pronto. ________

8. No digan eso. ________ No dicen eso. ________

Nombre ______________________ Fecha ______________ Clase __________

B. Práctica. *For each of the verbs listed, provide first the* **yo** *form and then the command forms for both* **usted** *and* **ustedes.** *Follow the example given for* **comer.**

Verb	***Yo* form**	**Command forms** usted	ustedes
1. comer	**como**	**coma**	**coman**
2. escribir	________	________	________
3. contar	________	________	________
4. salir	________	________	________
5. llegar	________	________	________
6. traer	________	________	________
7. poner	________	________	________
8. pedir	________	________	________
9. ir	________	________	________
10. venir	________	________	________

C. Mandatos y más mandatos. *Rewrite the following statements as direct commands.*

MODELO Deben llevar el equipaje.
Lleven el equipaje.

1. Deben volver al avión ahora.

____

2. Si quiere ir al Zócalo, debe caminar dos cuadras más.

____

3. Tiene que llamar al agente de viajes.

____

4. No necesitan sacar más fotos de esas ruinas.

____

5. Debe traer su pasaporte.

____

D. Respuestas lógicas. *Respond to the following situations with an* ***usted*** *or* ***ustedes*** *command form, as appropriate. Follow the models.*

MODELOS Tengo que viajar mañana.
Pues, haga sus maletas esta noche.

Queremos visitar algún museo.
Pues, visiten el Museo Nacional de Antropología.

1. Tenemos ganas de ir al cine.

____

2. Quiero divertirme este fin de semana.

____

3. Queremos cambiar cien dólares.

____

4. Estoy cansada.

____

5. Quiero comprar algunos regalos interesantes.

____

6. Estamos un poco aburridos.

____

II. *tú* commands

A. Decisiones. *Determine which of the following verbal forms are informal commands and which are formal. Write* ***tú*** *next to the informal command and* ***Ud.*** *next to the formal command.*

MODELO	vuelves ________	vuelva **Ud.**	vuelve **tú**
1.	venga ________	vienes ________	ven ________
2.	haz ________	haga ________	hace ________
3.	tenga ________	ten ________	tiene ________
4.	no pongas ________	no ponga ________	no pones ________
5.	no salga ________	no sales ________	no salgas ________
6.	no vaya ________	no vayas ________	no va ________

Nombre ______________________ Fecha________________ Clase __________

B. Solo(-a) en casa. *Imagine that your parents are going on vacation and leaving you at home alone. What do they tell you before they leave? Write five affirmative or negative **tú** commands they might give you.*

MODELO **No hagas fiestas.**

1. ______________________________
2. ______________________________
3. ______________________________
4. ______________________________
5. ______________________________

C. Ahora, mandatos para todos. *Using familiar or formal commands as required by the situation, combine the following elements to make sentences. Add any other necessary words.*

MODELO Doctor Melgarejo, / por favor, / ir / el banco / hoy
Doctor Melgarejo, por favor, vaya al banco hoy.

1. Mateo, / no / llevar / esos pantalones blancos
____
2. Señores García, / no / ir / el parque / ahora
____
3. Profesor, / repetir / ese nombre, / por favor
____
4. Muchachos, / doblar / a la izquierda / en esa esquina
____
5. Teresa, / no / subir / el autobús / con ese paraguas
____
6. Muchachos, / no caminar / por esa calle
____
7. Pablo, / ir / el centro / esta tarde
____
8. Por favor, / Marta, / no / leer / esa carta / ahora
____

III. Position of object pronouns with commands

A. Decisiones. *Mark the choice that correctly identifies what the object pronouns refer to and whether the command is formal or informal.*

MODELO Déjelas aquí.

__x__ maletas; Ud. ______ maletas; tú ______ cheques; Ud.

1. No lo hagas ahora.

   ______ trabajo; tú ______ canción, tú ______ trabajo; Ud.

2. Démelos.

   ______ boletos; tú ______ mapas; Ud. ______ fotos; Ud.

3. No la cierres.

   ______ puerta; Ud. ______ puerta; tú ______ banco; Ud.

4. No la busque.

   ______ estación; tú ______ zapato negro; tú ______ catedral; Ud.

5. Cómpreselos.

   ______ calcetines grises; Ud. ______ calcetines grises; tú ______ chaquetas; tú

6. Dáselo.

   ______ camisa; tú ______ vestido; Ud. ______ sombrero; tú

7. Explíquelo.

   ______ programa; Ud. ______ foto; Ud. ______ problema; tú

B. Contradicciones. *Change the following commands to the negative form. Make all other necessary changes.*

MODELO Cuéntamelo. **No me lo cuentes.**

1. Siéntese allí. ____
2. Dínoslo. ____
3. Tráiganmelas. ____
4. Míralos. ____
5. Pídesela. ____
6. Váyanse. ____

Nombre ______________________ Fecha ______________ Clase __________

C. Hasta mañana. *In each of the following sentences, someone tells you about an intention to perform an action. Tell the person not to do it until tomorrow, substituting object nouns with pronouns. If you are addressed as* **Ud.,** *answer with the* **Ud.** *form; use the* **tú** *form in the same way.*

MODELO Quiero darte consejos.
No me los des hasta mañana.

1. Pienso comprarte otra maleta.

____

2. Les voy a llevar los pasajes a tus amigos.

____

3. Tengo que buscarle otro regalo (a usted).

____

4. Debo decirles la verdad pronto (a usted y a su esposa).

____

5. Necesito escribirle una carta a José.

____

6. Te quiero hacer una fiesta.

____

PARA COMUNICARNOS

A. En el Zócalo. *Continue exploring Mexico City using the following map. Answer the tourists' questions by circling the correct phrase in parentheses. Remember that you are at the Zócalo.*

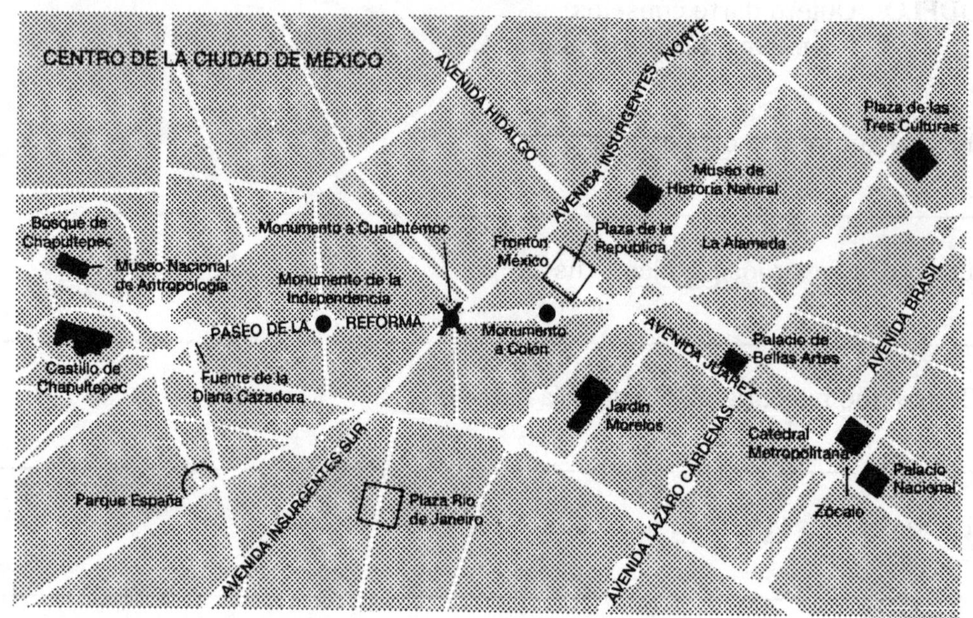

MODELO —Perdón. ¿Me puede decir cómo llegar al Palacio de Bellas Artes?
—Vaya (derecho, a la derecha) por la Avenida Juárez hasta llegar a la Avenida Lázaro Cárdenas. Doble a la derecha y camine media cuadra. Va a ver el Palacio a su (derecha, izquierda)

1. —Por favor, señor(a), busco la Plaza de las Tres Culturas.

   —Vaya por la Avenida Brasil hasta llegar a la esquina. Doble a la (derecha, izquierda) en la Avenida Hidalgo. Camine una cuadra. Doble a la (derecha, izquierda) en la Avenida Lázaro Cárdenas. Siga por esa avenida hasta llegar a la Plaza; va a estar a su (derecha, izquierda).

2. —Discúlpeme, ¿por dónde va uno a la Plaza de la República?

   —Vaya (derecho, a la derecha) por la Avenida Juárez. Cruce el Paseo de la Reforma y siga (derecho, a la izquierda). Va a ver la Plaza de la República enfrente de usted.

3. —Perdón. ¿Me puede decir cómo llegar al Monumento de la Independencia?

   —Tome la Avenida Juárez hasta llegar al Paseo de la Reforma. Doble a la (derecha, izquierda) y siga derecho hasta ver un monumento. Es el monumento a Cuauhtémoc. Siga en la misma dirección, (este, oeste), y el Monumento de la Independencia va a estar (enfrente, derecho) de usted.

4. —Perdóneme. ¿Dónde está el Jardín Morelos?

   —Vaya (derecho, al este) por la Avenida Juárez y tome la primera izquierda después de (la Avenida Lázaro Cárdenas, la Avenida Brasil). El jardín va a estar a su derecha.

5. —Por favor, ¿está cerca de aquí el Museo Nacional de Antropología?

   —No, está bastante lejos. Tome la Avenida Juárez hasta llegar al Paseo de la Reforma. Doble a la (izquierda, derecha). Vaya derecho hasta llegar (a la Fuente de la Diana Cazadora, al Parque España). Allí no doble. Siga por el Paseo de la Reforma hasta llegar a un gran edificio a su derecha. Es el museo.

B. Planes de viaje. *You have just received $3,000 to take a trip to South America this summer. You go to the nearest Spanish-speaking travel agent for assistance, but she does not handle trips to South America, only to Mexico. She refers you to her friend at a nearby agency. With that situation in mind, complete the dialogue below supplying the Spanish equivalents of the English verbs and expressions indicated in parentheses.*

USTED: Buenos días, señorita.

AGENTE: Buenos días... ¿En qué puedo servirle?

USTED: Quiero hacer un viaje a Sudamérica.

AGENTE: Pues..., en esta agencia no tenemos información sobre Sudamérica; sólo organizamos viajes a México. (*Go*) ______________________ a hablar con mi amiga Clara en la agencia «Estrella».

USTED: Pero..., ¿(*How do I get to*) ______________________ esa agencia?

AGENTE: (*Go straight ahead*) ______________________ . (*Walk five blocks*) ______________________ . (*Turn left*) ______________________ en la calle 23. (*Cross*) ______________________ la calle. (*It's next to the*) ______________________ banco central.

USTED: Muchas gracias, señorita.

C. Consejos a un amigo. *A friend of yours is going to Mexico for two weeks. Give him advice on how to act so that people will not think he is ill-mannered or impolite. Use affirmative or negative* **tú** *commands.*

MODELO No hables en voz alta en los museos.

1. ____

2. ____

3. ____

4. ____

5. ___

6. ___

PARA ESCRIBIR

No te quedes sin... ***(Don't be left without...).*** *Write three short ads similar to the "Post-it™" ad below that tells you not to be left without Post-it™s. Choose three things that you can't do without. Be sure to use familiar command forms.*

Una manera moderna de comunicarse.

3M

1. ___

___

2. ___

___

3 ___

___

Nombre ______________________ Fecha______________ Clase __________

Capítulo once
Las noticias

VOCABULARIO

A. Categorías. *News items vary in content. Classify the following list according to the categories offered. Some items may fit into more than one category. Add other items of your own.*

la reunión de las Naciones Unidas
el maratón de Boston
las elecciones en Costa Rica
el concierto de piano
el aumento de precios de petróleo
el costo de la vida
la manifestación contra la destrucción de los bosques tropicales
la superpoblación
el partido (*match*) internacional de fútbol (*soccer*)
las elecciones nacionales
la visita del Papa
la huelga de trabajadores
el anuncio de las mejores películas del año
el terremoto en Guatemala
los Juegos Olímpicos

1. noticias internacionales: ______________________________

____

____

2. noticias políticas: ______________________________

____

____

3. noticias socioeconómicas: ______________________________

____

____

4. noticias culturales: ______________________________

____

____

B. Preguntas y respuestas. *Answer the following questions in Spanish.*

1. ¿Participó usted alguna vez en una manifestación? ¿Por qué sí o no?

2. ¿A usted le interesa la política? ¿Por qué sí o no?

3. ¿Prefiere usted leer las noticias en el periódico o en la Internet, escucharlas por radio o mirarlas por televisión? ¿Por qué?

4. Según su opinión, ¿es mejor leer una novela o ver la película inspirada en esa novela? ¿Por qué?

5. ¿Por qué son populares las películas de ciencia-ficción como *Star Trek*? ¿Las ve usted?

Nombre ______________________ Fecha______________ Clase __________

ESTRUCTURAS

I. The impersonal *se* and the passive *se*

A. Decisiones. *Mark the word that best completes each of the following sentences.*

MODELO No se ______ un cuadro de Picasso por veinte dólares.
__x__ compra ______ ven ______ dice

1. En algunas ciudades latinoamericanas, ya no se ________ los negocios durante el almuerzo.

   ______ cierran ______ abren ______ suben

2. Señora, vaya usted al Banco Internacional. Allí se ______ cheques de viajero.

   ______ hacen ______ cambian ______ oyen

3. Para llegar a ese mercado se ______ tener auto porque está muy lejos.

   ______ pierde ______ debe ______ dobla

4. Se ______ «Gracias» cuando alguien nos da un regalo.

   ______ habla ______ prende ______ dice

5. Se ______ algunos cuadros muy buenos de Picasso en el Museo de Arte Moderno de Nueva York.

   ______ ven ______ aprenden ______ ganan

6. Mario me dijo que se ________ reportero(-a) hispano(-a) para el programa de los sábados.

   ______ pensaba ______ necesitaba ______ resolvía

B. Correspondencias. *Choose a phrase from the second column to complete each phrase in the first column appropriately.*

a.____	1. En algunos países se hacen	menos televisión que ahora.
b.____	2. Antes se veía	el arte y la literatura son tan importantes como la tecnología, ¿verdad?
______	3. Se dice	
c.____	4. En el mercado se puede encontrar	huelgas frecuentemente.
d.____	5. En su país se cree que	muchas fiestas diferentes a las nuestras.
______	6. En el mundo hispano se celebran	
e.		todo más barato.
f.		«Hasta luego» cuando se va a ver a alguien más tarde.

II. The past participle used as an adjective

A. Selecciones lógicas. *Complete the following sentences by selecting a verb from the list below and deriving an adjective of the appropriate gender and number from it. You may use some verbs more than once, others not at all.*

abrir	describir	morir	prender
cerrar	escribir	oír	resolver
comprar	hablar	perder	romper
creer	hacer	poner	traer

MODELO Las tazas están **rotas** .

1. Los bancos están ____________________.
2. La televisión está ____________________.
3. Ese periódico está ____________________ en español.
4. Esas guitarras están ____________________ en Guatemala.
5. Las farmacias están ____________________ hasta las once de la noche.
6. En el avión, encontramos un pasaporte ____________________.
7. Ese problema no está ____________________.
8. Mi tienda ya está ____________________.
9. El vaso está ____________________.

B. Últimos preparativos. *Professor Monsanto is going over a final checklist prior to the departure of the summer students for Panama. Reassure him that everything has been taken care of.*

MODELO Enrique, ¿resolviste los problemas con los boletos?
Sí, profesor, los problemas están resueltos.

1. ¿Ya pusieron todas las maletas en el autobús?

____

2. Carlos, ¿compraste los periódicos para leer en el avión?

____

3. ¿Cerraron las ventanas y las puertas?

____

Nombre ______________________ Fecha______________ Clase ________

4. Rosa, ¿escribiste los números de los pasaportes en mi cuadermo?

____

5. Enrique, ¿hiciste la lista de los números de teléfono de emergencia?

____

Pues entonces, ¡en marcha!

III. The present and past perfect tenses

A. Variedad en el pasado. *Change each sentence from the preterit to the present perfect.*

MODELO Yo comí en el restaurante del aeropuerto.
Yo he comido en el restaurante del aeropuerto.

1. Los trabajadores pidieron aumento de sueldo.

____

2. La profesora visitó ese museo.

____

3. Tú y yo viajamos a Nicaragua.

____

4. Empezó la huelga de los maestros.

____

5. Me quedé en el Hotel París.

____

6. Antonio no dijo casi nada en la reunión.

____

7. Todos vimos el noticiero de las once.

____

B. El viajero experto. *The expert traveler left for Costa Rica on Saturday. Using the pictures as a guide, tell what things he had done early and when he did them.*

MODELO Ya había ido a una agencia de viajes. Fue allí el año pasado.

1. ______________________________

____

2. ______________________________

____

____

3. ______________________________

____

4. ______________________________

____

5. ______________________________

____

Nombre ______________________ Fecha ______________ Clase __________

C. **Díaz todos los días.** *The following cartoons are by Costa Rican artist Hugo Díaz and appeared in his book* **Díaz todos los días,** *Editorial El Bongo, 1994. Look at each and then do the exercises that follow.*

1. ¿Qué ha perdido el noticiero?
   a. su público
   b. su credibilidad

2. ¿Qué tiene la mujer en la mano?
   a. una Biblia
   b. una guía de las películas hechas de presentar en la televisión

Vocabulario: **mucha angustia al sentirse naufragados...?** *(Did you have) a lot of anguish upon feeling shipwrecked...?;* **harían** *would you do;* **volver a** *to do (something) again;* **salado** *salty*

3. ¿Qué les había pasado a los tres hombres en el centro del dibujo (*drawing*)?
   a. Habían comido mucho arroz y pescado.
   b. Habían naufragado.

4. ¿Qué hacen los reporteros?
   a. Les hacen muchas preguntas inteligentes.
   b. Les hacen muchas preguntas idiotas.

5. ¿Qué quiere decir *agua llovida*?
   a. rainwater
   b. salt water

6. Díaz muestra que...
   a. tiene mucha compasión por las víctimas.
   b. tiene mucha admiración por las reporteros.

NB: Aquí *vieja* quiere decir *esposa;* es una expresión coloquial.

7. ¿Qué ha hecho el señor del dibujo?
   a. Ha comido algo muy picante y tiene sed.
   b. Ha destruido un bosque tropical.

8. ¿Cómo ha cambiado el tiempo?
   a. Hace más calor.
   b. Llueve más.

9. Díaz opina que...
   a. la destrucción de los bosques afecta la temperatura del planeta.
   b. es bueno usar la madera para calentar (*heat*) las casas.

10. En general, los dibujos del señor Díaz son...
    a. trágicos.
    b. satíricos.

Nombre ______________________ Fecha______________ Clase ________

PARA COMUNICARNOS

Reacciones lógicas. *React to the following statements with an expression of agreement or disagreement. Then state a reason for your reaction.*

MODELOS ¡Nuestro presidente es fantástico!
¡Qué va! Este año ha perdido mucha credibilidad.

1. Los jóvenes que tienen menos de 25 años no deben votar.

____

____

2. Los canales privados de televisión son mejores que los públicos.

____

____

3. La violencia es un gran problema en Estados Unidos.

____

____

4. En Canadá no hay ningún tipo de problemas económicos.

____

____

5. Necesitamos controlar la producción de armas nucleares.

____

____

6. Los estudios universitarios no nos preparan bien para la vida práctica.

____

____

PARA ESCRIBIR

A. Crucigrama.

Horizontales

1. presente de **ver**
4. en inglés se dice *magazine*
9. __________ de televisión, por ejemplo
10. en inglés se dice *if*
12. adjetivo posesivo
14. infinitivo de **somos**
16. en inglés se dice *because*
20. opuesto a **no**
21. artículo indefinido
22. dos autores que escriben el mismo libro son __________-autores
23. pronombre reflexivo (**tú** *form*)
24. en inglés se dice *gold*
25. pronombre recíproco
26. presente de **aumentar**
30. en inglés se dice *meeting*
32. singular de **épocas** (*epochs*)
36. el __________ Colón, por ejemplo
38. persona que se dedica al arte
39. ciudad del sur de España; allí está la Giralda
43. presente de **saber**
44. nota musical
46. opuesto a **noche**
47. adjetivo demostrativo (*pl.*)
48. presente de **leer**

Nombre ______________________ Fecha ________________ Clase __________

Verticales

1. presente de **ir**
2. preposición
3. artículo definido
5. presente de **ser**
6. pretérito de **ver**
7. (*afternoon*) *nap*, en español
8. se usa como *alas!, ouch!* en inglés
11. opuesto a **mucho**
13. abreviación de **usted**
15. presente de **reír** (*to laugh*)
16. verbo cognado de *to protest*
17. pronombre relativo
18. abreviación de *United Nations*
19. en inglés se dice *with*
22. en inglés se dice *to celebrate*
25. plural de **santo**
27. abreviación de *United States*
28. hermano del padre o de la madre
29. pronombre sujeto
31. opuesto a **sí**
33. opuesto a **soltero**
34. imperfecto de **ver**
35. sinónimo de **ocurrir**
37. fruta usada para hacer vino; plural de **uva**
38. contracción de preposición y artículo
40. adjetivo demostrativo
41. imperfecto de **ir**
42. pronombre de objeto indirecto
45. articulo definido masculino

B. En el aire. *You are a reporter for the university newspaper. Give a summary of the day's major news stories according to the categories in the vocabulary exercise at the beginning of the chapter. Use the present perfect tense.*

1. ____

____

____

2. ____

____

____

3. ____

____

____

4. ____

____

____

Nombre ______ Fecha ______ Clase ______

Nombre ______________________ Fecha______________ Clase __________

SELF-TEST II*

I. Commands

React to the following statements with commands, as in the models. Use object pronouns whenever possible.

MODELOS Tú no haces tu trabajo. **Hazlo.**
Usted me lo pide. **No me lo pida.**

1. Ustedes no hablan de su viaje.
2. Tú no estudias hoy.
3. Tú comes los chocolates.
4. Tú no te vas ahora, Rosa.
5. Usted es pesimista.
6. Usted no me pasa la sal.
7. Ustedes pierden la dirección.
8. Tú no le dices la verdad.
9. Tú me llamas muy temprano.
10. Tú no vienes a clase.
11. Usted no me trae una cerveza.
12. Tú no tienes cuidado.
13. Ustedes no me esperan.
14. Usted no se viste a la moda.

II. The past tenses

A. *Change the verbs in the following sentences from the present to the preterit.*

MODELO Felipe va al centro.
Felipe fue al centro.

1. Tienen que aprender inglés.
2. ¿Qué pides?
3. Ya los veo.
4. Se lo damos a ellos.
5. ¿Quién pierde? ¿Quién gana?
6. No tienes tiempo de ver la película.
7. Simón Bolívar quiere unir (*unite*) toda Sudamérica.
8. Los árabes traen a España una rica cultura.
9. Salgo temprano.
10. Fernando se va a casa a dormir.
11. Se divierten mucho.
12. No nos quiere ver.
13. Conocen a María.
14. Sabe la verdad.
15. Me levanto a las ocho.

B. *Change the verbs in the following sentences of Exercise A to the imperfect: 1, 5, 6, 7, 11, 12, 13, 14, and 15.*

MODELO Felipe va al centro.
Felipe iba al centro.

*For this self-test, write your answers on a separate sheet of paper if necessary.

C. *Change the verbs in the following sentences of Exercise A to the present perfect: 2, 3, 4, 5, 6, 10, and 11.*

MODELO Felipe va al centro.
Felipe ha ido al centro.

D. *Complete the paragraph with the appropriate past-tense (i.e., preterit, imperfect, present perfect, or past perfect) form of the verbs in parentheses.*

Ayer, mientras yo (esperar) ________________ el autobús, (ver) ________________ a Juan, un amigo muy querido. Recuerdo que en 1990, cuando él y yo (conocerse) ________________, nos dos (querer) ________________ ser pintores (*painters*) famosos. Él (admirar) ________________ profundamente a Picasso y (tener) ________________ un cuadro que (heredar = *inherit*) ________________ de una tía rica. No (ver) ________________ a Juan desde 1994. Cuando lo (ver) ________________, (llevar) ________________ un traje elegante y zapatos muy caros. Yo le (decir) ______________ que (estar) ______________ muy contento de verlo y le (preguntar) ____________ si (seguir) ____________ obsesionado por las obras de Picasso. Me (decir) ________________ que ya no, que ahora (viajar) ________________ y (visitar) ________________ casinos por todo el mundo. Juan me (contar) ________________ que en 1993 (conocer) ________________ a una mujer admirable, (enamorarse) ________________ de ella y en menos de un mes ellos (decidir) ________________ casarse. La mujer (tener) ______________ mucho dinero porque (ser) ________________ hija de un millonario italiano. Me contó mi amigo que él y su esposa (vivir) ________________ muy felices hasta la semana pasada, cuando el doctor de la familia (descubrir) ________________ que su esposa (tener) ____________ cáncer. La tragedia de mi amigo me (dejar) ____________ muy triste pero (inspirar) ________________ este cuadro, que yo (empezar) ________________ hace unas horas y cuyo título (*whose title*) va a ser «Los dólares todavía no (poder) ________________ curar todos los dolores del mundo».

III. The reflexive

Restate the following, changing the pronouns and verbs from the plural to the singular.

MODELO ¿Nos sentamos aquí?
¿Me siento aquí?

1. Siempre nos divertimos con Andrea y Tomás.
2. Ellos se van de aquí mañana.
3. ¿Se lavan ustedes la cara? (*Give both singular forms.*)
4. Nos levantamos de la mesa.
5. ¿Cómo se llaman tus mejores amigos?
6. Siéntense, por favor. (*Give both singular forms.*)
7. Nos acostamos a las once.
8. Ustedes se despiertan temprano. (*Give both singular forms.*)

IV. Useful expressions

Give the Spanish equivalent of the following expressions.

1. What nonsense! **2.** Of course! **3.** Congratulations! **4.** Can you tell me how to get to the Hotel Internacional? **5.** Go straight ahead. **6.** Cheers! **7.** You're welcome. **8.** Where are shoes sold? **9.** What time do the stores open? **10.** Bring me a (cup of) coffee, please. **11.** What do you wish to order? **12.** The check, please. **13.** Excuse me (I beg your pardon). **14.** Enjoy the meal! **15.** What do you recommend (to us)?

Nombre ______________________ Fecha ______________ Clase __________

Capítulo doce
Fiestas y aniversarios

VOCABULARIO

A. Fiestas y celebraciones. *In what month are the following holidays and special days celebrated?*

MODELO Las Posadas **en diciembre**

1. el Día de la Madre ______________
2. el Día de Acción de Gracias ______________
3. la Navidad ______________
4. la Independencia de los Estados Unidos ______________
5. el Año Nuevo ______________
6. el Día del Padre ______________
7. el Día de los Reyes Magos ______________
8. su compleaños (de usted) ______________

B. Ocasiones especiales. *Answer the following questions, naming the occasions on which these activities are customary.*

MODELO ¿Cuándo se dan regalos en el mundo hispánico?
el 6 de enero, Día de (los) Reyes

1. ¿Cuándo cocinan ustedes un pavo?

____

2. ¿Cuándo hacen una torta?

____

3. ¿Cuándo usan un candelabro especial?

____

4. ¿Cuándo envían tarjetas a sus amigos?

____

5. ¿Cuándo ponen adornos en un árbol?

____

6. ¿Cuándo se dan regalos usted y sus parientes?

____

ESTRUCTURAS

I. The present subjunctive of regular verbs

A. Frases para completar. *Complete the following sentences with the most appropriate choice and mark the corresponding space.*

MODELO ¿Qué piensas de mí? Bueno, te pido que no...

________ a. lees más libros.
___x___ b. contestes esa pregunta.
________ c. aprendes la canción.

1. No quiero que ustedes...

________ a. olviden el concierto de violín de Kathleen.
________ b. doblan en la calle Huerta.
________ c. toman todo este vino antes de la fiesta.

2. La doctora Méndez me pide que...

________ a. voy a su casa esta noche.
________ b. le compra un boleto de ida y vuelta.
________ c. la ayude el próximo fin de semana.

3. Voy a prohibir que...

________ a. esos muchachos fumen en la clase.
________ b. comen todo el queso antes del baile.
________ c. celebran mi cumpleaños en la oficina.

4. ¿Mandas que Amparo y yo...

________ a. compremos el árbol de Navidad hoy?
________ b. hablamos con los vecinos?
________ c. caminamos al correo?

5. Queremos que ellos...

________ a. nos mandan tarjetas por nuestro aniversario.
________ b. pasen sus vacaciones con nosotros.
________ c. escriben la composición para mañana.

6. Gabriel, te pido que...

________ a. se lo preguntas al profesor.

________ b. no corres después de almorzar.

________ c. no hables durante el concierto.

7. Te prohíbo que...

________ a. preparas una torta de chocolate para Javier.

________ b. regreses allí después de ver esa película.

________ c. vendes la guitarra.

B. Más práctica. *Complete each of the following sentences with the correct subjunctive form of an appropriate verb listed below.*

enseñar	ayudar	reunirse	asistir
quejarse	mandar	fumar	celebrar

1. Quiero que este profesor ______________________ mejor que el otro.
2. ¿Permiten que Natalia y yo ______________________ de la comida de la cafetería? Es realmente muy mala.
3. ¿No quieres que ella ______________________ tarjetas de Navidad este año?
4. El profesor manda que nosotros ______________________ aquí después de ver la obra.
5. El doctor le prohíbe que ______________________ más dos cigarrillos (*cigarettes*) por día.
6. Ernesto no quiere que tú ______________________ al desfile del Año Nuevo.
7. Mis padres quieren que yo ______________________ con ellos el día de mi santo.
8. Ana me pide que la ______________________ a poner los adornos en el árbol.

C. Los padres mandan. *Although Pepe is a freshman in college, his mother can't believe he has grown up. Complete the responses that Pepe's mother makes to each of her son's statements or questions, putting the verb in the subjunctive. Follow the model.*

MODELO —Mamá, no voy a estudiar más hoy.
—Pero hijo, quiero que **estudies** una o dos horas más.

1. —Creo que voy a llamar a Gabriel y a...

   —Tu padre y yo no permitimos que ______________________ a tus amigos cuando tienes mucho que estudiar.

2. —O tal vez debo comprarle un regalo a Graciela.

   —Eso es peor. No queremos que le ______________________ regalos a esa chica.

3. —Tengo otra idea. La voy a invitar a la fiesta de cumpleaños de Jorge, y Jorge puede invitar a la hermana de Graciela.

   —Sabes muy bien que no queremos que ustedes ____________________ a esas muchachas a la fiesta.

4. —Pero, mamá, no tengo ganas de escribir mis ejercicios ahora.

   —Hijo, te pido que los ____________________ antes de la cena.

5. —¿Está bien si como la torta que está en el refrigerador?

   —No, te prohíbo que la ____________________ antes de la cena.

6. —Pero… ¡esto es ridículo! Hoy día los padres no comprenden a sus hijos…

   —Pepe, si quieres que nosotros te ____________________, haz las cosas que mandamos.

II. The present subjunctive of irregular, stem-changing, and spelling-changing verbs

A. Selecciones lógicas. *Complete the following sentences with the present subjunctive of the most appropriate verb.*

MODELOS (ver / valer / poder)
Te prohíbo que **veas** esa película.

1. La directora no quiere que nosotros le ____________________ más favores. (saludar / pedir / acompañar)

2. Le voy a pedir que me ____________________ a bailar. (enseñar / morir / dormir)

3. Ella no permite que Rafael ____________________ más sillas en la sala. (presentar / conocer / poner)

4. Fabio te va a pedir que ____________________ más puntual. (ser / traer / entender)

5. Quiero que ustedes ____________________ en sus planes para el futuro. (pensar / salir / pagar)

6. Alfredo no quiere que yo ____________________ la fiesta el sábado. (almorzar / hacer / descansar)

7. Queremos que tú ____________________ al concierto con nosotros. (quejarse / ir / saber)

8. Te pido que los miembros del club ____________________ en tu casa hoy. (fumar / reunirse / oír)

Nombre ______________________ Fecha ________________ Clase ____________

B. Infinitivos y formas irregulares. *Write the infinitive form of the verb in the first statement. Then complete the response with the present subjunctive of that same verb.*

MODELO —No le traje el regalo de cumpleaños a tía Alicia. **traer**
—Pues, quiero que le **traigas** el regalo ahora mismo.

1. —No tenemos entradas para el concierto. ____________________

   —Quiero que (ustedes) las ____________________ . Se las voy a comprar esta tarde.

2. —Juan no viene más a nuestra casa. ____________________

   —¿Por qué no le pides que ____________________ mañana?

3. —No he conocido a tu novio. ____________________

   —Quiero que lo ____________________ . Esta tarde te lo presento.

4. —Maribel e Inés van al desfile mañana. ____________________

   —No me gusta esa idea. Les voy a prohibir que ____________________ .

5. —Pues, yo las llevo en el auto, mamá... ____________________

   —¡Pero tú debes estar loco! Simplemente no te voy a permitir que las ____________________ , hijo...

6. —Señor Campos, ¿asistió usted a la recepción antes de la exposición? ____________________

   —Sí. ¿Quiere que (yo) ____________________ a la recepción final también?

C. Exposición de arte. *You are attending an art exhibit at the Museo Rufino Tamayo in Mexico City and walk in as the director is introducing a guest artist. Complete the sentences with the correct subjunctive forms of the verbs in parentheses.*

«...y quiero que ustedes (1. saber) ____________________ quién es este joven pintor, que (2. conocer) ____________________ la importancia de su obra, que (3. comprender) ____________________ esto: quizás su obra no (4. poder) ____________________ ser descrita como hermosa, pero es original, diferente y muy actual. La calidad (*quality*) de sus pinturas permite que nosotros (5. ver) ____________________ en su autor al más importante de los artistas de hoy. Quiero que todos ustedes (6. venir) ____________________ al museo otra vez en las próximas semanas para ver cómo el público recibe a este joven artista.

Ahora, tambien quiero que a ustedes les (7. interesar) ________________ ver esta exposición tanto como a nosotros, que (8. sentirse) ________________ cómodos en este museo y que (9. pasar) ________________ una tarde agradable entre estas pinturas tan magníficas. Muchas gracias por su atención.»

(*Aplauso*)

III. Additional command forms

A. Después de la función. *The cast is tired and generally uncooperative after the evening performance of a long-running play. Complete the responses by changing the* ***vamos a*** *form to a* ***nosotros*** *command, as in the model.*

MODELO Vamos a ir al centro ahora.
Estoy cansado. No **vayamos** allí ahora.

1. Vamos a tomar un café ahora.

   Buena idea. ________________ un café en esa cafetería.

2. Vamos a sentarnos aquí.

   Está bien. ________________ aquí.

3. Vamos a hacer varios cambios.

   Bueno, sí, ________________ los cambios necesarios.

4. Vamos a explicarle los cambios al autor.

   No, no ________________ eso ahora.

5. Vamos a ayudar a mis amigos después del ballet, ¿de acuerdo?

   De acuerdo. ________________ a tus amigos, pero después del ballet.

6. Vamos a decirles a los músicos que va a haber dos representaciones de la obra el sábado.

   No ________________ eso ahora. Esperemos hasta mañana.

Nombre ______________________ Fecha______________ Clase ________

B. Que lo haga otra persona. *Complete the response to each of the following statements using the underlined verb in an indirect command. Use object pronouns when possible.*

MODELO —No hiciste el trabajo que te pedí.
—No he tenido tiempo. Que **lo haga** Pablo.

1. —No acostaste a Ana María.
   —Ya sé, pero tengo que salir. Que ______________ Carmen.

2. —No le hemos escrito a Pilar.
   —Yo no puedo. Que ______________ Raúl.

3. —Juan quiere que vayamos a su fiesta de cumpleaños.
   —Arturo tiene más tiempo que nosotros. Que ______________ él.

4. —La tía de Emilia quiere venir por unos días. ¿La llamas?
   —¿Por qué yo? Que ______________ Emilia.

5. —Tú tienes que recibir a los padres de Adela.
   —Pero no voy a estar aquí. Que ______________ José.

PARA COMUNICARNOS

A. La fiesta de Javier. *Describe what is happening at Javier's party with as many details as possible. Also include what some of them are or might be telling others to do.*

MODELO **Javier toca el piano y le dice a su hermana Anita que vaya a dormir. Es obvio que ella todavía no tiene sueño.**

Nombre ______________________ Fecha ______________ Clase __________

B. Pares lógicos. *Match each element from column B with the most appropriate question or comment from column A by writing the corresponding letter in the blanks provided.*

A		B
1. ______	¿Me acompañas a casa?	a. Hoy no puedo; tal vez mañana.
2. ______	¿Quieres ir al cine?	b. ¡Y el tiempo para gastarlos!
3. ______	Este es mi hermano…	c. Sí, con mucho gusto.
4. ______	¿Cenamos juntos hoy?	d. Me gustaría ir, pero tengo que trabajar.
5. ______	¡Salud, amor y dinero!	e. Sí, ¡qué buena idea!
6. ______	Mañana es mi fiesta, ¿vienes?	f. Mucho gusto.

C. Con mucho gusto. *Respond to the following invitations from your friends. You may either accept or decline, but you should give a reason for your decision.*

MODELO ¿Te interesa ir conmigo a ver una película de ciencia-ficción?
Tengo mucho que hacer hoy. Mañana, tal vez.

1. ¿Quieres ir a «La casa de las hamburguesas» conmigo esta noche?

____

2. ¿Qué te parece si vamos a bailar el sábado por la noche?

____

3. Si hoy estás libre, podemos jugar al tenis. ¿Qué te parece la idea…?

____

4. ¿Quieres ayudarme a preparar la cena? Puedes preparar el pavo o…

____

5. ¿Me acompañas al museo de arte mañana?

____

6. ¿Te interesa ir a la playa este fin de semana?

____

PARA ESCRIBIR

Situación difícil. *Compose a dialogue around the following problematic situation. You and your friend Maribel are on the way to the symphony when you run into José Blanco, someone Maribel knows. Maribel introduces you to José who suggests that you change your plans and go to hear Gritoloco, the famous rock singer. You decline the invitation politely. Try to incorporate at least two of the following expressions in your dialogue:* ***¿Qué les parece si...?; ¿Quieren ir a...?; Me gustaría (mucho), pero...; ¡Qué lástima! Ahora...; Es que tengo (tenemos)...; Otro día tal vez, hoy...***

Nombre ______________________ Fecha______________ Clase __________

Capítulo trece
La salud y el cuerpo

VOCABULARIO

A. El cuerpo. *Write in the blanks the name of each part of the body indicated by the lines.*

1. ______________________
2. ______________________
3. ______________________
4. ______________________
5. ______________________
6. **el (dedo) pulgar**
7. ______________________
8. ______________________
9. ______________________
10. ______________________
11. ______________________
12. ______________________
13. ______________________
14. ______________________
15. ______________________
16 ______________________

B. Doctora, me duele... *You are in Little Havana, Miami, and have gone to the office of Dr. Ofelia Castroviejo with a variety of aches and pains. Translate the following statements into Spanish so that the doctor can understand you. Add some other ailments.*

1. My head hurts.____________________
2. My throat hurts. ____________________
3. My stomach hurts.____________________
4. I have a fever. ____________________
5. My back hurts.____________________
6. My eyes hurt. ____________________
7. ____________________
8. ____________________
9. ____________________

El diagnóstico. *What might Dr. Castroviejo say to you? Write a few sentences giving her diagnosis.*

1. ____________________
2. ____________________
3. ____________________

ESTRUCTURAS

I. Other uses of the definite article

Un poco de todo... *Some of the following sentences contain a misuse or absence of the definite article, or a possessive adjective where an article is called for. Mark each incorrect sentence and write it correctly in the space provided.*

MODELO No me gusta aspirina. ___x___ **No me gusta la aspirina.**

1. Salud es muy importante. ________

   ____

2. Me duele mi cabeza. ________

   ____

3. Quiero que te pongas los zapatos. ________

   ____

4. Ahora la gasolina está a más de un dólar el galón. ________

____

5. Lávate tu cara, Pepito. ________

____

6. Ellos creían que español era más fácil que francés. ________

____

7. Prefiero que estudies italiano este semestre. ________

____

8. Póngase algo en la cabeza; hace mucho frío. ________

____

9. Dame tu mano, hija. ________

____

10. Le gustan personas sofisticadas. ________

____

11. Miguel enseñaba inglés en el barrio chicano. ________

____

12. Doctora, ¿cuándo voy a poder abrir los ojos? ________

____

II. The subjunctive with certain verbs expressing emotion, necessity, will, and uncertainty

A. ¿Cómo empezar...? *Mark the phrase that most appropriately begins each of the following sentences.*

MODELO ________ llames a la enfermera; necesito levantarme de la cama.

________ a. Dudo que

___x___ b. Te pido que

________ c. Creo que

1. ________ usted está muy bien. Mañana puede salir del hospital.

________ a. Sé que

________ b. No creo que

________ c. Deseo que

2. ________ Carmela se ponga un vestido elegante para la fiesta.

________ a. Veo que

________ b. Estamos seguros que

________ c. Preferimos que

3. ________ ustedes no se sientan bien. ¿Llamamos a un médico?

________ a. Creo que

________ b. Siento que

________ c. Espero que

4. ________ nos quedemos en este hotel.

________ a. Alicia recomienda que

________ b. Alicia tiene que

________ c. Alicia cree que

5. ________ vengan con nosotros.

________ a. Sé que

________ b. Quiero que

________ c. Oigo que

6. ________ a ti te parezca interesante esta ciudad.

________ a. Estamos seguros que

________ b. Pienso que

________ c. Me sorprende que

7. ________ se pongan de acuerdo tan fácilmente.
   ________ a. Sabemos que
   ________ b. Dudamos que
   ________ c. Piensan que

8. ________ nos olviden y que no nos escriban más.
   ________ a. Tenemos miedo que
   ________ b. Veo que
   ________ c. Creemos que

9. ________ David llegue esta noche. ¡Mira cómo llueve...!
   ________ a. No creo que
   ________ b. Pienso que
   ________ c. Sabes que

10. ________ Laura esté embarazada. ¡Hace tanto que quiere un bebé!
   ________ a. Veo que
   ________ b. Me alegro que
   ________ c. El médico dice que

B. Una fiesta para doña Jacinta. *The Márquez family is busy with preparations for great-grandmother's 99th birthday party. Complete the following statements or questions in a way that would be appropriate for a festive occasion.*

MODELO Enrique, mamá quiere que tú **vayas con Elena a comprar más bebidas.**

1. Niños, insisto en que (ustedes) ______________________________

____

2. Mamá, prefiero que tú ______________________________

____

3. Los García nos piden que (nosotros) ______________________________

____

4. Nos alegramos tanto que los abuelos ______________________________

____

5. Tengo miedo que la cena ______________________________

____

6. ¿Me aconsejan que (yo) ______________________________

____?

7. ¿Dudas que Teresa ____

____?

8. Queremos que usted ____

____

9. ¿No permites que los niños ______________________________________

____?

C. En acción. *Describe what's happening in the following drawings. Complete your sentences by using the verbs and verb phrases given in each case. Follow the model.*

MODELO prohibir / comer dulces
La madre prohíbe que la niña coma dulces antes de almorzar.

1. ____

____

2. ____

____

3. ____

____

4. ____

____

5. ____

____

Nombre ____________________ Fecha ____________ Clase ________

D. Traducción. *Translate the following pairs of sentences into Spanish.*

1\. a. I want to study Spanish. ____________________

b. I want you to study Spanish. ____________________

____

2\. a. I hope to go to the party. ____________________

b. I hope she goes to the party. ____________________

____

3\. a. I am sorry I cannot be there. ____________________

____

b. I am sorry that she cannot be there. ____________________

____

4\. a. I like to travel with them. ____________________

b. I like them to travel with me. ____________________

____

5\. a. He tells me he is leaving tonight. ____________________

____

b. He tells me to leave tonight. ____________________

____

6\. a. I'm glad I'm not sick. ____________________

____

b. I'm glad they are not sick. ____________________

____

III. The subjunctive with impersonal expressions

A. Decisiones. *Mark the most appropriate choice to complete each of the following sentences.*

MODELO Es cierto que...

___x___ a. ya no celebro mis cumpleaños.
________ b. tengas una fiesta mañana.
________ c. ellos vivan allí.

1. Es importante que...
   ________ a. el médico me vea inmediatamente.
   ________ b. encontramos la medicina que necesitamos.
   ________ c. fumamos menos cigarrillos.

2. Es mejor que ustedes...
   ________ a. no pierdan más tiempo.
   ________ b. se alegran de su buena suerte.
   ________ c. se interesan por sus pacientes.

3. Elena dice que tal vez...
   ________ a. se quedan en el hospital dos días más.
   ________ b. busquen otra farmacia.
   ________ c. arreglan el auto.

4. Ojalá que ellos...
   ________ a. se sienten felices.
   ________ b. no se enfermen.
   ________ c. descansan unos días.

5. Es posible que usted...
   ________ a. tiene una boca muy pequeña.
   ________ b. sufre de «examenitis», una enfermedad que ataca periódicamente a muchos estudiantes.
   ________ c. esté pálido porque no toma vitaminas.

6. Es cierto que...
   ________ a. el amigo de Arturo tenga SIDA.
   ________ b. todo se arregle pronto.
   ________ c. Lorraine está embarazada.

Nombre ______________________________ Fecha__________________ Clase ___________

B. Pobre doña Isabel. *Doña Olga and doña Sofía are discussing doña Isabel's sad situation. Complete the dialogue with the correct forms of the verbs given in parentheses.*

OLGA: Oiga, doña Sofía, ¿es verdad que Roberto, el hijo mayor de doña Isabel, no le (1. escribir) __________________ ni la llamó ayer, por el Día de la Madre...?

SOFÍA: Ay, no sé. Quizás (2. ser) __________________ cierto, quizás no. Prefiero no (3. hablar) __________________ de eso, pero dudo que ella (4. alegrarse) __________________ de que su hijo «el doctor» no la (5. recordar) __________________ .

OLGA: Pues, creo que es mejor no (6. tener) __________________ hijos. Siempre es posible que (ellos) (7. irse) __________________ de casa cuando uno más los necesita...

SOFÍA: Doña Olga, ¡es terrible que usted (8. decir) __________________ esas cosas...!

OLGA: ¿Por qué? ¡Es la verdad...!

SOFÍA: No, no siempre es así.

(En ese momento llega doña Isabel.)

ISABEL: ¡Doña Olga! ¡Doña Sofía! ¡Qué contenta estoy! Quiero que ustedes (9. leer) __________________ la carta que recibí hoy de mi hijo Roberto y también quiero que (10. ver) __________________ el regalo que me mandó por el Día de la Madre: ¡un cheque por mil dólares! ¿Sabían ustedes que Roberto está trabajando en los Estados Unidos, en una clínica de Miami? La carta debió llegar ayer, pero como era domingo...

C. Cambios de opinión. *Change the following sentences to the negative.*

MODELO Es seguro que Felipe viene.
No es seguro que Felipe venga.

1. Es verdad que los enfermeros ganan mucho dinero.

____

2. Es seguro que se casan en junio.

____

3. Es obvio que tú estás enferma.

____

4. Es cierto que lo van a operar del corazón.

____

5. Creo que la tensión es una de las causas del dolor de cabeza.

____

6. Piensan que el abuelo de Marina tiene cáncer.

____

PARA COMUNICARNOS

A. Yo, el detective infalible... *Imagine you are a detective trying to track down the notorious Luis Delgado de la Rocha, whom you believe is using the name Fernando López. Fill in the blanks in the dialogue from the list below.*

cabeza	pelo	es
difícil	pedir	salud
dudo	pequeña	camina
sea	pie	

AGENTE: Doctora, usted me dice que está segura que la persona de esta foto no

______________ (1) Fernando López, su paciente.

DOCTORA: Sí, estoy casi segura... Creo que el hombre de esa foto no es él porque Fernando tiene una nariz mucho más ______________ (2), digamos, más normal. Y además, Fernando tiene el

______________ (3) negro, no rubio.

AGENTE: Y...¿qué problemas de ______________ (4) ha tenido su paciente? ¿Alguna enfermedad seria...?

DOCTORA: No, nada muy serio: resfríos, dolores de ______________ (5), algunos problemas no muy serios de la garganta... Nada extraordinario. Pero hay algo que siempre me ha parecido interesante: Fernando tiene un ______________ (6) mucho más grande que el otro. Por eso, probablemente, he observado que ______________ (7) muy despacio. Claro que tiene zapatos especiales y, cuando los tiene puestos, es ______________ (8) que uno pueda notar el problema.

AGENTE: ¡Gracias, doctora! Ahora yo no ______________ (9) que Fernando López y Luis Delgado de la Rocha son la misma persona. ¡El secreto está en el pie...! Doctora, le voy a ______________ (10) un gran favor: que usted me ayude a capturarlo...

DOCTORA: ¿Yo...? Es que todavía me parece imposible que Fernando López ______________ (11) el famoso bandido Luis Delgado de la Rocha... Pero si usted dice que es él, pues lo voy a ayudar.

B. Dudas y más dudas... *Respond to the following statements using the expressions of doubt on page 343 of your text.*

MODELO La comida de los hospitales es horrible.
No creo que toda la comida sea horrible.

1. Es malo para el estómago nadar después de comer.

____

2. La vitamina C cura todos los resfríos.

____

3. Correr es malo para el corazón.

____

4. No es bueno lavarse el pelo todos los días.

____

5. Las verduras frescas tienen más vitaminas que las cocidas.

____

6. Todas las mujeres embarazadas comen pepinos con azúcar.

____

C. Un caso de nervios. *Hospitals and doctors have always made Timoteo Miedoso very nervous. When he arrives at his doctor's office for his regular checkup, Señor Miedoso is so nervous that he asks the receptionist for permission to do everything! Help him formulate his requests and have the receptionist respond with expressions of permission. Consult your textbook for expressions to use when asking for, granting, or denying permission.*

MODELO entrar en la sala de espera
—¿Me permite entrar en la sala de espera?
—Sí, está bien... Entre, por favor.

1. sentarme en esa silla

____

____

2. mirar algunas revistas mientras espero

____

____

3. salir para hacer una llamada de teléfono

____

____

4. pedirle un vaso de agua para tomar un tranquilizante

____

____

5. hacerle una o dos preguntas

____

____

PARA ESCRIBIR

A. Una carta. *Write a letter telling your friends Pablo and María that you are going to spend a few days in the hospital and that you want them to call you, but not to come if they do not want to. You do not want them to bring you anything. Also mention that your doctor prefers that you not talk too much, and she thinks that you are going to be perfectly well next Tuesday or Wednesday. Tell them that you hope they both feel fine and that you do not want them to worry.*

Queridos Pablo y María:

____

____

____

____

____

____

____

____

____

____

____

____

____

____

Besos y abrazos de (*your signature*) ______________________

B. Problemas de aquí... *You are a medical student working as a Peace Corps volunteer in a small village somewhere in Latin America. Following the drawing below, write a brief report describing the village's main problems, and suggesting ways to improve health services for the villagers.*

VOCABULARIO ÚTIL:

vivienda
housing

chapas
(metal or wood) sheets

Ni se moleste.
Don't even bother.

Nombre ______________________ Fecha ______________ Clase __________

Capítulo catorce
La comunicación

VOCABULARIO

A. La computadora. *Label the parts of the computer.*

B. ¿Cómo prefiere comunicarse? *Answer the following questions with complete sentences.*

1. ¿Habla usted mucho por teléfono?

____

2. ¿Ve a sus mejores amigos regularmente? ¿Dónde?

____

3. ¿Usa mucho el correo electrónico? ¿A quién le escribe más frecuentemente?

____

4. ¿Participa en algún grupo de discusión o recibe mensajes de algún servicio de la Internet regularmente?

____

5. ¿Le gusta surfear la Red? ¿Tiene algunas páginas favoritas? ¿Cuáles?

____

6. En general, ¿qué piensa del uso de la computadora para comunicarse? ¿Cuáles son las ventajas (*advantages*)? ¿las desventajas?

____

ESTRUCTURAS

I. The future tense

A. En el futuro. *According to an article in* Hombre *magazine, many things are soon to happen in the world of communication. To find out what the article predicts, change the verbs to the future tense.*

En el futuro, usando una computadora y sin salir de su casa, usted...

MODELO reservar hoteles y vuelos aéreos
reservará hoteles y vuelos aéreos.

1. ver la sección de las noticias que quiere conocer en detalle

____

2. comunicarse con los dependientes de una tienda

____

3. poder hacer todas sus compras

____

4. obtener una licencia para manejar (*drive*)

____

5. hacer nuevas amistades

____

6. encontrar a personas con intereses comunes

____

7. tener acceso a toda la información de la Biblioteca del Congreso

____

B. Diálogos breves... *Complete the responses in the following short exchanges, putting the verbs in the future tense.*

MODELO —¿Ya hablaste con Arturo?
—No, y creo que nunca **hablaré** con él.

1. —¿Ya has visto la impresora que compró Lidia la semana pasada?

   —No, no he tenido tiempo. La ____________________ la semana que viene.

2. —¿A qué hora sale el avión para Cuzco?

   —Pues, parece que ese avión ____________________ pronto, a las 3:25 P.M.

3. —Tus amigos no se han puesto de acuerdo sobre la programación...

   —No, todavía no..., pero creo que ____________________ de acuerdo muy pronto.

4. —Ricardo, lo siento mucho, pero no he hecho el trabajo que me pediste.

   —No te preocupes. ¿Cuándo lo ____________________ ?

5. —Este CD-ROM es magnífico... ¿Vamos a comprarlo para los niños?

   —Si te gusta, (yo) se lo ____________________ ahora mismo.

C. ¿Futuro seguro o presente probable...? *Determine if each italicized verb expresses future time or probability in the present time, and mark the corresponding space. Then choose the most appropriate response to the statement.*

	Future Time	*Probability*
MODELO ¿Qué *hará* Tomás esta noche?	x	______

__x__ a. Irá al cine.

______ b. Vendré aquí.

______ c. En la oficina.

1. Hace mucho tiempo que no veo a Rosa. ¿Dónde *estará*?	______	______

______ a. En la fiesta.

______ b. De viaje.

______ c. A las ocho.

2. No tengo reloj. ¿Qué hora *será*?	______	______

______ a. No lo sé.

______ b. Serán las chicas.

______ c. Ella y su primo.

3. Víctor está furioso. ¿*Será* por algo que dije...?	______	______

______ a. No te preocupes.

______ b. Lo mejoró mucho.

______ c. Estoy contento.

4. Paco, te *mandaré* el cheque ahora mismo.	______	______

______ a. Les daré dos cheques.

______ b. ¡Gracias! Lo necesito...

______ c. La llevarán el sábado.

5. ¿Qué edad *tendrá*?	______	______

______ a. Claro que lo tendrá.

______ b. ¿Cómo se dice?

______ c. Tú lo sabrás mejor que yo; es que no lo conozco.

Nombre ______________________ Fecha________________ Clase __________

II. The conditional mood

A. ¿Qué predijeron? *What did the futurologists predict about the information superhighway? To find out, make sentences using the conditional mood.*

Predijeron que...

MODELO la atención médica / ser mejor porque los médicos / enviar los archivos de sus pacientes a expertos prominentes
Predijeron que la atención médica sería mejor porque los médicos enviarían los archivos de sus pacientes a expertos prominentes.

1. la supercarretera / crear miles de nuevos empleos

____

2. las personas muy tímidas / formar nuevas amistades fácilmente por correo electrónico

____

____

3. haber 500 canales de televisión en la Red

____

4. nosotros / poder pedir cualquier película o programa de televisión por computadora

____

____

5. nosotros / pagar por «evento»

____

6. las tiendas que alquilan videos ya no / existir

____

7. los estudiantes / tener fuentes (*sources*) de información muy ricas y / poder «estar» en salones de clase a 3.000 kilómetros de distancia

____

____

8. las bibliotecas / estar vacías (*empty*)

____

B. En busca de una computadora. *Complete the following conversation using the appropriate conditional form of the verb in parentheses.*

MODELO JAVIER: Luis, ¿**podrías** (poder) acompañarme a buscar una computadora?

LUIS: Ya te dije que ______________ (1. llegar) a tu casa a las cuatro.

JAVIER: ¿Pero no ______________ (2. poder) venir un poco antes, a la una, por ejemplo...?

LUIS: Pues..., Raúl y Susana me dijeron que ellos ______________ (3. pasar) por aquí a esa hora.

JAVIER: ¡Pero ellos no ______________ (4. salir) de tu casa ni a las seis! Sabes cómo les gusta hablar...

LUIS: Mira, yo con mucho gusto te ______________ (5. acompañar), pero como ves, no puedo ir a esa hora. Tal vez Fernando y yo te ayudemos mañana... por la tarde.

JAVIER: ¿Mañana por la tarde? Pero yo le prometí a Dolores que la ______________ (6. llevar) al cine.

LUIS: Javier, ______________ (7. deber) decidir qué es más importante: encontrar computadora o ver una película...

C. El amor no paga las cuentas. *Raúl and Enrique are sharing an apartment in downtown Lima when some problems arise. Complete the following dialogue by translating the portions in English and using the conditional to express probability in the past.*

MODELO *What would you do in Raúl's place?*
¿Qué haría usted en el lugar de Raúl?

(*Suena el timbre.*) Rrrrriiiiinnnnnn, rrriiiinnnn.

Enrique le dice a su amigo Raúl,—¡No contestes!

(*Suena otra vez.*) Rrrriiiinnnn. (*Nadie contesta.*)

RAÚL: *Who could that have been?* ______________ (1)

ENRIQUE: *It was probably* ______________ (2) el dueño (*landlord*). No pagué el alquiler (*rent*) este mes.

RAÚL: *You probably forgot* ______________ (3), ¿verdad?

ENRIQUE: No, no olvidé pagarlo.

RAÚL: Entonces el banco... *was probably closed* ______________ (4) cuando fuiste por el dinero.

ENRIQUE: No, el banco no estaba cerrado cuando fui a buscar el dinero.

RAÚL: Entonces, el cheque... *was probably in the mail* ______________________. (5)

ENRIQUE: No, el cheque no estaba todavía en el correo.

RAÚL: No comprendo. Yo te di mi parte hace tres semanas..., ¿no?

ENRIQUE: Sí..., pero... yo le compré un anillo a mi novia.

RAÚL: ¡¡Ayyy!! El amor no sólo es ciego (*blind*): ¡también es estúpido!

¿Qué haría usted en el lugar de Raúl? *Describe your reaction.*

____

____

____

III. The present participle and the progressive tenses

A. En este momento. *Rewrite the following sentences, changing the verbs in the present tense to the present progressive.*

MODELO Raúl lee un libro de Mario Vargas Llosa.
En este momento Raúl está leyendo un libro de Mario Vargas Llosa.

1. Esteban imprime un archivo.

____

2. Anita le envía un fax a Susana.

____

3. Tú le escribes una carta a Ramona.

____

4. Nosotros limpiamos la oficina.

____

5. Yo estudio para un examen.

____

B. En la residencia universitaria. *Describe what each person in the picture is doing right now. Use the following verbs in the present progressive tense:* ***leer, comer, hablar, mirar, tomar, escribir.***

MODELO **Carmen y Marta están sentadas en un sofá y en este momento están hablando de su clase de filosofía.**

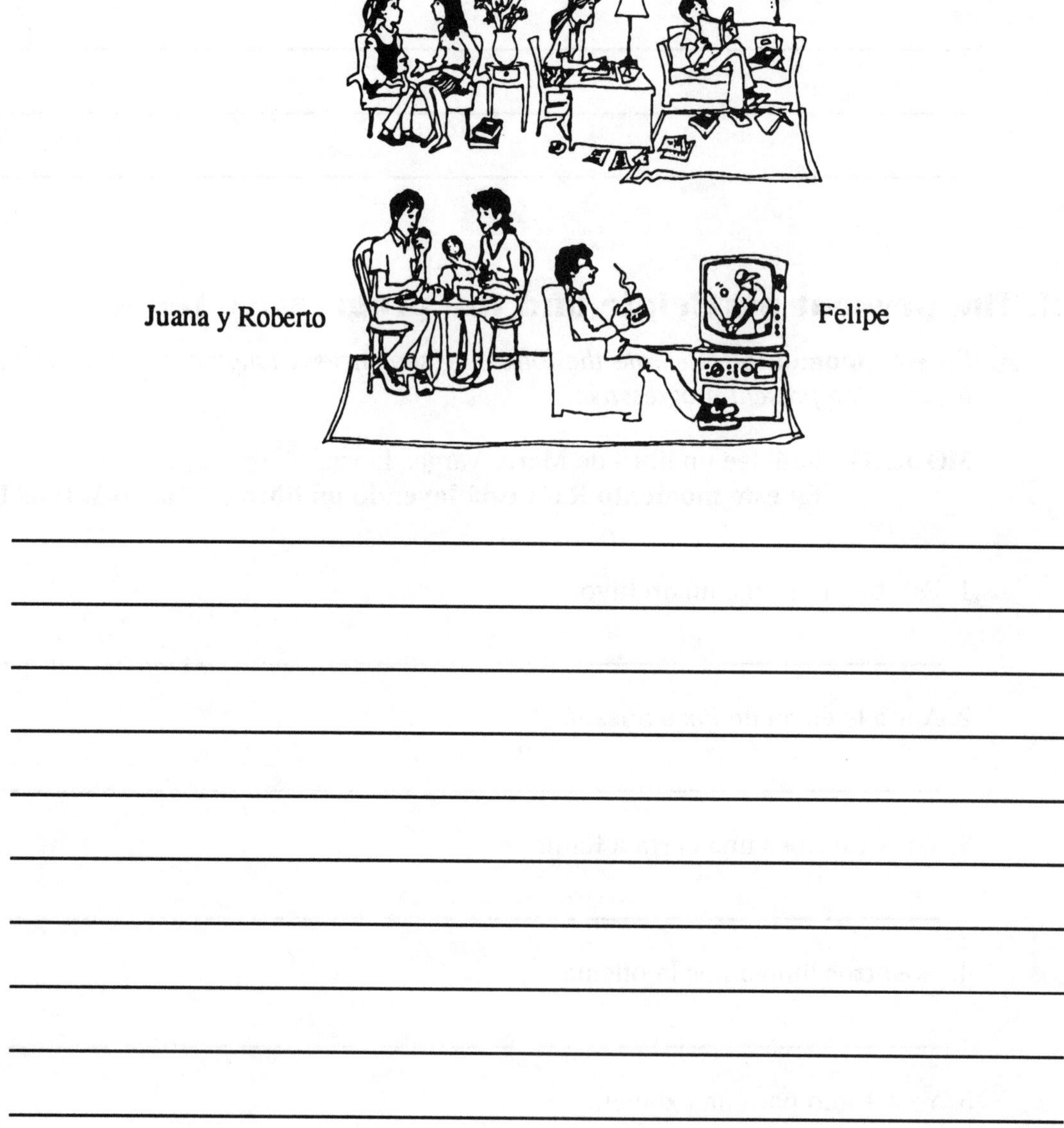

Nombre ______________________ Fecha______________ Clase ________

C. **Un fin de semana en casa.** *You often don't have time to simply enjoy the daily activities of your home, but last weekend you had a chance to relax. Complete the sentences with the past progressive of the indicated verbs to tell your friend of the pleasant days spent.*

MODELO (jugar) Los niños **estaban jugando con los CD-ROMs.**

1. (buscar) Mamá ______________ un nuevo auto por la Internet.
2. (tocar) Juana ______________ el piano.
3. (mirar) Abuelo ______________ televisión.
4. (leer) Yo ______________ un artículo interesante en la Red.
5. (divertirse) Todos nosotros ______________ sin salir de casa.
6. (hacer) Y dime, ¿qué ______________ tú...?

PARA COMUNICARNOS

A. **¿Qué será, será?** *Use these expressions of possibility and probability to write sentences about what your life will be like after you graduate.*

1. Seguramente ______________________________
______________________________.
2. Es poco probable que______________________________
______________________________.
3. Tal vez ______________________________
______________________________.
4. Creo que______________________________
______________________________.
5. Es posible que______________________________
______________________________.
6. No hay duda de que ______________________________
______________________________.

B. Problemas y pedidos. *Imagine what the people indicated in the pictures are saying. Complete their requests using the cues given below.*

1. 2. 3. 4.

1. MARTA: Jorge, ¿me haces el favor de ______________________________?

   En realidad, ______________________________

   y quisiera ______________________________.

2. CARLOS Y GLORIA: Luis, ¿no quisieras ______________________________

   ______________________________?

3. ROBERTO Y RAÚL: Ramón, ¿nos puede ______________________________

   ______________________________?

4. EDUARDO: Carolina, ¿te puedo ______________________________

   ______________________________?

Nombre ______________________ Fecha______________ Clase ________

PARA ESCRIBIR

Por correo electrónico... *Compose an E-mail to a friend in Spanish; if possible, do this on a computer with E-mail service. Tell him or her five things about yourself, including what you were doing yesterday, what is happening in your life now, and something about your future plans (for tomorrow, next week, or the more distant future). Begin with* ***Hola,*** *(your friend's name)," or* ***Saludos de*** *(your town) and end with* ***Cariños, Abrazos,*** *or just* ***Tu amigo(-a)*** *(your name). Don't forget to save or print the letter.*

____

____

____

____

____

____

____

____

____

____

____

____

Nombre ______________________ Fecha______________ Clase __________

Capítulo quince
Sentimientos y emociones

VOCABULARIO

A. Asociaciones. *We all experience a range of emotions and consider some unpleasant and others pleasant. Drawing from the verbs below, list on the left those that evoke pleasant feelings and on the right those that evoke unpleasant feelings. Add other verbs to the lists if you wish.*

asustarse	sentirse feliz	ponerse contento
estar avergonzado	reírse	estar orgulloso
matar	besar	aburrirse
viajar	llorar	estar deprimido
enamorarse	enojarse	sentirse triste
tener miedo	abrazar	

agradable	desagradable
______________________	______________________
______________________	______________________
______________________	______________________
______________________	______________________
______________________	______________________
______________________	______________________
______________________	______________________
______________________	______________________

B. Acciones y reacciones. *Ana is trying to help Rosa calm down. Complete the dialogue by circling the correct word for each case.*

ANA: ¿Qué te pasa, Rosa? ¡Estás tan pálida! ¿Estás (1. asustada / orgullosa)?

ROSA: Sí, no vas a creerlo; es que pasó algo increíble. ¡Qué (2. asustada / alegre) estoy!

ANA: Dime... ¿Qué pasó?

ROSA: Mirabel y yo íbamos al centro en su nuevo auto. Ella estaba muy (3. contenta / risa) y (4. se reía / conducía) muy rápidamente; por eso no vio a un señor que estaba en la esquina enfrente del correo; ¡casi lo mató (*killed*)! Claro, ella estaba (5. avergonzada / feliz); bajó del auto y le pidió perdón. Pero él estaba tan (6. alegre / furioso) y le dijo cosas tan horribles que a Maribel le dio (7. risa / rabia) y (8. se enojó / se vio) muchísimo.

ANA: ¡Qué barbaridad! ¿Recuerdas lo que (*what*) dijo el hombre?

ROSA: ¡Cómo no!, pero me da (9. vergüenza / orgullo) repetir sus palabras. A mí también me dio (10. vergüenza / rabia) la actitud de él, pero ahora que lo pienso, todo el incidente me parece un poco cómico y me da (11. noticias / risa).

ESTRUCTURAS

I. Uses of the infinitive

A. ¿Sí o no? *Answer the questions in either the affirmative or the negative using an infinitive.*

MODELO ¿Es necesario que yo sepa guaraní para estudiar en Asunción?
No, no es necesario saber guaraní para estudiar en Asunción.

1. ¿Es bueno que estés a dieta?

____

2. ¿Es necesario que compremos pasajes de ida y vuelta?

____

3. ¿Es importante que yo salga antes de las cinco?

____

4. ¿Es posible que durmamos en el tren expreso?

____

5. ¿Es malo que corran después de comer?

____

Nombre ______________________ Fecha______________ Clase ________

B. Decisiones. *Mark the most appropriate choice to complete each of the following sentences.*

MODELO __________ a la fiesta, vi que todos estaban contentos.

____x____ a. Al llegar
_________ b. Acabo de comprar
_________ c. Me gusta acompañar

1. Usted debe descansar o tomar un poco de vino __________ por todo.

_________ a. para no preocuparse
_________ b. para recordar
_________ c. al acostarse

2. El __________ a Leonor no es una buena idea en este momento.

_________ a. ponerse
_________ b. mentir
_________ c. tener prisa

3. Vístete mejor __________ con ellos.

_________ a. para llorar
_________ b. si quieres matar
_________ c. antes de salir

4. Es verdad que Pepito __________ y por eso no quiere que lo veamos.

_________ a. acaba de llorar
_________ b. tener suerte
_________ c. pensar mucho

5. Por __________, Ud. no escuchó que yo llamaba.

_________ a. tener tanta prisa
_________ b. mentir
_________ c. vamos a ver

C. Letreros. *You are about to leave for a trip to Montevideo, Uruguay, and want to know what kinds of signs you will encounter. A friend shows you these pictures. What do they mean? You might have to consult your dictionary.*

MODELO 1. Ladies and Gentlemen (restrooms)

2. ____________________

3. ____________________

4. ____________________

5. ____________________

6. ____________________

7. ____________________

8. ____________________

Nombre ______________________ Fecha______________ Clase __________

Here are some additional signs you might see. Give their meanings.

9. NO FUMAR: ______________________

10. TIRAR: ______________________

11. EMPUJAR: ______________________

12. NO ESTACIONAR: ______________________

13. NO FIJAR CARTELES: ______________________

14. NO DOBLAR A LA IZQUIERDA: ______________________

II. The subjunctive in dependent clauses that function as adjectives

A. Conclusiones lógicas. *Mark the response that most appropriately completes each of the following sentences.*

MODELO Prefiero que me construyas una casa que...

________ a. es de estilo colonial.

________ b. está en el centro.

___x____ c. tenga dos patios.

1. Me parece que Ud. debe buscar un amigo que...

________ a. la comprenda.

________ b. la visita.

________ c. tiene dinero.

2. Es importante casarse con alguien que...

________ a. se lleve bien con uno.

________ b. no tiene problemas económicos.

________ c. va a muchas fiestas.

3. No hay nada aquí que...

________ a. me ofende.

________ b. me guste.

________ c. me da vergüenza.

4. Gustavo está casado con una mujer que...

________ a. acaba de ganar la lotería.

________ b. lo salude todos los días

________ c. esté deprimida.

5. No debes pensar en nada que...
   ________ a. te gusta.
   ________ b. te asusta.
   ________ c. te ponga triste.

6. Yo sé que el amor es algo que...
   ________ a. busquen los jóvenes.
   ________ b. tenga la gente con buena salud.
   ________ c. no se puede comprar ni vender.

B. Actitud negativa. *Change the following sentences to the negative. Remember to use **ninguno(-a)** in the singular.*

MODELO Hay alguien aquí que puede hacerlo.
No hay nadie aquí que pueda hacerlo.

1. Conozco a algunas personas que se enojan fácilmente.

   ____

2. Tiene algunos amigos que son supersticiosos.

   ____

3. Necesito a alguien que conozca al presidente.

   ____

4. Venden algo que yo puedo comprar.

   ____

5. Así ofendes a alguien que es inocente.

   ____

C. Deseos de todos. *Something is always missing. Complete the following sentences in any way that seems appropriate.*

1. Buscamos una profesora que ________________________________.
2. Juanita quiere un novio que ________________________________.
3. Quiero encontrar un empleo que ________________________________.
4. Aquí no hay nadie que ________________________________.
5. Necesito a alguien que me ________________________________.
6. Quiero un libro de español que ________________________________.

Nombre ______________________ Fecha ______________ Clase __________

III. The subjunctive with certain adverbial conjunctions

A. Conspiración en clase. *Some students are chatting before class. Express their thoughts by combining the sentences in each item with the conjunction in parentheses.*

MODELO No puedo ir. Tú vienes conmigo. (a menos que)
No puedo ir a menos que tú vengas conmigo.

1. Vamos a hablar. El profesor nos llama. (antes de que)

____

2. Debes volver pronto. El profesor empieza la clase más temprano. (en caso de que)

____

3. No podemos casarnos. Nos queremos. (sin que)

____

4. No te doy este anillo. Me das cien mil guaraníes. (a menos que)

____

5. Soy puntual. El profesor no se enoja. (para que)

____

6. Te mando este libro. Tienes algo que leer. (para que)

____

B. ¡Cuidado con el monstruo! *Refer to the drawings to complete each of the accompanying sentences with the appropriate form of a verb from the following list. Do not use a verb more than once.*

ser	despertarse	estar
correr	poder	recibir
reírse	ver	llorar

1. El monstruo va a matarlos a menos que…

a. todo ____________________ un sueño.

b. ____________________ muy rápidamente.

c. ____________________ ayuda.

2. Ella le da un regalo para que el niño...

a. ____________________________ .

b. no ____________________________ más.

c. ____________________________ contento.

3. Tratan de salir de la casa sin que su tío...

a. ____________________________ enojarse.

b. ____________________________ .

c. los ____________________________ .

C. ¿Subjuntivo o indicativo? *Complete each sentence with the appropriate indicative or subjective form of the verb in parentheses.*

1. (llegar) Voy a salir cuando ellos ____________________________ .
2. (ver) El niño empezó a llorar tan pronto como ____________________________ a su mamá.
3. (enojarse) No me habló hasta que (yo) ____________________________ .
4. (decir) No me iré hasta que usted me ____________________________ la verdad.
5. (casarse) Volverás aquí después de que tú y Luis ____________________________ , ¿no?
6. (hablar) Siempre hago algo mientras ____________________________ por teléfono.

Nombre ______________________ Fecha ______________ Clase __________

D. Bruno el perfecto. *Complete the following paragraph using the present indicative or subjunctive of the verbs given in parentheses.*

Bruno Figueroa es un hombre que siempre trata de reírse aunque (1. estar) ______________ enojado o (2. sentirse) ______________ deprimido. Él casi siempre está contento, a menos que su esposa Julia (3. estar) ______________ triste por alguna razón. En ese caso se queda en casa con ella por unas horas para que los dos (4. poder) ______________ hablar y entenderse. También, si él ve que su hija se ha asustado por algo o tiene un poco de miedo, juega con ella para que la niña no (5. empezar) ______________ a llorar. Si alguien lo (6. ofender) ______________, él se queda muy tranquilo y espera hasta que la otra persona le (7. pedir) ______________ perdón o lo deje en paz. Claro, si ustedes dudan que exista un hombre tan perfecto, les presento a Bruno para que lo (8. ver) ______________ y (9. creer) ______________ esto que les estoy diciendo.

PARA COMUNICARNOS

A. Reacciones lógicas. *Respond to the following situations, using one of the expressions on pages 395–396 of your text. Explain the reason for your reaction.*

1. Acabas de recibir un anillo de oro de tu novio(-a).

____

____

2. Tu compañero(-a) de cuarto encuentra el suéter que perdiste.

____

____

3. Tu hermano(-a) rompe tu disco favorito.

____

____

4. El padre de un amigo va a morirse pronto.

5. Te das cuenta de que tu novio(-a) sale con otra(-o).

6. Olvidaste el aniversario de tus padres.

7. El precio de la gasolina va a bajar a noventa centavos el galón.

B. Situaciones variadas. *Describe different situations appropriate for each of the following expressions.*

MODELO ¡Qué alegría!
Mi equipo favorito ganó un partido importante.

1. ¡Qué sorpresa!

2. ¡Por fin!

3. ¡Cuánto me alegro!

4. ¡Esto es el colmo!

5. ¡Qué suerte!

6. Lo siento (mucho).

7. No importa.

Nombre ______________________ Fecha ______________ Clase __________

C. Crucigrama.

Horizontales

1. interj., cognado de *ah!*
3. adjetivo posesivo (pl.)
6. femenino de **hijo**
10. grupo de doce elementos
13. en inglés se dice *shower*
15. artículo definido
16. imperfecto de **temer**
17. forma de llamar a la **madre**
18. terminación de infinitivo
19. mandato de **dar** (**tú** *form*)
20. en inglés se dice *lamp*
21. en inglés se dice *meat*
22. presente de **esquiar**
24. deporte que se practica en el invierno
26. profesión del que hace pan
30. en inglés se dice *oven*
32. futuro de **lavar**
34. mueble usado para dormir
35. proposición
36. presente de **ser**
39. en inglés se dice *already*
41. pronombre posesivo
42. cuarto donde uno duerme
43. mandato de **comer** (**tú** *form*)
45. contracción
46. opuesto a **venir**
49. presente de **leer**
52. en inglés se dice *anger*
54. participio pasado de **ir**
55. presente de **soñar**
56. sinónimo de **escuchar**
58. presente de **reír**
59. sustantivo (*noun*) relacionado con el verbo **reír**
60. pretérito de **dar**
61. cognado de *devout*
64. subjuntivo presente de **pasar**
65. adjetivo demostrativo
66. en inglés se dice *decoration*

Verticales

1. en inglés se dice *besides*
2. en inglés se dice *hello*
3. futuro de **ser**
4. artículo indefinido
5. abreviación de **Sociedad Anónima**
7. mandato de **ir** (**vosotros** *form*)
8. femenino de **judío**
9. abreviación de **antes de Cristo**
11. **Sin** ________, equivalente de *However*
12. lugar donde se pone el auto
14. presente de **abrir**
16. forma afirmativa de **tampoco**
18. antigua civilización indígena de Perú
19. parte de la mano
20. en la casa, lugar donde uno lava la ropa (pl.)
23. futuro de **usar**
25. terminación de participio pasado (**-er** *verbs*)
27. femenino de **conservador**
28. sirve para escuchar música
29. en inglés se dice *shirts*
30. en inglés se dice *there is* (*are*)
31. nota musical
33. presente de **ver**
36. el nombre *Emma,* en español
37. plural de **sillón**
38. futuro de **doler**
40. variante de **aquí**
44. adjetivo posesivo
47. plural de **pobre**
48. plural de **libro**
50. en inglés se dice *review*
51. lugar donde se cultivan flores y plantas de adorno
53. en inglés se dice *other* o *another*
57. pasaje de ________ y vuelta
62. mandato de **ir** (**tú** *form*)
63. pronombre reflexivo

PARA ESCRIBIR

Querida Ramona... *Every week you read the* ***Querida Ramona*** *column of your local paper because you find there good, solid, very practical advice. Today you have a problem of your own . . . So, write a short letter (8–10 sentences) addressed to* ***Querida Ramona*** *explaining your problem and asking for advice.*

PROBLEMAS POSIBLES:

1. La semana pasada conoció a alguien y cree que está enamorado(-a) de esa persona. No sabe cómo decírselo a su novia(-o)...
2. Sabe que la novia (el novio) de su mejor amigo(-a) es una persona deshonesta, mentirosa y oportunista. Su amigo(-a) está muy enamorado(-a) y no quiere hacerlo(-a) sufrir...
3. La novia (El novio) de su hermano(-a) asiste a la misma universidad que usted. Hace 3 o 4 semanas que usted la (lo) ve frecuentemente con un(a) compañero(-a) de su clase de español y anoche los sorprendió besándose... No sabe si debe o no contárselo a su hermano(-a)...
4. Usted siente mucha atracción por un(a) estudiante de su universidad pero como es muy tímada(-o) no sabe cómo hacer para hablar con él (ella) o para invitarlo(-a) a ir a algún lugar juntos...

Nombre ______________________ Fecha__________________ Clase ____________

5. Usted está locamente enamorado(-a) de la novia (del novio) de su compañero(-a) de cuarto. Se pregunta si debe tratar de «robarle» la novia (el novio) a su compañero(-a) o si es mejor tratar de olvidarla(-o)... etc., etc., etc.

Nombre ______________________ Fecha______________ Clase __________

Capítulo dieciséis
De compras

VOCABULARIO

A. Tiendas y más tiendas. *Guess what is sold in each of the following stores.*

MODELO librería ___**books**___

1. frutería	____________	5. lechería	____________
2. pescadería	____________	6. panadería	____________
3. jugería	____________	7. carnicería	____________
4. zapatería	____________	8. mueblería	____________

B. ¿A qué tienda vamos? *Select from the list below the things you buy in each of the following stores. Some words might fit into more than one category.*

abrigo	carne	naranjas	sombrero
alfarería	cerámica	pan	suéter
arroz	cosméticos	pantalones	tapices
aspirina	falda	pescado	termómetros
azúcar	huevos	piña	tomates
bananas	leche	pollo	torta
blusa	lechuga	poncho	vestido
bolso	manzanas	queso	vitaminas
cama	medicinas	silla	vino
camisa	mesas	sofá	zapatos

1. tienda: ____

____

____

2. mercado: ____

____

____

3. farmacia: ____

____

____

4. almacén: ____________________

____

____

5. mueblería: ____________________

____

____

I. The imperfect subjunctive

A. Visión desde el pasado. *Change the following sentences from the present to the past tense. Note that the main clause may require the preterit or imperfect, according to the meaning of the sentence.*

MODELO Quiero que usted vaya con la dependiente.
Quería que usted fuera con la dependiente.

1. Me pide que le compre un poncho en el mercado.

____

2. Dudamos que ellos paguen tanto por esa cerámica.

____

3. Su madre le pide que no vea más a Ramón.

____

4. Esperamos que Ana ahorre su dinero.

____

5. Es mejor que pidan eso en una boutique del centro.

____

6. Es necesario que regatees en el mercado.

____

7. Busco un banco que me cambie este cheque.

____

8. Quieren ver ese tapiz antes de que se lo des a tu amiga.

____

B. Tía Ana, la sabelotodo. *Tía Ana knows all there is to know about shopping. Complete Catalina's responses, changing the verbs to the imperfect subjunctive. Follow the model.*

MODELO TÍA ANA: Quiero que compres donde haya ofertas y nos conozcan.
CATALINA: Lo sé. Ayer ya me dijiste que **comprara donde hubiera ofertas y nos conocieran.**

1. TÍA ANA: Mira, Catalina, te voy a pedir que vayas al mercado antes de que lo cierren.
   CATALINA: Claro, tía Ana. También ayer me pediste que ______________________
   ____.

2. TÍA ANA: Y recuerda, hija... Es mejor que manejes con cuidado y que no tengas prisa.
   CATALINA: Sí, el otro día ya me dijiste que era mejor que ______________________
   ____.

3. TÍA ANA: Espero que trates de regatear para que nos den los mejores precios posibles.
   CATALINA: Lógico, pero ayer también me dijiste que ______________________
   ____.

4. TÍA ANA: Es muy importante que no compres nada que no esté en oferta.
   CATALINA: Sí, mi querida tía, ayer también era importante que ______________
   ____.

5. TÍA ANA: Bueno, quiero que lleves más dinero en caso de que veas algo muy bueno en oferta.
   CATALINA: Recuerdo que la semana pasada también querías que ______________
   ____.

6. TÍA ANA: Es probable que vendan las mejores cosas muy temprano y que no quede nada interesante después.
   CATALINA: Siempre la misma historia. Ayer me dijiste que era probable que
   ____.
   ____.

7. TÍA ANA: Y te digo que no pares en ninguna parte para hablar con tus amigos, ¡aunque te pidan que tomes una cerveza con ellos!
   CATALINA: ¡Dios mío! ¿Otra vez con eso? ¡Nunca cambiarás, tía! Ayer también me dijiste que______________________________________
   ____.

8. TÍA ANA: Pero, Catalina, ¡sólo pienso en ti! Me parece increíble que no quieras seguir los consejos de una buena tía...
   CATALINA: Por supuesto. Ayer también te pareció increíble que______________
   ____.

C. **Con cortesía.** *Write the sentences below in a more polite fashion by using the imperfect subjunctive.*

MODELO Quiero mostrarle otros ponchos, señora.
Quisiera mostrarle otros ponchos, señora.

1. Quiero cambiar estos boletos.

____

2. Tú debes llamar antes de salir.

____

3. Ella quiere acompañarte.

____

4. Ustedes deben tener sus maletas preparadas.

____

II. *if* clauses

A. **Si fuera posible...** *Gabriela is determined to find out what Natalia would do in certain situations. Rewrite her original question according to the answer Natalia gives her, using the appropriate **if**-clause construction.*

MODELO —Gabriela, si tienes tiempo, ¿irás de compras conmigo?
—Es que no tengo tiempo. Lo siento mucho.
Bueno, pero **si lo tuvieras, ¿irías...?**

1. —Natalia, si el poncho que vimos ayer en esa tienda vale menos de cuatrocientos bolívares, ¿lo comprarás?

   —Pero creo que vale mucho más.

   —Bueno, pero____

2. —Si el señor Villa rebaja sus precios, ¿comprarás en su tienda?

   —Pero Gabriela, es probable que no los rebaje.

   —Bueno, pero____

3. —Si Héctor se enamora de alguien que trabaja con él, ¿ustedes se divorciarán?

   —¡Qué idea más ridícula! Mi esposo nunca se enamoraría de otra mujer...

   —Claro, pero quiero estar segura. Si _______________________________

   ____

4. —Si le aumentan el sueldo a Héctor, ¿él te llevará a Europa?

—Mira, no le van a aumentar el sueldo ni en mil años; siempre ganará poco.

—Puedes creer eso ahora, pero si ______________________________

____

5. —Este... Natalia..., si Héctor sabe que estoy diciendo estas cosas, ¿se ofenderá?

—No te preocupes. No lo va a saber.

—Bueno, pero en un caso hipotético, si él lo ______________________

B. Meditaciones de un trabajador. *Luis is thinking about his work situation. Complete the following passage by circling the appropriate forms of the verbs in parentheses.*

Si yo (1. paso / pasaría / pasaba) mucho tiempo en una tienda, me (2. puse / pongo / puesto) muy triste, porque sé que no puedo comprar nada. Si (3. pudiera / podré / pudo) encontrar un trabajo que pagara mejor, yo (4. dejaré / dejando / dejaría) este apartamento para que mi mujer y nuestros tres hijos (5. tendrán / tenían / tuvieran) una vida mejor. Claro, eso (6. paso / pasará / pasara) si me (7. aceptarán / aceptan / aceptarían) en el programa especial de ciencias de computación que me interesa, porque así (8. podré / pudo / pueden) aprender mucho y aumentar mis posibilidades. Pero no sé si eso será posible, pues si (9. tengo / tendría / tuviste) que trabajar día y noche por este sueldo miserable, ¿qué futuro nos (10. espera / esperara / esperó)?

C. Hipotéticamente. *Complete the sentences, telling what you would do in the following hypothetical circumstances.*

1. Si yo tuviera una semana de vacaciones, ______________________.
2. Si yo necesitara mucho dinero, ______________________.
3. Si yo tuviera mil dólares en este momento, ______________________.
4. Si hoy hiciera mucho calor, ______________________.
5. Si ya hablara español perfectamente, ______________________.

D. No me gusta porque... *Marta doesn't like Lorenzo, who keeps asking her for a date. She is telling her friend Sara about him. Finish her sentences with critical statements as she might.*

1. Conduce el auto como si ______________________.
2. Come como si ______________________.
3. Habla como si ______________________.
4. Fuma todo el día como si ______________________.
5. Se viste como si ______________________.

III. Other uses of *por* and *para*

A. Un viaje por Venezuela. *Complete the passage with* **por** *and* **para.**

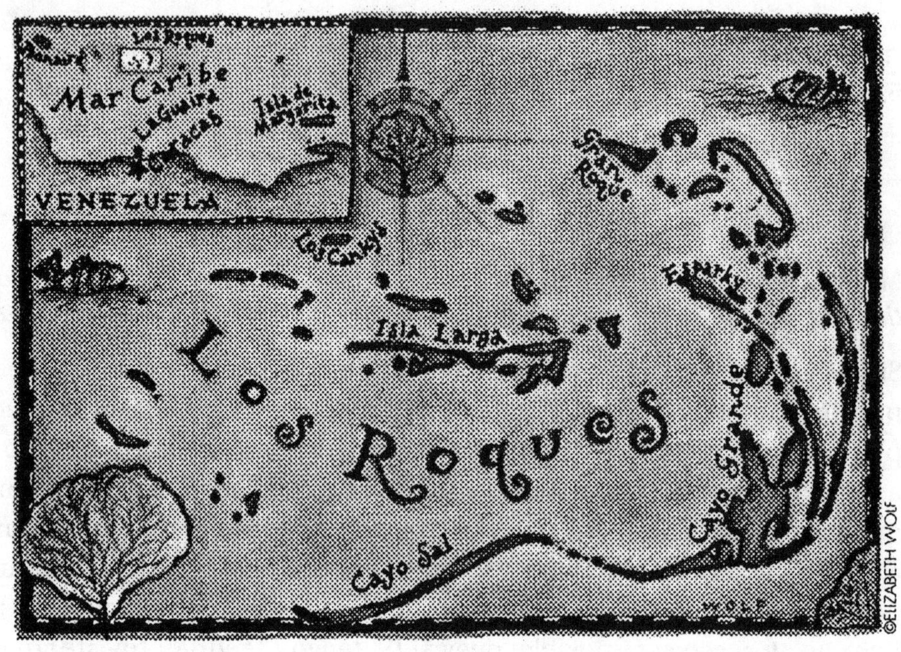

Martín fue a Venezuela ______ (1.) dos semanas. Salió de Miami hace una semana y viajó _____ (2.) avión a Caracas. Aprendió que Venezuela quiere decir «pequeña Venecia» y que es un país muy bonito. Más del 35 _______ (3.) ciento del territorio está cubierto de bosques. El magnífico río Orinoco corre ________ (4.) los llanos (*plains*). ________ (5.) la costa hay muchas pequeñas islas; la isla Margarita es la más grande y cada año miles de turistas van allí __________ (6.) divertirse o descansar en sus playas espléndidas. Martín viajó ________ (7.) todo el norte del país. Fue a Los Roques, un parque nacional con unas cincuenta islas y arrecifes (*reefs*) coralinos incomparables. En La Guaira, un puerto cerca de Caracas, compró una ruana (poncho) y una guitarra típica de Venezuela ________ (8.) su mamá. Pagó 200.000 bolívares ________ (9.) la ruana y 300.000 ________ (10.) la guitarra. ______ (11.) el domingo estará de regreso en Miami. Y, ______ (12.) casualidad, el domingo es su cumpleaños y le vamos a hacer una fiesta ________ (13.) la tarde.

Nombre ______________________ Fecha______________ Clase ____________

B. Frases lógicas. *Form logical sentences using the following expressions with* ***por.***

MODELOS (por lo general)
Por lo general, papá no trabaja los fines de semana.

(por lo tanto)
Ayer no me sentía bien; por lo tanto no fui a clase.

1. (por lo menos)

____

2. (estar por)

____

3. (por ciento)

____

4. (por última vez)

____

5. (por casualidad)

____

PARA COMUNICARNOS

A. Reacciones positivas y negativas. *Study each of the following pictures where someone is reacting to a situation. Use an expression of satisfaction or dissatisfaction from the list below to give the reaction of the person pictured. Be sure to use all the expressions!*

¡Esto (Eso) es fabuloso!
¡Esto (Eso) es justo lo que nos faltaba!
¡Esto (Eso) es insoportable!
¡Esto es buenísimo!
Es demasiado. Esto (Eso) no es aceptable.
Esto (no) me gusta... porque...

MODELO **¡Esto es fabuloso!**

1. ____________________
____

2. ____________________
____

3. ______________________________

____

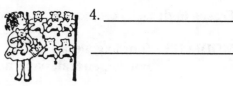

4. ______________________________

____

5. ______________________________

____

6. ______________________________

____

B. En una super-tienda venezolana. *Your friend Ana is at a big department store buying a few items she needs for her trip back to the USA next week. Complete the conversation she has with the salesperson with appropriate expressions for making a purchase.*

ANA: Busco un vestido de verano y un par de pantalones blancos o azules.

VENDEDOR: Hoy tenemos una gran liquidación... ¿ ____________ (1) ?

ANA: Uso talla 36.

VENDEDOR: Pues mire, ahí mismo tiene varios vestidos y pantalones en tallas 36 y 38.

ANA: ¡Qué bien! Voy a probarme algunos. ¿Dónde está ____________ (2) (*the fitting room*)?

VENDEDOR: Allá a la izquierda, al lado de la «sección zapatería».

ANA: ¡Ah! También necesito unas sandalias blancas.

VENDEDOR: ¡Hoy es su día de suerte! Todas nuestras sandalias están en oferta. ¿ ________________________ (3) ?

ANA: Calzo 36.

VENDEDOR: Pues aquí tiene dos pares de sandalias muy elegantes en su número. ¿Por qué no se las ____________ (4) ?

ANA: Sí, voy a probármelas... éstas me quedan ____________ (5) (*big*) pero éstas otras me quedan bien y ________________ (6) con todos los vestidos que me gustan.

VENDEDOR: Entonces, ¿se las ____________ (7) o las lleva ____________ (8) (*wear, have on*)?

ANA: Envuélvamelas mientras voy al ____________ (9) a ____________ (10) estas ropas..., ¿de acuerdo?

VENDEDOR: De acuerdo. Aquí la espero, señorita.

Nombre ______________________ Fecha ______________ Clase __________

PARA ESCRIBIR

¡Tal vez fuera posible! *Choose one of the topics below and write a brief composition describing what you would do in that situation.*

1. Si pudiera vivir en otro siglo (*century*), ¿en qué siglo viviría? ¿Por qué?
2. Si fuera muy rico(-a) y no necesitara trabajar, ¿qué haría con su tiempo libre...? Explique.
3. Si tuviera cien mil dólares en este momento, ¿cómo los gastaría?
4. Si lo (la) eligieran presidente(-a) de su país, ¿cuáles serían los tres primeros cambios de su gobierno? ¿Por qué?

Nombre ______________________ Fecha______________ Clase __________

SELF-TEST III*

I. Use of the subjunctive

Cross out the words that a Spanish speaker would not be likely to say.

MODELO ~~Es mejor~~ / *Es cierto* que yo estoy muy contento.

1. *Se alegró mucho de / No sabía* que se casaran.
2. *Sabe / Tiene miedo* que lleguemos tarde.
3. *Me sorprende / Creo* que ellos venden la casa.
4. *Dudo / Sé* que Susana vaya al cine hoy.
5. *Es cierto / No es cierto* que él tenga dolor de cabeza.
6. *No había nadie / Había alguien* allí que pudiera hacerlo.
7. *Supo / Esperaba* que ellos llegaron temprano.
8. El médico *cree / no cree* que Silvia esté enferma.

II. Forms of the present subjunctive

Complete the following sentences with the present subjunctive of the verbs in parentheses. Remember that the subjunctive is used:

A. With verbs of expectations and feelings.

1. Mamá tiene miedo que nosotros no (estar) ______________ allí a las doce.
2. Ojalá que él (tener) ______________ las entradas.
3. Esperamos que ellos no (volver) ______________ tarde.
4. Siento que Gustavo no (poder) ______________ venir.

B. With verbs expressing an order, request, or plea.

5. Le prohíbo que (mentir) ______________ .
6. Te pido que (traer) ______________ a tu hermana a la cena.

C. With verbs expressing will, desire, or preference.

7. Preferimos que él no (venir) ______________ .
8. Quiero que tú (conocer) ______________ a Anita.

*For this self-test, write your answers on a separate sheet of paper if necessary.

D. With verbs of approval, advice, or permission.

9. Me gusta que ellos (ganar) ______________________ mil pesos más por mes.

10. El médico no permite que yo (fumar) ______________________ y me aconseja que (descansar) ______________________ más.

E. With verbs of necessity.

11. Necesitan que el señor Villa les (hacer) ______________________ un favor.

F. With verbs expressing doubt or uncertainty.

12. Dudo que José (comer) ______________________ bien.

13. No estamos seguros de que (ser) ______________________ ellos.

G. With **creer** and **pensar** in the negative or interrogative, when doubt is implied, and with **quizás** and **tal vez** normally.

14. No pienso que Bárbara (poder) ______________________ ayudarte mucho.

15. ¿Cree usted que nosotros (tener) ______________________ razón?

16. Tal vez Eduardo (alquilar) ______________________ un auto cuando vaya a Toledo, pero lo dudo.

H. With certain impersonal expressions.

17. No es bueno que ellos (trabajar) ______________________ tanto.

18. Es necesario que nosotros (acostarse) ______________________ temprano.

19. Es mejor que yo (irse) ______________________ .

I. With **es verdad (cierto, seguro, claro)** in the negative or interrogative, when doubt is implied.

20. ¿Es seguro que Elena (salir) ______________________ mañana?

21. No es cierto que Felipe (recibir) ______________________ dinero de su padre.

J. With descriptions of the unknown or indefinite.

22. Busco una bicicleta que (ser) ______________________ barata.

23. No veo a nadie que (poder) ______________________ ayudarme.

K. With certain adverbial conjunctions.

24. El señor Juárez piensa invitar a los Hernández sin que su esposa lo (saber). ______________________.

25. Vamos a cenar a las nueve a menos que ellos (llegar) ______________________ tarde.

III. *por* and *para*

Complete the following sentences with **por** *or* **para.** *State the reasons for your choices.*

1. Siempre camino ______________________ la Avenida Independencia.
2. El señor Ramírez maneja a 70 millas ______________________ hora.
3. Mamá dice que los chocolates son ______________________ mí.
4. Me gustaría viajar ______________________ las montañas de Sudamérica.
5. ¿Es verdad que usted estará en Europa ______________________ más de dos meses?
6. Fue a la playa ______________________ tomar sol.
7. ¿ ______________________ qué estás tan triste?
8. Eduardo fue a la panadería ______________________ pan.
9. ______________________ su edad, Martita es muy alta.
10. ¿Cuánto pagaste ______________________ el poncho que compraste ______________________ Isabel?

IV. The future, conditional, and progressive tenses

A. *Change the following verbs from the present to the future tense.*

MODELO yo recuerdo **yo recordaré**

1. yo doy
2. él escribe
3. nosotros viajamos
4. tú haces
5. ellos ponen
6. ella va
7. nosotros pedimos
8. tú dices
9. yo me levanto
10. él duerme

B. *Now change these same verbs to the conditional tense.*

C. *Now change them to the present progressive.*

V. The imperfect subjunctive; sequence of tenses

Complete the sentences with the indicative or subjunctive, as required.

A. Present indicative or present subjunctive:

1. Se cree que esa idea (venir) ______________________ de la época de los aztecas.
2. Es ridículo que ustedes (perder) ______________________ el tiempo así.
3. Sé que nosotros (ir) ______________________ a tener que vender la casa.
4. Si los Balbuena (llegar) ______________________ hoy, vamos al lago.
5. No creo que mi hermana (querer) ______________________ casarse todavía.
6. Díganme si ustedes (ir) ______________________ al cine hoy.

B. Past indicative or imperfect subjunctive:

1. En cuanto su marido (saber) ______________________ la noticia, se alegró mucho.
2. Si tú (tener) ______________________ mucho dinero, ¿qué harías?
3. No vi a ninguna joven que (llevar) ______________________ ropa decente.
4. Tenía miedo que nosotros (estar) ______________________ solos allí.
5. Olga se encontró con una persona que la (ayudar) ______________________ mucho.
6. No le dijimos eso a María hasta que (calmarse) ______________________ .

VI. Useful expressions

Give the Spanish equivalent of the following expressions.

1. I want to go shopping. Would you like to come with me? **2.** Where is the post office? **3.** "How did you like the city?" "It was wonderful!" **4.** How old is he? **5.** Good grief! I've lost my three suitcases! **6.** Good-bye. May all go well with you. **7.** My head aches. **8.** Is there a drugstore nearby? **9.** I want you to meet my friend Rafael Márquez. **10.** What a surprise! We thought you'd be arriving tomorrow, not today. **11.** I'm very sorry. **12.** What a relief! **13.** How can I help you? **14.** I recommend that you take the train. **15.** It's not permitted to take photos.

Nombre ____________________ Fecha ______________ Clase __________

Capítulo suplementario
La naturaleza

VOCABULARIO

A. En pocas palabras. *Define the following words in Spanish.*

1. el pez: ____________________
2. el pájaro: ____________________
3. el valle: ____________________
4. el amanecer: ____________________
5. las hojas: ____________________

B. Preferencias y opiniones. *Answer the following questions in Spanish.*

1. ¿Prefieres nadar en un lago o en un océano? ¿Por qué?

____

2. ¿Te levantas al amanecer? ¿Por qué sí o por qué no?

____

3. ¿Te gustaría vivir en las montañas? ¿Por qué sí o por qué no?

____

4. ¿Qué cosas se encuentran en un jardín?

____

____

5. ¿Qué hace o qué puede hacer uno cuando va a un lago?

____

____

C. Describir y corregir... *Describe what you see and indicate what is wrong with the following drawings.*

1

2

3

4

MODELO **La luna está cantando y tiene ojos, nariz y boca. En realidad, la luna ni canta ni tiene esas características humanas.**

1. ____

____

2. ____

____

3. ____

____

4. ____

____

ESTRUCTURAS

I. The neuter *lo*

A. Decisiones. *Circle the choice that best completes each sentence.*

MODELO Lo (mejor / contaminado / extremo) del campo es que allí se puede admirar la naturaleza.

1. Lo (importante / externo / peor) es tener un poco de silencio y tranquilidad.
2. Su casa es linda; (lo que / poco / los que) no me gusta es el barrio.
3. (La que / Lo / Lo que) me preocupa es la contaminación del aire.
4. ¿Qué es (el que / lo que / lo) ustedes llaman «tranquilo»? A mí este lugar no me parece muy tranquilo.
5. Isabel dijo que esta casa era muy grande, pero ¡realmente no (el / lo que / lo) es!
6. —Es muy agradable poder caminar de noche sin tener miedo.

   —Sí, (la / la que / lo) es, pero hay otros problemas…

B. Lo mejor del campo. *Margarita loves the country and detests every aspect of city living. Mark the most appropriate choice to complete each of her statements.*

MODELO Lo único bueno de esta ciudad es que…

___x___ a. está cerca del campo.

_______ b. tiene mucho tráfico.

_______ c. la gente no sabe manejar.

1. Lo que más me gusta del amanecer en el campo es…

   _______ a. escuchar los pájaros.

   _______ b. subir al autobús.

   _______ c. llegar al aeropuerto.

2. ¡Mira lo alto que es… ¡Qué magnífica obra de la naturaleza!

   _______ a. ese árbol!

   _______ b. aquella piedra!

   _______ c. este edificio!

3. Después de vivir diez años en un lugar..., me doy cuenta de lo horrible que es y tengo ganas de escaparme a las montañas.

_________ a. lleno de flores y de árboles

_________ b. con tanta gente y tanto tráfico

_________ c. sin cielo

4. A mis amigos les encanta venir a visitarme a Boston porque pueden apreciar..., es decir, la vida cultural bostoniana.

_________ a. el que vi

_________ b. lo que más me importa

_________ c. lo bueno que son los teatros aquí

5. Para mí, lo mejor sería...

_________ a. sacar el techo para que entre toda la lluvia y el frío.

_________ b. vivir y morir en el campo.

_________ c. vivir en un sótano (*basement*) y nunca ver ni el sol ni la luna.

C. Preguntas para usted. *Now answer these questions addressed to you.*

1. ¿Qué es lo más aburrido de su vida universitaria?

____

2. ¿Y qué es lo más interesante?

____

3. ¿Qué profesión o qué tipo de trabajo le interesa más a usted?

____

4. ¿Qué es lo que más le interesa de esa profesión (ese tipo de trabajo)?

____

5. Según su opinión, ¿qué es lo más importante de una casa (apartamento)? ¿Por qué?

____

Nombre ______________________ Fecha ______________ Clase __________

II. Long forms of possessive adjectives; possessive pronouns

A. Lo mío es mío y lo tuyo es tuyo... *Translate the following phrases, using short- and long-form possessive adjectives. Follow the model.*

MODELO my house: **mi casa; la casa mía**

1. their wedding: ______________________
2. my ring: ______________________
3. our people: ______________________
4. his work: ______________________
5. their relatives: ______________________
6. my cousins (*female*): ______________________
7. your (**tú**) friends: ______________________
8. our round-trip tickets: ______________________

B. Profesión: ladrón. *Your dormitory has been burglarized. The burglars have been caught three blocks away with a truck full of stolen articles. The police ask you to identify the contents of the truck and the owners of the articles.*

MODELO (los zapatos, Leopoldo)
Los zapatos son de Leopoldo.
Son suyos.

1. (los libros, yo)

____

2. (el televisor, Sonia)

____

3. (la bicicleta, él y Jorge)

____

4. (la motocicleta, nosotros)

____

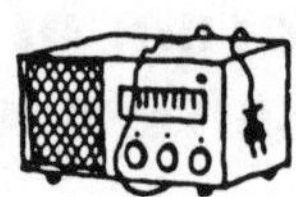

5. (la computadora, tú)   6. (la radio, yo)

_______________ _______________

You recognize other items in the truck. Identify them and tell who they belong to. Use two forms and your imagination. Follow the model.

MODELO ¡El bolso! El bolso es de Sofía. ¡Es suyo!

7. _______________
8. _______________
9. _______________
10. _______________
11. _______________

III. The passive voice

A. De activo a pasivo. *To complete the following exchanges, circle the letter of the most appropriate verb in the passive voice.*

MODELO —Tu padre construyó la casa, ¿verdad?

—No, _______________ por mi abuelo.

a. estuvo construida (b.) fue construida c. es construida

1. —Enrique escribió este poema.

—No, eso no es cierto; _______________ por Teresa.

a. fue escrito b. será escrito c. estuvo escrito

2. —¿Ya mandaron las cartas?

—Sí, creo que _______________ esta mañana.

a. fueron mandadas b. estuvieron mandadas c. serían mandadas

3. —Rosa compró las flores, ¿verdad?

—No, _______________ por Verónica.

a. son compradas b. fueron compradas c. estuvieron compradas

Nombre ______________________ Fecha______________ Clase __________

4. —Los Gómez van a alquilar esa casa.

—Eso es imposible. Ya ______________ por los sobrinos de Raúl Palacios.

a. fue alquilada   b. estuvo alquilada   c. será alquilada

5. —¿Invitó Rafael a Susana y a Pilar?

—No, ______________ por Mario.

a. son invitadas   b. fueron invitadas   c. están invitadas

B. ¿Cuál es la mejor traducción? *Choose the best translation for the underlined words in the following sentences.*

MODELO Those sculptures were made by the Mayas a thousand years ago.

(a.) fueron hechas   b. estuvieron hechas

1. The cities of Cuzco and Machu Picchu were built by the Incas.

a. fueron construidas   b. estuvieron construidas

2. Those portraits were painted by Velazquez.

a. fueron pintados   b. fueron pintadas

3. The water pollution problem was not solved by the new law.

a. no fue resuelta   b. no fue resuelto

4. Those pieces of furniture—the chair and the sofa—were made in South America.

a. fueron hechos   b. estuvieron hechos

5. That movie was seen by four million people.

a. estuvo vista   b. fue vista

C. ¡Han ocurrido tantas cosas! *When Juanita returned, her roommate told her what happened while she was out of town. Circle the letter of the appropriate phrases to restate the sentences using the passive* ***se*** *construction.*

MODELO Alguien fue atacado en el jardín, cerca de la biblioteca.

______________ a alguien en el jardín, cerca de la biblioteca.

(a.) Se atacó   b. Se atacará

1. El edificio central fue destruido.

______________ el edificio central.

a. Se destruía   b. Se destruyó

2. Los cigarrillos fueron prohibidos en la universidad.

________________ los cigarrillos en la universidad.

a. Se prohibieron b. Se prohíben

3. Los sueldos de los profesores fueron aumentados.

________________ los sueldos de los profesores.

a. Se aumentó b. Se aumentaron

4. La luna es vista al anochecer.

________________ la luna al anochecer.

a. Se vio b. Se ve

5. Un árbol muy interesante fue plantado en el parque.

________________ un árbol muy interesante en el parque.

a. Se plantará b. Se plantó

ACTIVIDADES

A. De la ciudad al campo. *Circle the words that best complete the following passage.*

Después de vivir casi toda su vida en la ciudad, Alejandro y su familia se mudaron al (1. campo / cielo) para disfrutar (*enjoy*) del aire puro y del (2. tema / clima) saludable. Siempre recordarán los primeros días que pasaron en su nueva casa, situada en un (3. valle / amanecer) muy tranquilo con una hermosa (4. hoja / vista) de imponentes montañas cubiertas de (5. nieve / afuera). Brillaba (*Was shining*) el (6. sol / pez) y no había ni una (7. flor / nube) en el cielo. La primera tarde fueron a un pequeño (8. lago / árbol) donde el agua clara y transparente les dejaba ver miles de (9. peces / estrellas). Casi no pudieron dormir esa noche, pues no estaban acostumbrados el ruido de (10. la luna / los insectos) ni al cantar de los (11. peces / pájaros)... Se levantaron temprano, al (12. anochecer / amanecer), y desayunaron inmediatamente. Esa mañana Alejandro y su esposa estaban tan cansados que pensaron volver a la capital. Pero sus hijos les trajeron unas (13. flores / nubes) tan lindas del jardín que ellos finalmente decidieron quedarse allí para siempre.

Nombre ______________________ Fecha______________ Clase __________

B. ¡Qué suerte! *You have just received $2,000 designated for taking a vacation this summer. You go to a travel agent for assistance. The agent asks how she can help and you ask where in Central or South America you can go to relax and enjoy your 2-week vacation away from home (or school). She asks about your preferences and then makes a recommendation. With that situation in mind, complete the following dialogue and add more lines and/or exchanges if necessary.*

USTED: Buenos días, señorita.

AGENTE: Buenos días, ¿ ______________________________________ ?

USTED: Pues, quisiera hacer un viaje a Centroamérica o a Sudamérica este verano,

¿ ________________________ recomendar un lugar agradable?

AGENTE: ¡Claro!, pero… primero tengo que hacerle algunas preguntas. ¿Qué prefiere hacer durante sus vacaciones? ¿Cuáles son sus pasatiempos favoritos? Y, ¿cuánto tiempo y dinero tiene para el viaje…?

USTED: ____

____

____

AGENTE: ____

____

____

USTED: ____

____

____

AGENTE: ____

____

____

PARA ESCRIBIR

Your family has just rented a very nice cottage in [name of place or location] *in which to spend most of the summer. Write a letter inviting a friend to come and join you for a couple of weeks or more as he/she pleases. Describe the cottage; include details about the location, activities you and your friend could enjoy doing during his/her stay, etc.*

EJERCICIOS DE LABORATORIO

Nombre ______________________ Fecha ______________ Clase __________

Capítulo uno
La familia

1

VOCABULARIO

La familia de Juan

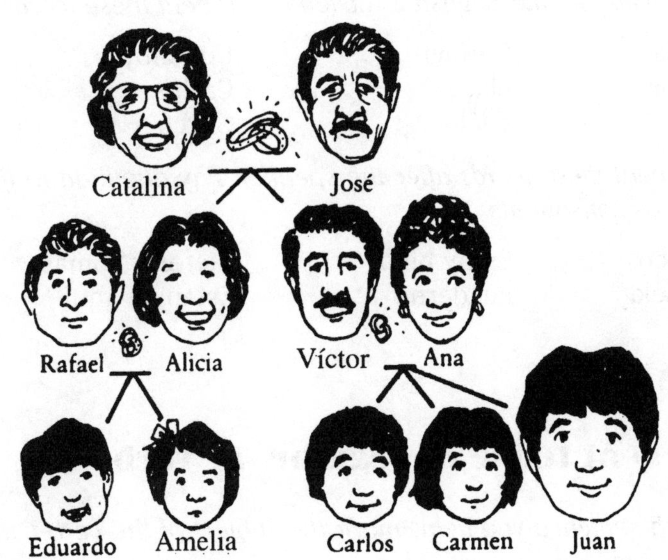

Look at the drawing of Juan's family tree. Decide whether each statement is true or false and write **V (verdadero)** *or* **F (falso)**, *according to what you see in the drawing. Each statement will be repeated.*

1. V
2. F
3. ~~F~~ V
4. V
5. F
6. V
7. F
8. F

PRONUNCIACIÓN

Listen to the names of the people in Juan's family and repeat each one after the speaker, concentrating on the vowel sounds.

Catalina	Víctor	Carlos	Amelia
José	Rafael	Carmen	Juan
Ana	Alicia	Eduardo	

1

In Spanish, the soft **b** *sound is pronounced without closing the lips completely. The written letters* **b** *and* **v** *both represent this sound, except after a pause or after the letters* **l, m,** *or* **n.** *Listen and repeat these words.*

abuelo	avión	Cuba	La Habana	llevar	la ventana
favor	hablar	Roberto	Eva	autobús	Esteban

When the **b** *or* **v** *is at the beginning of a word or after the letters* **l, m,** *or* **n,** *you close your lips completely. However, the sound is still softer than the English* **b.** *Listen and repeat these words.*

Víctor	buscar	viajar	Bilbao	también
Bogotá	vacaciones	Buenos días.	Alberto	invierno (*winter*)

When the letter **c** *appears before the letters* **a, o, u,** *or any consonant other than* **h,** *it is pronounced like the English* **k.** *Listen and repeat these words.*

Catalina	Carmen	Colombia	con
Ecuador	clase	Carlos	casa
costa	cuál	Cuzco	Cristina

Now repeat these words after the speaker. Pay attention to the pronunciation of vowels as well as consonants.

Acapulco	Estoy bien.	Víctor y Tomás	abuela
Venezuela	cuaderno	Estamos aquí.	Bolivia

ESTRUCTURAS

I. The present tense of regular *-ar* verbs

A. *For each sentence you hear, mark the subject of the verb with an* **x.** *Each sentence will be repeated.*

MODELO You hear: Deseamos estudiar.
You mark: an **x** under **Carmen y yo** since the subject is **nosotros.**

	yo	tú	Juan	Carmen y yo	ellos
Modelo				x	
1.					X
2.	X				
3.			X		
4.				X	
5.		X			
6.	X				
7.					X

Nombre ______________________ Fecha__________________ Clase ___________

1

B. *Make a new sentence using the cue you hear as the subject. Do not repeat the subject pronoun. Then repeat the answer after the speaker.*

MODELO Juan estudia español. (yo)
Estudio español.

C. *Look at the drawing of* **La familia de Juan** *below. You will hear false statements about the drawing. Disagree and give the correct information. Then repeat the answer after the speaker.*

MODELO Rafael está en casa, ¿verdad?
No, está en un avión.

D. *Imagine that you are Ana in the drawing above. Answer each question with* **Sí** *or* **No** *and a complete sentence. Then repeat the answer after the speaker.*

MODELO ¿Está usted en el avión?
No, estoy en la farmacia.

II. Articles and nouns: Gender and number

A. *Make a new sentence using the cue given. Then repeat the answer after the speaker.*

MODELO La señora lleva el regalo. (señoritas)
Las señoritas llevan el regalo.

B. *Write the singular form of each word you hear. Include the definite article. You will hear each word twice.*

1. señora
2. ~~hermana~~ hermana
3. profesora
4. silla
5. pasaporte.
6. aeropuerto

III. Cardinal numbers 0–99; *hay*

A. *Juan wants to invite some of your friends to a party, but he doesn't have their telephone numbers. Tell him what they are and then repeat the answers you hear.*

1. Aurora: 54-14-87
2. Daniel: 62-28-15
3. Inés: 34-12-46
4. Eduardo: 18-73-91
5. Dora: 13-11-59

B. *Juan has also lost the addresses for the following people. Tell him what they are and then repeat the answers you hear.*

1. Alberto: Avenida Bolívar, número 13-29.
2. Manuel: Calle 14, número 5-76.
3. Jorge: Avenida Martí, número 12-58.
4. Antonio: Calle 34, número 99.
5. Ignacio: Calle 23, número 94.

C. *You will hear a false statement, followed by a cue. Disagree with the statement and give the correct information. Then repeat the answer after the speaker.*

MODELO Hay treinta y un días en septiembre. (treinta)
No, hay treinta días en septiembre.

IV. Interrogative words and word order in questions

A. *Look at the drawing of* **La familia de Juan** *again. For each question you hear, circle the correct answer. Each question will be repeated.*

1. a. En casa.
   b. En el avión.
   c. En la farmacia. (circled)

4. a. Acapulco.
   b. Español. (circled)
   c. Francés.

2. a. A casa.
   b. A Acapulco.
   c. A la farmacia.

3. a. Con Amelia.
   b. Con Víctor.
   c. Con Rafael.

5. a. Amelia.
   b. Víctor.
   c. Alicia.

6. a. Nosotros.
   b. Víctor y Ana.
   c. Rafael y Alicia.

B. *Look at the drawing of* **La familia de Juan** *again. You will hear a question, which will be repeated. Answer the question according to the drawing, then repeat the answer after the speaker.*

MODELO ¿Quién escucha a Víctor?
Ana escucha a Víctor.

MOSAICO CULTURAL

A. *Listen to the following dialogue while you read along. Based on it, be prepared to do comprehension Exercise **B.***

Janet and her cousin Susan have just arrived in Madrid from the United States. They are in* La Puerta del Sol*, an important square in the heart of the old part of the city.

JANET: Perdón, señor, deseamos visitar el Museo del Prado. ¿Qué autobús tomamos?

SR. RUIZ: Pero hoy es lunes..., y los lunes todos los museos están cerrados. Muchos lugares turísticos están cerrados los lunes.

SUSAN: ¡Qué lástima...! Y también necesitamos un mapa de Madrid. Señor..., ¿hay una librería aquí cerca?

SR. RUIZ: Sí. Hay una muy buena en la Calle Mayor.

JANET: Necesitamos comprar unos libros..., un diccionario..., ¡y el mapa!

SR. RUIZ: Yo también necesito comprar dos o tres libros.

SUSAN: ¿Es usted estudiante de la Universidad de Madrid?

SR. RUIZ: No, señorita, yo no soy estudiante; soy profesor de la Universidad de Salamanca.

JANET: ¿Y qué enseña usted en la universidad, señor...?

SR. RUIZ: Manuel Ruiz, a sus órdenes, señoritas. Enseño filosofía.

B. *You will hear a series of statements. If the statement is true based on the information in the dialogue, circle* **V** *for* **verdadero.** *If the statement is false, circle* **F** *for* **falso.** *Each statement will be read twice. First listen to the model.*

MODELO You hear: Janet y Susan están en Salamanca.
You circle: **F** for **falso.**

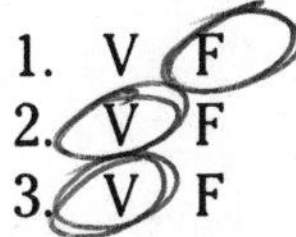

1. V F
2. V F
3. V F
4. V F
5. V F
6. V F

PARA ESCUCHAR Y ESCRIBIR

1

A. *Listen to the segments of conversation and determine who the speakers are. Write the number of the conversation (1–4) next to the appropriate names below.*

3 Raúl y doña Carmen

2 Roberto y Elena

1 el señor Castro y la señorita Jiménez

4 Julio y Jorge

B. Dictado. *You will hear some information about the Rivera family. Each sentence or phrase will be read twice. During each pause, write down what you have just heard. The entire passage will then be repeated so that you can check what you have written.*

Carlos, youre brother and sister are Luiz and Luisa?

Estudia Filoz o Fila

En un la universidad de salamanca.
In the Salamanca school.

Luisa estan la farmacia

Buscas pádinas.

Carlos y Luiz estan en casa.

Ellos midan television

Ahora llega él señor ribeda la oficina.

Habla con la esposa.

Llama por teléfono a una amigo.

Y mida television.

Con los dos hijos.

Nombre ______________________ Fecha ________________ Clase __________

Capítulo dos
Descripciones

2

VOCABULARIO

Circle the letter of the word or words that best complete each sentence. Each phrase will be repeated.

1. a. egoísta.
   b. realista.
   c. elegante.

2. a. difícil.
   b. deliciosa.
   c. optimista.

3. a. el museo.
   b. el reloj.
   c. el autobús.

4. a. contaminado.
   b. delicioso.
   c. cortés.

5. a. grande.
   b. sensible.
   c. perdida.

6. a. nuevos.
   b. bonitos.
   c. nerviosos.

PRONUNCIACIÓN

Listen to the following words and repeat each one after the speaker, concentrating on the vowel and diphthong sounds.

sociable	intelectual	idealista	nuevo
bueno	realista	altruista	egoísta

In Spanish, the **t** *and* **p** *sounds are pronounced like the English letters in* **tease** *and* **postman.** *There is no puff of air as you make the sound. As you say each word, hold the palm of your hand in front of your mouth. If you are making the sound correctly, you should not feel a puff of air. Listen and repeat these words.*

Tomás	interesante	típico	popular
intelectual	inteligente	plato	padre
tres	capital	pequeño	persona

The letter **g** *when followed by the letters* **e** *or* **i** *is pronounced like a strong* **h** *in English. Listen and repeat these words.*

argentino	agencia	inteligente	página	Gibraltar

When the **g** *is followed by the letters* **a, o, u, r,** *or* **l,** *it is pronounced like the* **g** *in* **go.** *Listen and repeat these words.*

elegante	amigo	preguntar	progreso
llegar	gusto	grande	inglés

2 ESTRUCTURAS

I. The verb *ser*

A. *Answer each question in the negative, then repeat the answer after the speaker.*

MODELO ¿Eres mexicano?
No, no soy mexicano.

B. *Change each sentence from the plural to the singular, then repeat the answer after the speaker.*

MODELO Ustedes son realistas.
Usted es realista. (Tú eres realista.)

II. Adjectives

A. *Change each phrase from the singular to the plural, then repeat the answer after the speaker.*

MODELO la comida típica
las comidas típicas

B. *Change each phrase from the masculine to the feminine, then repeat the answer after the speaker.*

MODELO el profesor famoso
la profesora famosa

C. *Answer each question in the negative, choosing an adjective from the list that is opposite in meaning to the one you hear. Follow the model.*

MODELO You hear: Arturo es pesimista, ¿no?
You see: optimista / cortés / difícil
You say: **No, es optimista.**
You hear: No, es optimista.

1. pequeña / mala / amable
2. descortés / sensible / simpático
3. elegante / difícil / realista
4. idealista / irresponsable / pequeño
5. vieja / interesante / grande
6. bueno / importante / difícil

Nombre ______________________ Fecha ______________ Clase __________

III. *ser* vs. *estar*

A. *Decide whether you would use* **ser** *or* **estar** *with each phrase you hear and mark an* **x** *in the appropriate column in the chart below. Each phrase will be repeated.*

	ser	estar
1.		
2.		
3.		
4.		

	ser	estar
5.		
6.		
7.		
8.		

B. *You will hear a sentence with the verb omitted. Check the appropriate verb below. Then repeat the sentence after the speaker.*

MODELO You hear: Él y yo ________ colombianos.
You mark: ________ estamos ___x___ somos
You hear and repeat: **Él y yo somos colombianos.**

1. ______ estás
   ______ eres
2. ______ está
   ______ es
3. ______ está
   ______ es
4. ______ está
   ______ es
5. ______ están
   ______ son
6. ______ estoy
   ______ soy
7. ______ estamos
   ______ somos
8. ______ estás
   ______ eres

IV. The contractions *al* and *del*

A. *Look at the drawing. Circle* **V (verdadero)** *or* **F (falso)** *for each statement you hear, according to what you see in the drawing. Each statement will be repeated.*

1. V F
2. V F
3. V F
4. V F
5. V F
6. V F

B. *Esteban is giving directions to his friend Héctor. Help him by completing each of the following sentences, using the information in the drawing. Repeat the answer after the speaker.*

MODELO La agencia de viajes está a la izquierda ____________________.
La agencia de viajes está a la izquierda del Hotel Continental.

V. The personal *a*

Change each sentence using the cue given. Repeat the answer after the speaker.

MODELOS Juan mira el libro. (Teresa)
Juan mira a Teresa.

Ana llama a Silvia. (un taxi)
Ana llama un taxi.

1. Felipe busca el lápiz.
2. Laura mira el reloj.
3. La señorita Gómez mira un papel.
4. María visita a los señores Márquez.
5. La señora Márquez busca un bolígrafo.

MOSAICO CULTURAL

A. *Listen to the following conversation while you read along. The Smiths are looking for the Natural History Museum. Based on the conversation, be prepared to do comprehension exercise* ***B.***

SR. SMITH: ¡Dios mío!, el tráfico está horrible y el aire está contaminado.

SRA. SMITH: Es el precio del progreso. Pero los porteños son amables y la ciudad es bonita, ¿no?

SR. SMITH: Sí, pero es muy grande. Estoy perdido... ¿Cómo llegamos al museo?

SRA. SMITH: ¿Por qué no preguntamos?

SR. SMITH: Buena idea. (*Habla con un pasajero.*) Por favor... ¿dónde está el Museo de Historia Natural?

EL PASAJERO: Está lejos. Ustedes no son de aquí, ¿verdad?

SRA. SMITH: No, somos ingleses.

EL PASAJERO: ¡Ah!, son de Inglaterra. Pues... bienvenidos al París de Sudamérica. ¿Por qué desean visitar el museo?

SRA. SMITH: Para mirar las exposiciones sobre los animales típicos del país, sobre la cultura de los indios y sobre...

EL PASAJERO: Un momento, por favor. Me llamo Emilio Discotto y soy agente de viajes. Por casualidad estamos enfrente de la agencia *Viajes Discotto*. ¿Por qué no bajamos?

SR. SMITH: ¿Para visitar el museo?

EL PASAJERO: No. Pero es posible visitar una estancia moderna, visitar a los gauchos y...

SRA. SMITH: Gracias, señor. Otro día, quizás. Hoy deseamos visitar el famoso Museo de Historia Natural.

EL PASAJERO: Bueno, adiós... ¡Y buena suerte!

B. *Decide whether each statement you hear is probable or improbable and write* **P** *or* **I** *in the spaces below.*

1. I
2. I
3. P
4. P
5. P
6. P

PARA ESCUCHAR Y ESCRIBIR

A. *Listen to the following taped message, which contains Beatriz's description of herself for her friend Jenny. You will then hear some comments based on it. Circle* **V (verdadero)** *if what you hear is true or* **F (falso)** *if it is false. Each comment will be repeated.*

1. V (F)
2. V (F)
3. (V) F
4. (V) F
5. (V) F

B. *Now listen to the taped description of Jenny that she sent to her friend Beatriz. You will then hear some statements based on her description. Complete the sentences in the spaces provided. Each sentence will be repeated.*

1. Jenny está en programa estudios latinoamericanos.
2. En la casa de Jenny hablan francés porque los padres de ella son de francés.
3. La mamma es de París y es de Montreal.
4. Según Jenny, ella es una persona ecalita y un práctica.
5. Según la professor español, Jenny es una estudiante muy bueno ¡y muy trabajadora!

Nombre ________________________ Fecha________________ Clase __________

Capítulo tres

Estudios y profesiones

3

VOCABULARIO

Study the drawing below. You will hear some questions. Answer them according to what you see in the drawing. Each question will be repeated. Then repeat the answer after the speaker.

PRONUNCIACIÓN

Listen to the following words and repeat each one after the speaker.

antropología	historia
filosofía	medicina
ingeniería	ciencias sociales

Notice that all the vowels, even the unstressed ones, are clearly pronounced. English speakers tend to shorten unstressed vowels. For example, they say **American** *and* **history.** *Repeat the following words, taking care to avoid shortening any of the vowels.*

física	literatura	matemáticas
ciencias políticas	librería	psicología
historia	universitaria	comerciante

In Spanish, when the **d** *appears at the beginning of a word or after the letters* **l** *or* **n,** *it sounds much like the English* **d** *in the word* **dad.** *When the* **d** *is between two vowels, it is pronounced like the* **th** *in the English word* **although.** *Listen to the following words and repeat each one after the speaker.*

la doctora	Aldo	estupendo	la vendedora	el abogado
David	mundo	comprender	todavía	pasado

When the letter **r** *appears in the middle of a word, it is pronounced like the double* **t** *in* **bitter** *or* **butter.** *Listen and repeat each word after the speaker.*

para	programa	pero	historia	pared
cámara	librería	eres	aire	calendario

ESTRUCTURAS

I. Telling time

3

A. *Gonzalo wants to know when everyone is arriving in town for the class reunion. Tell him the times using the cues given. Then repeat the answer after the speaker.*

MODELO You see: Dora: 9:20 A.M.
You hear: ¿A qué hora llega Dora?
You say: **Dora llega a las nueve y veinte de la mañana.**
You hear and repeat: **Dora llega a las nueve y veinte de la mañana.**

1. Isabel: 11:15 A.M.
2. Héctor: 1:30 P.M.
3. Ana: 3:15 P.M.
4. Néstor 4:55 P.M.
5. Natalia: 9:25 P.M.

B. *You are waiting for your friend to pick you up at the airport. You phone and find your friend has not left his house. Tell him what time it is; then he will tell you what time he will arrive. Follow the model.*

MODELO You hear: ¿Qué hora es?
You see: 3:30
You say: **Son las tres y media.**
You hear: ¿Son las tres y media? Bueno, estoy allí a las cuatro.

1. 11:10
2. 5:00
3. 7:45
4. 4:25
5. 10:00
6. 3:15

II. The present tense of regular *-er* and *-ir* verbs

A. *Your friend Tomás is telling you about different people in your class that he admires. You say that you and he are also doing the same things they are, following the model. Repeat the answer after the speaker.*

MODELO Mario lee el Capítulo 3.
Tú y yo también leemos el Capítulo 3.

B. *You will hear a statement or a question. Choose the most likely response from the choices given below and read it aloud. Then repeat the correct answer after the speaker.*

MODELO You see: a. Sí, mis hermanos escriben mucho.
b. Debes recibir vinos argentinos.
You hear: Recibes muchas cartas.
You say: **Sí, mis hermanos escriben mucho.**
You hear and repeat: **Sí, mis hermanos escriben mucho.**

1. a. Creo que comes mucho.
   b. Comprendo. La situación es muy difícil.

2. a. No, la profesora vive en Monterrey.
   b. Sí, muy buena. Aprendo mucho allí.

3. a. ¿Comer en la cafetería? Sí, hoy nosotros comemos allí.
   b. ¿Comer? ¡Yo no como! Leo y escribo allí pero ¡no como!

4. a. Sí, porque es buena y vivimos muy cerca.
   b. Sí, debemos vivir en un apartamento.

5. a. Sí, Julio y yo vivimos aquí.
   b. ¿Cómo? ¿No vives con Gabriel y Alejandro?

6. a. Creo que lee en la biblioteca.
   b. Sí, pasa las vacaciones allí, ¿verdad?

III. Possessive adjectives

A. *Repeat the following sentences, substituting the noun you hear at the end of each sentence. Be sure that the possessive adjective agrees with the noun it modifies. Then repeat the correct answer after the speaker. First listen to the model.*

MODELO You hear: Vendemos nuestros libros. (cámara)
You say: **Vendemos nuestra cámara.**
You hear and repeat: **Vendemos nuestra cámara.**

B. *Translate the following expressions into Spanish. Then repeat the correct answer after the speaker.*

1. my watch
2. our parents
3. your family (*familiar*)
4. his problems
5. their school
6. our suitcase
7. your friends (*familiar*)
8. her brothers

IV. The present indicative of *tener*

A. *Answer each question you hear in the affirmative, using the cue below. Each question will be repeated. Then repeat the answer after the speaker.*

MODELO ¿Tiene usted tiempo de hablar con Luis? (quince minutos)
Sí, tengo quince minutos.

3

1. muchas ideas buenas
2. clases todos los días
3. muchos
4. tres
5. cien dólares

B. *You will hear a series of sentences. In each one the verb is omitted. Circle the letter of the appropriate form of* **tener** *in the list. Then repeat the completed sentence after the speaker.*

1. a. tiene
   b. tengo
2. a. tenemos
   b. tienen
3. a. tiene
   b. tienen
4. a. tiene
   b. tienen
5. a. tienes
   b. tiene
6. a. tienes
   b. tenemos

V. The verbs *hacer, poner, salir,* and *venir*

A. *Make a new sentence using the cue you hear as the subject. Then repeat the answer after the speaker.*

MODELO Juan hace un viaje a Puerto Rico. (tú)
Tú haces un viaje a Puerto Rico.

B. *Listen to each question and answer it according to the cue you hear. Then repeat the answer after the speaker.*

MODELO ¿Sale usted de viaje cada semana? (no)
No, no salgo de viaje cada semana.

Nombre ____________________ Fecha____________ Clase ________

MOSAICO CULTURAL

A. *Listen to the following letter as you read along. Based on it, be prepared to do comprehension Exercise **B**.*

Catalina, una estudiante de antropología, le escribe una carta a Raquel, una amiga de la universidad.

3

Querida Raquel:

Estoy en Ciudad de México para estudiar antropología. Aquí hay varios museos impresionantes y es posible aprender mucho sobre las civilizaciones indígenas del pasado. Las fotos que te envío aquí son: 1. de la famosa Piedra del Sol o calendario azteca, y 2. del Museo Nacional de Antropología, mi museo favorito. El Museo Nacional de Antropología es una maravilla. Muchos antropólogos y estudiantes de antropología vienen aquí sólo para visitar el museo. Siempre hay programas variados de conferencias y películas sobre la cultura y el arte indígenas. Es posible pasar todo el día en el museo porque hay una excelente librería y también una cafetería muy linda. La semana próxima espero visitar Teotihuacán, la antigua ciudad indígena donde está la famosa Pirámide del Sol. Prometo enviarte una postal después de mi visita.

Ahora deseo recibir noticias de los amigos y de tus clases. ¿Cómo están Susana, Guillermo, Carolyn y mi profesora favorita de español? México realmente es un lugar ideal para estudiantes de antropología como yo y estoy muy contenta de estar aquí. Espero carta tuya muy pronto.

Con cariño,

Catalina

B. *Each of the sentences that you hear contains a vocabulary item that did not occur in the letter. Without referring to the written letter, write the word that is out of place in the left column below, and the correct word in the right column. Each sentence will be read twice. First listen to the model.*

MODELO You hear: Catalina estudia filosofía en Ciudad de México.
You write: **filosofía** in the left column and **antropología** in the right.

	INCORRECTO	CORRECTO
1.	____________	____________
2.	____________	____________
3.	____________	____________
4.	____________	____________
5.	____________	____________
6.	____________	____________

PARA ESCUCHAR Y ESCRIBIR

A. *Listen to the following conversation (which will be read twice) between Teresa and the salesperson in a Mexico City bookstore. Then circle the appropriate endings to complete the sentences below.*

1. Teresa busca regalos para...
   sus hermanos / su amiga / sus amigos

2. Ella desea los precios en...
   dólares / pesos mexicanos / pesetas

3. Teresa decide comprar tres calendarios con fotos...
   de unas pirámides / del calendario azteca / de México

4. El precio total para ella es...
   75 dólares / 76,50 dólares / 175 dólares

B. Dictado. *Pablo López Molinas is talking about his experiences in a North American university. During each pause, write down what you have heard; some phrases are already written below. The entire passage will then be repeated so that you can check what you have written.*

Me ______________________ Pablo ______________________ Molinas.

______________________ un pueblo (*village*) ______________________

______________________ a unos ______________________ kilómetros

al sur ____ .

Mi pueblo ______________________ pero ______________________

______________________ estupenda. ______________________

Estados Unidos, en una ______________________________

que tiene ____ .

Tomo ______________________________ de ingeniería. Los

profesores ____ ,

pero los cursos ______________________ difíciles. Yo ______________

constantemente porque ______________________ buenas notas (*grades*) y

______________________ también ______________________ a mi país.

Capítulo cuatro

Las estaciones y el tiempo

4

VOCABULARIO

A. *Decide which season each of the statements you hear about weather refers to. Mark an* **x** *in the chart under the corresponding season. Each statement will be repeated.*

	primavera	verano	otoño	invierno
1.				
2.				
3.				
4.				
5.				

B. *Decide which place each of the statements you hear refers to. Mark an* **x** *in the chart under the corresponding place. Each statement will be repeated.*

	montañas	trópico	Polo Norte (*North Pole*)
1.			
2.			
3.			
4.			
5.			

PRONUNCIACIÓN

Listen and repeat the following words, concentrating on the vowel sounds and diphthongs.

invierno
buen tiempo
viento
veinte
julio

treinta
noviembre
diciembre
junio
septiembre

In Spanish, the letter **h** *is never pronounced. Listen and repeat these words.*

hace	hora	hijo
hay	hombre	hotel
hambre	ahora	¡Hola!

The letter **l** *is pronounced much like the* **l** *in the English word* **lemon.** *The tip of the tongue should touch the gum ridge behind the teeth. Listen and repeat these words.*

salgo	lago	calor	escuela
salir	playa	sol	abril
mal	lunes	él	nublado

4 ESTRUCTURAS

I. The irregular verb *ir;* adverbs with *-mente*

A. *Look at the drawings, which are lettered. For each sentence you hear, write the letter of the drawing that corresponds to it. Each sentence will be repeated.*

MODELO You hear: Los Jaramillo van de viaje; ahora pasan por el desierto.
You write: **d**

a.

b.

c.

d.

Nombre ______________________ Fecha ______________ Clase __________

e.

f.

4

1. __________
2. __________
3. __________
4. __________
5. __________

B. *Change each statement to the immediate future, using the construction* **ir a.** *Add the cue you hear. Then repeat the answer after the speaker.*

MODELO Trabajo mucho. (mañana)
Voy a trabajar mucho mañana.

C. *Respond to each question using the information you see and the appropriate form of* **ir** *or* **ir a** + *infinitive. Each question will be repeated. Then repeat the answer after the speaker.*

MODELO You hear: ¿Ustedes van a Santiago en junio?
You see: Valparaíso
You say: **No, vamos a Valparaíso.**
You hear and repeat: **No, vamos a Valparaíso.**

1. biología
2. Pilar
3. mucho calor
4. Viña del Mar
5. los martes
6. ocho días
7. muy pronto

D. *For each adjective you hear, form an adverb by adding the suffix* **-mente** *and write it below. Then repeat the correct adverb after the speaker. Each adjective will be read twice. First listen to the model.*

MODELO	You hear:	probable
	You write:	**probablemente**
	You hear and repeat:	**probablemente**

Now begin.

1. ______________________________ 4. ______________________________
2. ______________________________ 5. ______________________________
3. ______________________________

4

II. Dates

Your friend Susana is telling you about the terrific travel opportunities she has as a flight attendant with an international airline. Listen to what she says. Then, next to the city mentioned, write in English the date she will be there. Each sentence will be repeated.

1. París ______________________________
2. San Juan ______________________________
3. Roma ______________________________
4. Acapulco ______________________________
5. Madrid ______________________________
6. Santiago ______________________________
7. Hong Kong ______________________________
8. Buenos Aires ______________________________

III. Cardinal numbers 100 and above

A. *Rogelio is figuring out how much he spent on his skiing trip to Chile. For each item, write the number of dollars you hear. Each item will be repeated.*

maletas: ______________________________

el hotel: ______________________________

traje (*suit*) nuevo: ______________________________

regalo para Daniela: ______________________________

libros sobre Chile: ______________________________

comida: ______________________________

TOTAL: ______________________________

¡Caramba! ¡Es mucho!

4

B. *Listen to the following information about national parks of Chile as you read along. Notice the numbers. The date given is the date of founding* (**fundación**) *of each park. Vocabulario:* **hectárea** = *hectare;* **kilómetro** = *kilometer.*

PARQUES NACIONALES

Alberto de Agostini, 1965, 1.460.000 hectáreas, Región de Magallanes y Antártica Chilena, con las Islas de Tierra del Fuego y montañas de Darwin

Puyehue, 1941, 117.000 hectáreas, a 1.026 kilómetros de Santiago, con lagos, aguas termales y actividad volcánica

RapaNui, 1935, 6.800 hectáreas, Isla de Pascua, a 3.760 kilómetros de las costas de Chile

Vicente Pérez Rosales, Región de los Lagos, 1926, 226.305 hectáreas, con montañas, ríos (*rivers*) y volcanes

Torres del Paine, 1959, 181.414 hectáreas, Provincia Última Esperanza (*Last Hope*), con montañas espectaculares como el Paine Grande, a 3.050 metros, y el Paine Chico, a 2.160 metros

Write out the following numbers in Spanish.

1. the size in hectares of the biggest of these parks

____

2. the year when the oldest of these parks was founded

____

3. the distance of RapaNui from the Chilean coast

____

4. the distance of Puyehue from Santiago

____

5. the height of Mount Paine Grande

____

IV. Idiomatic expressions with *tener; hay que*

A. *Complete each sentence using an idiomatic expression from the list. Be sure to conjugate the verb. Then repeat the answer after the speaker.*

MODELO You hear: Ella necesita la chaqueta (*jacket*) porque…
You say: **Porque tiene frío.**

tener sed	tener calor
tener fiebre	tener frío
tener hambre	tener ganas de esquiar
tener dolor de cabeza	

4

B. *Maricruz is always complaining. How would you respond to her? For each of her statements, mark the most logical response with an* **x.** *Then repeat the answer after the speaker.*

1. __________ Hay que nadar.
   __________ Hay que comer.
   __________ Hay que escribir.
2. __________ Hay que tomar agua (*water*).
   __________ Hay que decidir.
   __________ Hay que hacer ejercicios.
3. __________ Hay que buscar una chaqueta.
   __________ Hay que abrir las ventanas.
   __________ Hay que ir a la playa.
4. __________ Hay que ir a una fiesta.
   __________ Hay que hablar con el profesor.
   __________ Hay que tomar aspirinas.
5. __________ Hay que preparar la comida.
   __________ Hay que tomar Alka-Seltzer.
   __________ Hay que escuchar la radio.
6. __________ Hay que ir al doctor.
   __________ Hay que ir a la playa.
   __________ Hay que ir al museo.

V. Affirmative and negative words

A. *Change each sentence to the negative. Then repeat the answer after the speaker.*

MODELO Gustavo siempre hace ejercicios.
Gustavo nunca hace ejercicios.

B. *Your new roommate asks you a lot of questions. Answer each question in the negative. Then repeat the answer after the speaker.*

MODELO ¿Tienes algún pariente aquí cerca?
No, no tengo ningún pariente aquí cerca.

MOSAICO CULTURAL

A. *Listen to the following poem as you read along. Be prepared to do Exercise* ***B,*** *which follows.*

Álbum de fotografías
Marjorie Agosín

Aquí están nuestros álbumes;
éstas son las fotografías
de los rostros;
acérquese, no tenga
miedo
¿es verdad que son muy jóvenes? es mi hija
mire ésta [es]
Andrea y ésta
es mi hija Paola;
somos las madres de los
desaparecidos.
Coleccionamos
sus rostros
en estas fotografías;
muchas veces hablamos con ellos,
y nos preguntamos
¿quién acariciará
el pelo de la Graciela?
¿qué habrán hecho con el cuerpecito
de Andrés?
Fíjese que tenían nombres,
les gustaba leer,
eran muy jóvenes;
ninguno de ellos alcanzó a celebrar
sus dieciocho años;
aquí están sus fotografías,
estos inmensos álbumes;
acérquese,

ayúdeme;
a lo mejor usted
lo ha visto
y cuando se vaya al extranjero
lleve una de estas fotografías.

B. *You will hear three statements based on the selection. If the statement is true, write* **V** *for* **verdadero.** *If it is false, write* **F** *for* **falso.** *Each statement will be repeated.*

1. ____________ 2. ____________ 3. ____________

4 PARA ESCUCHAR Y ESCRIBIR

A. *Listen to the weather report and be prepared to answer these questions.*

1. ¿Qué hora es?

____

2. ¿Dónde va a llover?

____

3. ¿Dónde va a hacer calor y sol?

____

B. *Listen to the following conversation among Jessica, a Canadian student in Santiago, Chile, and her friends Andrea and Jorge. Then do Exercise* **C,** *which follows.*

JESSICA: ¡Huy! Tengo mucho frío.

ANDREA: Hace frío porque es el primero de julio. ¿Qué tiempo hace ahora en Vancouver?

JESSICA: Hace calor. Los domingos todo el mundo va a la playa.

JORGE: En Chile vamos a la playa en diciembre, enero y febrero.

JESSICA: En esos (*those*) meses tenemos mucha nieve en el Canadá. ¿Y ahora esquían ustedes aquí?

ANDREA: Claro, porque es invierno, Jessica.

JESSICA: ¡Dios mío (*My goodness!*)! Aquí hacen todo al revés (*backwards*).

JORGE: Aquí somos normales; ustedes hacen todo al revés.

ANDREA: Creo que vamos a tener lluvia. ¿Por qué no vamos a tomar once?

JESSICA: ¿Once qué?

ANDREA: Ah, no me comprendes… Es una expresión chilena, Jessica. Tomar té (*tea*), pues. Vamos a la Alameda, una avenida que está en el centro.

Nombre ______________________ Fecha______________ Clase __________

C. *You will hear six statements based on the preceding conversation. Mark each item* **V (verdadero)** *or* **F (falso).** *Each statement will be repeated.*

1. ________
2. ________
3. ________
4. ________
5. ________
6. ________

4

Nombre ______________________ Fecha ______________ Clase __________

Capítulo cinco
La gran ciudad

VOCABULARIO

You will hear six short conversations. Describe where each takes place and write the name of the place next to the number of the conversation.

5

Otros lugares de la ciudad: el hospital (Capítulo preliminar); la farmacia, el hotel, la oficina, el restaurante, la universidad (Capítulo 1); la agencia de viajes, el museo, el teatro (Capítulo 2); la biblioteca, la librería, la escuela (Capítulo 3)

Vocabulario: **peso** *weight.*

Conversación 1: ______________________

Conversación 2: ______________________

Conversación 3: ______________________

Conversación 4: ______________________

Conversación 5: ______________________

Conversación 6: ______________________

PRONUNCIACIÓN

Listen and repeat the following words, concentrating on the vowel sounds and diphthongs.

la contaminación del aire
dominicano
el trabajo
la discriminación
el gimnasio
el edificio
la inflación
el desempleo

In Spanish, the letters **r** *(at the beginning of a word or after* **l** *or* **n***) and* **rr** *are "rolled." This sound is produced by "trilling" the tongue against the roof of the mouth. Listen and repeat these words.*

el barrio
el carro (*car*)
el puertorriqueño
el correo
Rita
raro
el reloj
la república
el ritmo

5

Now repeat the following tongue twister after the speaker. Practice this exercise and try to produce the trilled **r** *sound correctly.*

Erre con erre, cigarro;
R with r for cigar;

Erre con erre, barril.
R with r for barrel.

Rápido corren los carros
Rapidly run the cars

Sobre los rieles del ferrocarril.
Upon the rails of the railway.

ESTRUCTURAS

I. Demonstrative adjectives and pronouns

Listen to each sentence. Indicate whether the item mentioned is close **(cerca)**, *far* **(lejos)**, *or very far* **(muy lejos)** *from the speaker. Each sentence will be repeated.*

MODELO You hear: ¿De quién es ese lápiz?
You circle: a. Está cerca. (b.) Está lejos. c. Está muy lejos.

1. a. Está cerca. b. Está lejos. c. Está muy lejos.
2. a. Está cerca. b. Está lejos. c. Está muy lejos.
3. a. Está cerca. b. Está lejos. c. Está muy lejos.
4. a. Está cerca. b. Está lejos. c. Está muy lejos.
5. a. Está cerca. b. Está lejos. c. Está muy lejos.

Nombre ____________________ Fecha ____________ Clase ________

II. Stem-changing verbs: *e* to *ie*

A. *Listen to the conversation. Write the* **e** *to* **ie** *stem-changing verb forms that you hear.*

	Quieres	**querer**
1.	________________	________________
2.	________________	________________
3.	________________	________________
4.	________________	________________
5.	________________	________________

5

B. *Listen again to check your work. Then write the infinitives in the right column next to the corresponding forms heard in the conversation.*

C. *Margarita is living in New York. Ask her a question based on the words in your lab manual. Margarita will rephrase your question and give an answer. Listen to the model.*

MODELO You see: ¿qué pensar de esta ciudad?
You say: **¿Qué pienso de esta ciudad?**
You hear (but do not repeat): ¿Qué pienso de esta ciudad? Es grande; hay mucha gente y muchas oportunidades de trabajo.

1. ¿qué pensar de la vida urbana?
2. ¿venir mucho a este restaurante?
3. ¿nevar mucho aquí en Nueva York?
4. ¿cuándo empezar a hacer frío aquí?
5. ¿pensar mucho en Puerto Rico?

III. Direct object pronouns

A. *You will hear a sentence with a direct object; the sentence will be repeated. Mark an* **x** *under the object pronoun that corresponds to the direct object you hear. Then restate the sentence using the object pronoun. Repeat the answer after the speaker.*

MODELO You hear: Mira a la mujer policía.
You mark: an **x** under **la** because it is the object pronoun that would replace **la mujer policía.**
You say: **La mira.**
You hear and repeat: **La mira.**

	lo	la	los	las
Modelo		x		
1.				
2.				
3.				
4.				
5.				
6.				

B. *Listen to each statement, which will be repeated. Then circle the letter of the appropriate response.*

MODELO You hear: ¿Cuándo quiere usted visitarme?
You see: a. Lo quiero visitar mañana.
b. Te quiero visitar mañana.
c. La quiero visitar mañana.
You circle: **b**

1. MARÍA: a. ¿Qué? ¿La doctora?
b. ¿A quién? ¿A Jorge?
c. ¿A quién? ¿A Gloria?

2. PABLO: a. Sí, las voy a llamar mañana.
b. Va a llamarnos mañana.
c. Pienso llamarlos en febrero.

3. PADRE: a. Voy a entenderla esta tarde.
b. Quiero entenderlo, pero... ¡no lo comprendo!
c. Ahora empiezo a entenderlos.

4. CARLOS: a. ¿Qué? ¿Las sillas?
b. ¡Qué lástima! ¿No lo necesitas?
c. ¿Qué? ¿La maleta?

5. DRA. RAMOS: a. Te escucho pero no tienes razón.
   b. Yo la escucho muy bien.
   c. Lo escucho pero no estoy de acuerdo.

C. *A woman has just been robbed and a policeman is on the scene asking her questions. Answer each question for her using a direct object pronoun and the cue you hear.*

1. ¿Quiere usted llamar a su esposo?
2. ¿Necesita estos veinte centavos?
3. ¿Ve el teléfono allí?
4. ¿Me espera aquí un momento?

IV. The present tense of *saber* and *conocer*

A. *Decide whether you would use* **sé** *or* **conozco** *in each phrase you hear and circle the answer. Each phrase will be repeated. Then repeat the sentence after the speaker.*

MODELO You hear: a Agustín
You circle: **conozco** because the answer would be **Conozco a Agustín.**

1. sé conozco
2. sé conozco
3. sé conozco
4. sé conozco
5. sé conozco
6. sé conozco
7. sé conozco
8. sé conozco

B. *Listen to the conversation. Then answer the questions that follow. You will hear a possible answer after the pause.*

CRISTINA: Rosa, ¿*conoces* a mi primo Ramón?

ROSA: Sí, lo *conozco.*

CRISTINA: Va a perder el trabajo, pobrecito.

ROSA: ¡Qué mala suerte!

CRISTINA: Además (*Besides*), *sé* que no está muy contento aquí.

ROSA: Sí, lo *sé.* ¡Qué lástima!

CRISTINA: Pero no *conoce* bien la ciudad y no *sabe* buscar apartamento en otro barrio.

ROSA: Pues, si tú llevas a Ramón a buscar apartamento, yo voy a ayudarlo con el empleo. *Conozco* a un ingeniero y *sé* que ahora necesitan ayuda en la compañía de construcción donde trabaja.

5 MOSAICO CULTURAL

A. *Listen to the following poem as you read along and be prepared to do Exercise **B,** which follows.*

ay bendito
Tato Laviera

oh, oh, ¡ay virgen!
fíjese, oiga, fíjese.
ay, bendito.
pero, ¿qué se puede hacer?
nada, ¿verdad?
ave maría.
ah, sí, ah, sí, es así,
pues, oiga,
si es la verdad.
pero, ¿qué se puede hacer?
nada, ¿verdad?
fíjese, oiga, fíjese.
mire, mire.

oh, sí, ¡hombre!
oiga, así somos
tan buenos, ¿verdad?
bendito.
¡ay, madre!
¡ay, Dios mío!
¡ay, Dios santo!
¡me da una pena!
ay, si la vida es así, oiga.
pero, ¿qué se puede hacer?
nada, ¿verdad?
fíjese, oiga, fíjese
oiga, fíjese.

B. *Answer the questions about the poem. Circle the letter of the correct answer.*

1. This poem conveys a feeling of . . .

   a. fatalism. b. determinism. c. humor.

2. The poet feels . . .

   a. all powerful. b. humorous. c. helpless.

3. In this poem, the speaker is . . .

   a. complaining. b. praising God. c. praising mankind.

C. Listen to this example of salsa, by Juan Luis Guerra of the Dominican Republic. Then answer the question that follows.

Nombre ______________________ Fecha______________ Clase __________

Visa para un sueño* — *dream*

Eran* las cinco de la mañana;	*It was*
un seminarista,* un obrero*	*seminarian / worker (e.g., people of all different professions)*
con mil papeles de solvencia*	*economic means (refers to deeds, bank accounts, work papers, things to keep one in the country)*
que no les dan pa(ra) ser sinceros.*	*e.g., some papers are falsified*
Eran las siete de la mañana,	
y uno por uno al matadero;*	*slaughterhouse (they are in line, like cattle)*
pues cada cual tiene su precio,*	**cada**... *everyone has his price*
buscando* visa para un sueño.	*searching for*
El sol quemándoles la entraña,*	**quemándoles...** *burning their entrails*
un formulario de consuelo*	*consolation*
con una foto dos por cuatro*	**dos...** *2" x 4"*
que se derrite* en el silencio.	**se...** *melts (outside in the hot sun in line)*
Eran las nueve de la mañana,	
Santo Domingo, ocho de enero,	
con la paciencia que se acaba*	**se...** *runs out*
pues ya* no hay visa para un sueño.	*no longer*
Buscando visa para un sueño,	
buscando visa para un sueño.	
Buscando visa de cemento y cal,*	*lime*
y en el asfalto ¿quién me va a encontrar?*	**¿quién...?** *who is going to find me? (e.g., in the asphalt cities of the US)*
Buscando visa para un sueño,	
buscando visa para un sueño.	
Buscando visa, la razón de ser*	**razón...** *reason for being*
buscando visa para no volver.*	*return*
Buscando visa para un sueño,	
buscando visa para un sueño.	
Buscando visa, la necesidad,	
buscando visa, ¡qué rabia me da!*	**¡qué...!** *how angry it makes me!*
Buscando visa, golpe de poder,*	**golpe...** *rush of power*
buscando visa, ¿qué más puedo hacer?*	**¿qué...?** *what else can I do?*
Buscando visa, para naufragar	*to be shipwrecked*
buscando visa, carne de la mar	*meat (e.g., for sharks; some people give up on a visa and try to go in small boats to Puerto Rico)*
buscando visa, la razón de ser	
buscando visa, para no volver.	
Helicópteros.	*i.e., of the US Coast Guard*

Listen again. What emotions does this song express? Circle the answer.

1. compassion for people who feel forced by economic necessity to take great risks
2. sadness that people feel they cannot stay in their country
3. criticism of people who falsify their papers or of the system that allows it
4. all of the above

PARA ESCUCHAR Y ESCRIBIR

5

A. *Listen to the conversation and answer these questions.*

1. ¿Cuál es el problema de Berta?

____

____

2. ¿Qué necesita ella?

____

____

B. *Listen to the following conversation between two Puerto Rican friends in an employment office in New York City. Then do Exercise **C**, which follows.*

RAFAEL: ¡Carlos! ¿Qué haces aquí?

CARLOS: Hola, Rafa. Yo trabajo en esta oficina. ¿Y tú?

RAFAEL: Busco empleo. Pero este formulario (*form*) es difícil.

CARLOS: ¿No lo entiendes? Te ayudo. Primero tienes que escribir tu nombre y apellido.

RAFAEL: Bueno. Los escribo en esta línea (*line*). Escribo mi nombre completo... Rafael Álvarez Balboa.

CARLOS: ¡No, hombre! ¿No sabes que aquí prefieren los nombres fáciles? ¿Por qué no escribes simplemente Ralph Álvarez?

RAFAEL: Pero ése no es mi nombre. Todos me conocen como Rafael... Bueno, Ralph está bien... Sé que los americanos tienen todos los buenos empleos.

CARLOS: Pero ¡nosotros también somos americanos! Por lo menos no tenemos problemas legales como toda la gente que viene aquí por razones (*reasons*) políticas.

RAFAEL: Eso sí es verdad, y no tenemos problemas en regresar a la Isla.

CARLOS: Pero... ¿qué tipo de trabajo buscas, Rafa? Tú eres ingeniero, ¿no?

RAFAEL: Sí, busco un trabajo de ingeniero civil.

CARLOS: Un momento... Hay un puesto (*position*) en Brooklyn y otro en Manhattan. ¿Cuál prefieres?

RAFAEL: No lo sé. ¿Qué piensas?

CARLOS: ¿Por qué no llamas a los dos lugares? Aquí están las direcciones y los números de teléfono.

RAFAEL: Buena idea. Gracias, Carlos.
CARLOS: ¡Buena suerte!

C. *Decide whether each statement you hear is true or false and write* **V (verdadero)** *or* **F (falso).** *Each statement will be repeated.*

1. ________
5. ________
2. ________
6. ________
3. ________
7. ________
4. ________
8. ________

5

D. *Ramón, an immigrant from the Dominican Republic who lives in Chicago, is describing the advantages and disadvantages of life in Chicago versus life in the Dominican Republic. Listen to what he says. You may not understand every word. Just listen for the main ideas.*

E. *Listen again. Make a list in English of the advantages and disadvantages of living in Chicago and the Dominican Republic.* Vocabulario (cognados): **el crimen, las drogas.**

Advantages: Chicago

____
____
____
____
____

Disadvantages: Chicago

____
____
____
____
____

Advantages: Dominican Republic

____
____
____
____
____

Disadvantages: Dominican Republic

____
____
____
____
____

Nombre ______________________ Fecha______________ Clase __________

Capítulo seis
Diversiones y pasatiempos

6

VOCABULARIO

*Decide whether each of the activities you hear described would take place at home, in a theater, or at a movie theater, and mark the appropriate column with an **x**. Each statement will be repeated.*

	la casa	el teatro	el cine
1.			
2.			
3.			
4.			
5.			
6.			
7.			

PRONUNCIACIÓN

Listen to the following words and repeat each one after the speaker, concentrating on the vowel and diphthong sounds.

mientras	el béisbol	el consejo	el concierto
el vólibol	seguir	el almuerzo	el curso

The letter **j** *in Spanish is pronounced much like the English* **h** *in* **history.** *However, it is more exaggerated. Listen and repeat these words.*

José	Juan	Jorge	hija	viaje
bajar	trabajar	pasajero	lejos	ejercicios
mujer	jueves	junio	julio	joven

In Spanish, when the letter **g** *is before an* **e** *or an* **i,** *it is pronounced much like the Spanish letter* **j.** *Listen and repeat these sentences.*

El agente habla con un ingeniero argentino.

Este libro tiene muchas páginas sobre antropología.

Josefina estudia geología en Tejas.

Hay mucha gente en la agencia de viajes.

ESTRUCTURAS

I. Indirect object pronouns

A. *Listen to the conversation and underline the indirect object pronouns. Then answer the questions that follow.*

RAMÓN: Enrique, ¿me haces un favor? Quiero ir a un concierto de Carlos Vives, pero en este momento...

ENRIQUE: Ya sé, Ramón. Necesitas dinero, ¿verdad?

RAMÓN: Pues... la verdad, sí. ¿Me puedes prestar cinco mil pesos?

ENRIQUE: Te presto el dinero, pero con una condición. Ana y yo tenemos un problema con las computadoras. Ella tiene Macintosh y yo tengo IBM.

RAMÓN: Y siempre les digo (*tell*) la verdad: ustedes son incompatibles.

ENRIQUE: Gracias, Ramón, muy amable. Mira, amigo, te presto el dinero pero ¿nos escribes un programa para las computadoras?

RAMÓN: Sí, hombre, ¡cómo no! Este domingo... después del concierto.

6

Now answer each question in a complete sentence. Each question will be repeated. You will hear a possible answer after the pause.

B. *Listen to the following conversation between Rosita and her mother, Mrs. Pérez. Underline the indirect object pronouns.*

SRA. PÉREZ: Te quiero hablar, Rosita. ¿Me haces el favor de escribirles una carta a tus abuelos hoy? El jueves es el cumpleaños de tu abuela.

ROSITA: ¡Ay, mamá! Ahora no les quiero escribir. ¿Por qué no los llamamos por teléfono? Así tú también le deseas un feliz cumpleaños a tu mamá, ¿de acuerdo?

SRA. PÉREZ: No, Rosita, pero te prometo una cosa: si tú les escribes esa carta, yo te dejo (*let, allow*) ir al cine con Anita mañana.

ROSITA: ¿Vas a dejarme ir al cine con ella? ¡Qué bien! ¡Gracias, mamá! Bueno, ¿dónde hay un lápiz?

Now answer each question in a complete sentence. Each question will be repeated. You will hear a possible answer after the pause.

II. Stem-changing verbs: *e* to *i;* the verb *dar*

A. *Listen to the following conversations. Write the* **e** *to* **ie** *and* **e** *to* **i** *stem-changing verb forms that you hear. The first one is done as an example.*

Vocabulario: izquierda *left;* **arepas** *corncakes (Colombia and Venezuela)*

Conversación 1

1. **Sigo** ____________ ____________

2. ____________ ____________

3. ______________________ ______________________

4. ______________________ ______________________

Conversación 2

1. **prefieres** ______________________

2. ______________________ ______________________

3. ______________________ ______________________

4. ______________________ ______________________

B. *Listen again to check your work. Then write the infinitives next to the corresponding forms.*

6

C. *Listen to the following conversation.*

ELISA: ¡Ay, qué problemas tengo con Gustavo! Te pido ayuda, Pilar, porque tus consejos siempre me sirven.

PILAR: Gustavo te sigue por todas partes (*everywhere*), ¿verdad?

ELISA: No, pero todos los días me llama por teléfono para ver si estoy en casa. Piensa que salgo con otros hombres y que no lo quiero.

PILAR: ¡Caramba! Y tú, ¿qué le dices?

ELISA: Le digo que él es el hombre ideal para mí. Pero, ¿qué hago, Pilar?

PILAR: ¿Por qué no lo llamas tú todas las noches para ver si él va de paseo?

ELISA: No puedo. Si estoy en casa todas la noches, ¿cuándo voy a ver a Jaime o a Miguel?

Now decide whether each statement you hear is true or false and write **V (verdadero)** *or* **F (falso).** *Each statement will be repeated.*

1. __________ 4. __________

2. __________ 5. __________

3. __________

III. Stem-changing verbs: *o* to *ue*, *u* to *ue*

A. *Ask a question to which the sentence you hear is a possible response. Use* **tú** *rather than* **usted** *for* **you** *singular. Then repeat the answer after the speaker.*

MODELO Sí, vuelvo a la biblioteca mañana.
¿Vuelves a la biblioteca mañana?

B. *Listen to the following conversation. Circle the correct answer to each question you hear. Each question will be repeated.*

1. a. un vendedor y un señor
   b. un recepcionista de un hotel y un señor

2. a. dos
   b. tres

3. a. ¿Cuánto cuesta un cuarto en el hotel?
   b. ¿Cuándo sale el avión para San Antonio?

4. a. el martes
   b. el miércoles

5. a. llamar al aeropuerto
   b. completar un formulario

6

IV. Direct and indirect object pronouns in the same sentence

A. *Listen to the conversation between Arturo and Josefina. Underline the object pronouns.*

ARTURO: ¿Recuerdas la canción «Guantanamera»? Es parte de un poema del poeta cubano José Martí.

JOSEFINA: Los versos los recuerdo de memoria, pero no recuerdo la música. ¿Me la puedes tocar en la guitarra?

ARTURO: ¿La guitarra? La tiene Camilo. Se la doy los sábados porque toca en una orquesta.

B. *Answer each question in a complete sentence. Each question will be repeated. You will hear a possible answer after the pause.*

Nombre ______________________ Fecha______________ Clase ________

MOSAICO CULTURAL

A. *Listen to the following article as you read along. Be prepared to do Exercise* ***B,*** *which follows.*

Un día muy especial para los colombianos es el 21 de septiembre, el Día del Amor y la Amistad. Varios días antes de la fecha oficial, la gente empieza a celebrar con el juego del «amigo secreto». Los estudiantes de una clase o los trabajadores de una oficina escriben sus nombres en papelitos y los ponen en una bolsa. Todo el mundo escoge un nombre: el nombre del «amigo secreto». El 19 o el 20, el grupo sale a una taberna, pizzería o restaurante. Allí hablan, comen, bailan y dan regalos a los «amigos secretos».

B. *Complete the following statements based on the article you just heard. Listen to the phrases, which will be read twice, and then write the letter of the words that best complete the sentence.*

6

1. ________	a. una bolsa
2. ________	b. una taberna o restaurante
3. ________	c. «amigo secreto»
4. ________	d. regalos
5. ________	e. el 21 de septiembre
6. ________	f. un nombre

PARA ESCUCHAR Y ESCRIBIR

A. *Listen to the conversation and answer these questions.*

1. ¿Adónde va la señora?

____

2. ¿Cuánto cuesta un boleto de primera clase? ¿de segunda clase?

____

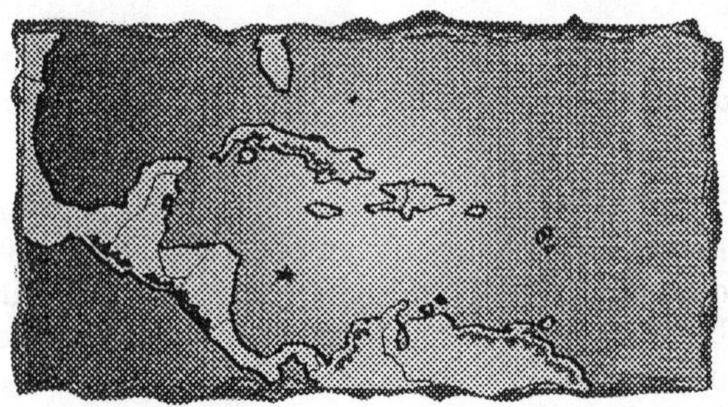

Todo el Caribe se concentra en San Andrés.

Al sur del Caribe emerge el puerto libre de San Andrés. El lugar donde se mezclan la paz y la brisa del mar para refrescar la mente y descansar el cuerpo. Un rincón secreto, legendario refugio de bucaneros, que aún sobrevive a costa del comercio mundial.

La esencia del Caribe reside en San Andrés. Junto a las palmeras, las playas naturales, el cristalino océano y el ritmo afro que sólo aquí encontró su libertad. Lejos de la congestión y del stress. Algo difícil de encontrar, incluso en otras islas del mismo Mar Caribe.

6

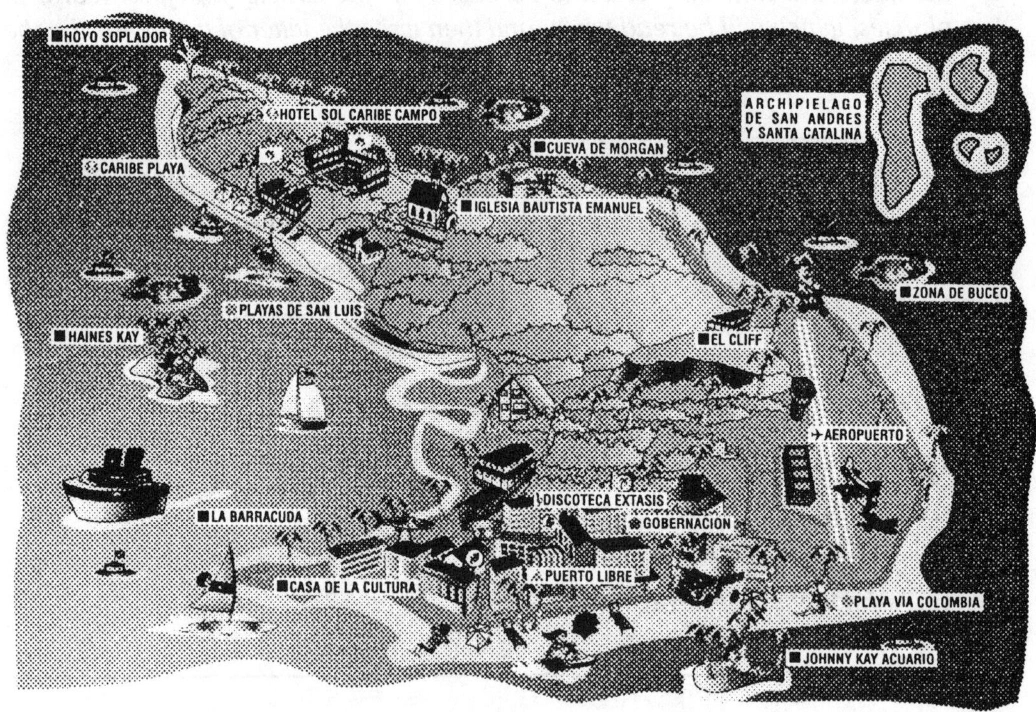

B. *Listen to the following conversation as you read along. Then do Exercise **C**, which follows:*

Vocabulario: **importadas** *imported;* **pagar impuestos** *pay taxes.*

LA AGENTE: Buenos días, señor. ¿En qué puedo servirle?

EL SEÑOR: Queremos ir a Isla San Andrés a pasar las vacaciones.

LA AGENTE: Oh, es un lugar muy bonito. ¿Cuándo quieren ir?

EL SEÑOR: En aproximadamente dos semanas.

LA AGENTE: ¿Cuántas personas son?

EL SEÑOR: Somos cuatro: yo, mi esposa y dos niños. ¿Me puede decir cuánto cuesta el viaje en avión?

LA AGENTE: De aquí, un boleto de ida y vuelta cuesta... unos treinta mil pesos.

EL SEÑOR: A ver... Está bien. ¿Me puede hacer las reservaciones?

LA AGENTE: Sí, con mucho gusto. ¿Cuándo quieren salir?

EL SEÑOR: Mmm... El 14 o el 15, si es posible, por una semana.

LA AGENTE: ¿Necesitan hotel? Conozco un hotel muy bueno allí. Se llama El Mediterráneo, y los precios son razonables.

EL SEÑOR: ¿Está en el centro?

LA AGENTE: Sí. La isla es muy pequeña.

EL SEÑOR: ¿Qué diversiones tiene?

LA AGENTE: Tiene muchas playas bonitas y muchos restaurantes buenos. Pueden nadar, tomar sol, jugar al tenis... También es un buen lugar para hacer compras, porque las tiendas tienen muchas cosas importadas. Y si usted compra algo allí, no tiene que pagar impuestos.

C. *You will hear six statements based on the conversation. Circle* **V (verdadero)** *if the statement is true or* **F (falso)** *if it is false. Each statement will be repeated.*

1. V F
2. V F
3. V F
4. V F
5. V F
6. V F

D. *Julia is trying to decide whether to go out with Pablo or Felipe. They each have qualities she likes and dislikes. Listen to what she says. You may not understand every word; just try to get the main ideas.*

Listen again. List the positive qualities of Pablo and Felipe that Julia mentioned. (You don't have to remember every detail—just the main ideas.)

Pablo	**Felipe**
______________	______________
______________	______________
______________	______________
______________	______________
______________	______________

Nombre ______________________ Fecha ______________ Clase ________

Capítulo siete
La moda; la rutina diaria

VOCABULARIO

A. *Circle the letter of the most logical word or phrase to complete each statement. Each statement will be repeated.*

1. a. el abrigo.
   b. el vestido.
2. a. el paraguas.
   b. la falda.
3. a. acostarme.
   b. mudarme.
4. a. cenar.
   b. almorzar.
5. a. pongo el suéter.
   b. quito el suéter.
6. a. queda en casa hoy.
   b. divierte mucho.

7

B. *Antonio is describing his daily routine. If what he says is logical, write* **Sí** *in the blank. If it is not logical, write* **No.** *Each statement will be repeated.*

1. ________ 4. ________ 7. ________

2. ________ 5. ________ 8. ________

3. ________ 6. ________ 9. ________

PRONUNCIACIÓN

Listen to the following words and repeat each one after the speaker, concentrating on the vowels and diphthongs.

el impermeable	el paraguas	amarillo	verde
marrón	grupo	diario	el suéter
divertirse			

The **ñ** *in Spanish is pronounced much like the* **ny** *in the English word* **canyon.** *Listen and repeat these words.*

señor	soñar	año	niño
mañana	montaña	cumpleaños	enseñar
español	otoño		

In Spanish, the letter **x** *has several different sounds. Before a consonant, it is often pronounced like the English* **s.** *Listen and repeat these words.*

texto	externo	expresión
exposición	Taxco	extra

When the **x** *is between two vowels, it is pronounced like* **ks** *in English. Listen and repeat these words.*

exacto	existencia	examen

In the past, the letter **x** *had the same sound as the Spanish* **j.** *In most cases the spelling has been changed, but a few words may be spelled with either an* **x** *or a* **j.** *Listen and repeat these words.*

México	Xavier	Ximénez	Texas

ESTRUCTURAS

I. The reflexive

7

A. *Complete each statement, which you will hear twice, by reading aloud the more appropriate verb phrase from the choices given. Then repeat the entire sentence after the speaker.*

MODELO	You hear:	Cuando tengo sueño…
	You see:	a. me visto b. me acuesto
	You say:	**me acuesto**
	You hear and repeat:	**Cuando tengo sueño, me acuesto.**

1. a. mudarme
   b. lavarme

2. a. quedarse
   b. divertirse

3. a. me voy a quedar
   b. me voy a vestir

4. a. me acostumbro
   b. me despierto

5. a. ponértelo
   b. quitártelo

Nombre ______________________ Fecha ______________ Clase ________

B. *Look at the drawings. Then answer each question you hear. The question will be repeated. You will hear a possible answer after the pause.*

7

C. *Listen to the following conversation.*

FERNANDO: ¡Hola, Natalia! ¿Qué tal?

NATALIA: Bien, Fernando. ¿Cómo estás?

FERNANDO: Bien, gracias. Escribo una obra nueva. Se llama *Luis y Luisa.*

NATALIA: ¿Sí? ¿Y qué pasa en la obra?

FERNANDO: A ver… Te lo digo en pocas palabras. Luis y Luisa se conocen en un baile. Se ven todos los días y por fin se dicen que se quieren. Pero el padre de Luisa dice que ella no puede ver más a Luis. Por eso, Luis se va… se muda a otra ciudad… y Luisa…

NATALIA: Oh, algo como *Romeo y Julieta,* ¿no?

FERNANDO: *¿Romeo y Julieta?* Sí, pero esta obra es una comedia. Luis y Luisa se casan y viajan por todo el mundo.

Now decide whether each statement you hear is true or false and write **V (verdadero)** *or* **F (falso).**

1. ______________ 3. ______________ 5. ____________

2. ______________ 4. ______________

II. The preterit of regular and stem-changing verbs

A. *Decide whether the verb in each sentence you hear is in the present or the preterit tense. Then mark the appropriate column with an* **x.** *Each sentence will be repeated.*

	Present	Preterit		Present	Preterit
1.	______	______	5.	______	______
2.	______	______	6.	______	______
3.	______	______	7.	______	______
4.	______	______	8.	______	______

7

B. *When two couples meet at a party, they find they had many of the same experiences during the* ***Feria de Abril*** *in Sevilla. Describe the trip, following the model. Then repeat each statement after the speaker.*

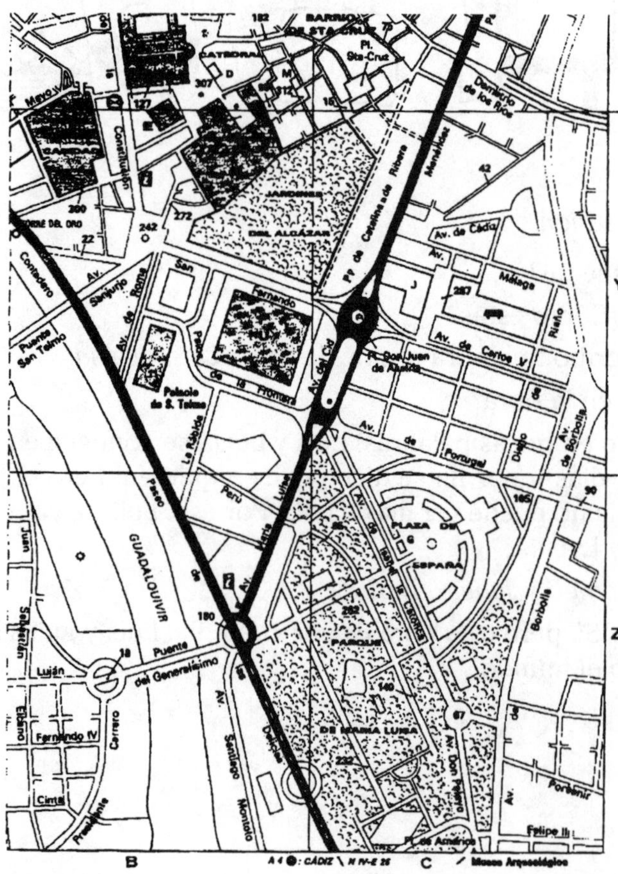

Sevilla

Vocabulario: corrida de toros *bullfight,* **sevillanas** *typical dance of Sevilla*

MODELO ¿Ustedes almorzaron en «El giraldillo»?
¡Nosotros también almorzamos en «El giraldillo»!

C. *Answer each question in the negative, indicating that you performed the action yesterday. Use direct and indirect object pronouns when possible. Then repeat the answer after the speaker.*

MODELO ¿Les escribes a tus padres hoy?
No, les escribí ayer.

III. Comparisons; the superlative

A. *Mario is comparing himself to his older brother Rodolfo. Tell what he says, using a comparison of equality and the cues given. Then repeat the answer after the speaker.*

MODELO You see: ser / fuerte
You say: **No soy tan fuerte como Rodolfo.**

1. correr / rápidamente
2. seguir / cursos
3. nadar / bien
4. tener / amigas
5. ser / alto
6. practicar / deportes

B. *You and your friends are talking about school and the people you know. Respond to each of your friends' statements, using the superlative. Then repeat the answer after the speaker.*

MODELO La clase de matemáticas es difícil, ¿no?
Sí, es dificilísima.

C. *Look at the chart comparing Madrid and Barcelona. Decide whether each statement you hear is true or false and circle* **V (verdadero)** *or* **F (falso).** *Each statement will be repeated.*

	Madrid	**Barcelona**
Número de habitantes	3.000.000	1.600.000
Área (km²)	7.995	7.733
Playas	0	2
Periódicos (*newspapers*) importantes	8	5
Periódicos en catalán	0	2
Bibliotecas importantes	5	3

1. V F
2. V F
3. V F
4. V F
5. V F
6. V F

D. *Listen to the conversation once all the way through. Then listen again and complete the sentences with the Spanish words you hear.*

ADELA: Eduardo, soy (1.) ______________________ violinista de la orquesta, ¿verdad?

EDUARDO: Claro, Adela, la (2.) ______________________ .

ADELA: ¿Y soy (3.) ______________________________________ que conoces?

EDUARDO: (4.) ______________________ .

ADELA: ¿Y la más sensible y (5.) ______________________________ ?

EDUARDO: ¡Cómo no!

ADELA: Oh, Eduardo. ¡Sólo tú puedes decir cosas (6.) ______________________ ______________________ !

MOSAICO CULTURAL

7

A. *Listen to the following passage as you read along. Be prepared to do Exercise* **B,** *which follows.*

La ciudad de Barcelona, el puerto principal de España y un importante centro económico y comercial, es la capital de Cataluña. Esta metrópoli, con más de dos mil años de historia, manifiesta influencias de los griegos, romanos, visigodos, moros y francos, entre otros.

Si usted va a Barcelona, puede dar un paseo por Las Ramblas, la famosa avenida donde hay librerías y kioskos, restaurantes y cafés, tiendas elegantes y boutiques exclusivas. También puede escuchar catalán, la lengua de Cataluña, en la calle, en la radio o en la televisión, y puede ver letreros en catalán. En esta ciudad de gran tolerancia hay un sincero amor a la libertad y a la independencia. Cuando murió el dictador Francisco Franco en 1975, hubo una gran celebración en Barcelona; dicen que ¡no quedó una sola botella de champán en toda la ciudad!

B. *You will hear five statements based on the selection. If the statement is true, circle* **V (verdadero).** *If it is false, circle* **F (falso).**

1. V F
2. V F
3. V F
4. V F
5. V F

Nombre ______________________ Fecha________________ Clase __________

PARA ESCUCHAR Y ESCRIBIR

A. *Listen to the following conversation and answer these questions.*

1. ¿Qué busca la señora?

____

2. ¿Qué talla usa?

____

B. *Listen to the following conversation, which takes place in a café in Barcelona. Then do Exercise **C**, which follows.*

SR. BLANCO: Buenas tardes. ¿Ya pedisteis?

SR. MORENO: Sí, pedimos jerez (*sherry*) para todos.

SR. BLANCO: ¿De veras? ¿No recordasteis que mi señora no toma bebidas (*drinks*) tan fuertes (*strong*) como el jerez? ¿Verdad, María?

7

SRA. BLANCO: Pues, yo... solamente...

SR. BLANCO: ¡Camarero! Un vino blanco para la señora, por favor.

CAMARERO: Se lo sirvo inmediatamente, señor.

SR. MORENO: Bueno, ¿y qué hay de nuevo?

SR. BLANCO: Anoche asistimos a un partido (*game*) de jai alai.

SRA. BLANCO: Participaron los equipos (*teams*) más populares de España.

SR. BLANCO: Perdí ochenta pesetas, pero me divertí.

SRA. MORENO: ¿Y tú, María? ¿Te divertiste también?

SRA. BLANCO: Pues yo... verdaderamente...

SR. BLANCO: ¡Claro que se divirtió!

SRA. MORENO: Francamente, yo prefiero la corrida de toros (*bullfight*). Es más emocionante (*exciting*) que el jai alai o el fútbol.

SR. MORENO: Y menos violento.

SR. BLANCO: ¡Pero no hablas en serio! (*But you're not serious!*) Hay mucha violencia en las corridas de toros.

SR. MORENO: No tanta... y casi nunca muere el torero (*bullfighter*); sólo muere el toro.

SRA. MORENO: Y después les dan la carne (*meat*) a los pobres. Pero, ¿por qué no escuchamos la voz (*voice*) de la futura generación? ¿Qué piensas, Adriana, de la corrida de toros?

SR. BLANCO: Es un espectáculo violentísimo, ¿verdad?

ADRIANA: No, papá. Realmente creo que es un drama simbólico, lindísimo.

SR. MORENO: Ah, los jóvenes de hoy, ¡son tan inteligentes!

SR. BLANCO: ¡Bah! ¡Un grupo de rebeldes (*rebels*) y desconformes (*nonconformists*)!

C. *Decide if each statement you hear is* **probable** *or* **improbable** *and write* **P** *or* **I.**

1. ________
2. ________
3. ________
4. ________
5. ________

D. *Adolfo, a student, is living in Spain and talks about his life there. Listen to what he says. You may not understand every word; just try to get the main ideas.*

E. *Listen to Adolfo again and complete the following sentences.*

1. Adolfo estudia ______________________________.
2. Este semestre tiene ______________________________ clases.
3. Se levanta a ______________________________ para estar en la universidad a las nueve.
4. Entre las clases, Adolfo ______________________________ o ______________________________.
5. A las diez de la noche, Adolfo ______________________________ con ______________________________.
6. En general, Adolfo no se queda en casa porque ______________________________ ______________________________.
7. En año que viene Adolfo va a ______________________________.
8. Allí vive su familia y allí ______________________________ ______________________________.

7

Capítulo ocho
Comidas y bebidas

VOCABULARIO

a. 

c. 

b. 

f. 

c. 

g. 

d. 

h. 

A. *Look at the drawings, which are lettered from* **a** *to* **h.** *For each sentence you hear, write the letter of the corresponding drawing of a food or beverage. Each sentence will be repeated.*

1. ________ 5. ________
2. ________ 6. ________
3. ________ 7. ________
4. ________ 8. ________

B. *Decide whether each statement you hear is logical or not. Write* **Sí** *if it is logical and* **No** *if it is not. Each statement will be repeated.*

1. ________ 4. ________
2. ________ 5. ________
3. ________ 6. ________

PRONUNCIACIÓN

Listen to the following words and repeat each one after the speaker, concentrating on the vowel and diphthong sounds.

cocinar	el azúcar	la cuenta
desayunar	los frijoles	el cuchillo
oír	el maíz	la cuchara
traer	la paella	el tenedor

In Spanish, when the letter **g** *comes before* **a, o,** *or* **u,** *it is pronounced like the letter* **g** *in the English word* **gate.** *Listen and repeat these words.*

el gazpacho	el abrigo	preguntar
la lechuga	agosto	ninguno
llegar	el jugo	gustar

In the combinations **gue** *and* **gui,** *the* **u** *is not pronounced and the* **g** *has the same sound as the English* **g.** *In the combinations* **gua** *and* **guo,** *the* **u** *is pronounced like the* **w** *in English. Listen and repeat these words.*

Miguel	alguien	el agua	el guante
la hamburguesa	la guitarra	Guatemala	antiguo

8

ESTRUCTURAS

I. The present tense of *encantar, faltar, gustar, importar, interesar;* the verbs *oír* and *traer*

A. *Make a new sentence using the cue you hear. Then repeat the answer after the speaker.*

MODELO Me gustan las frutas. (piña)
Me gusta la piña.

B. *Make a new sentence using the cue you hear. Then repeat the answer after the speaker.*

MODELO A mí no me importa el dinero. (a nosotros)
A nosotros no nos importa el dinero.

LA FONDA RESTAURANT

El único Restaurante en Oakland que le ofrece la auténtica comida mexicana.

LUNCH Small Combination de Lunes a Viernes
TACOS AL PASTOR Y DE PESCADO

ESPECIALES DE LUNES A VIERNES TODOS LOS DÍAS DEL #8 AL #24 EN EL MENÚ DE 3:00pm a 6:00pm 50% DE DESCUENTO

ESPECIALIDAD DE LA CASA

SOPA 7 MARES, PESCADO A LA VERACRUZANA

Además Exquisitos Platillos como:
• Carnitas • Chile Verde • Birria de Chivo
• Chiles Rellenos • Tacos • Campechanas

(510)261-3325 **MARISCOS**

de Lunes a Jueves
10:00am a 9:00pm
Viernes a Domingo
de 10:00am a 11:00pm

• **Camarones a la Plancha**
• **Camarones a la Diabla**
• **Camarones al Mojo de Ajo**
• **Camarones Rancheros**

1457 FRUITVALE AVE. OAKLAND

C. *You are in **La fonda** Mexican restaurant. When the waiter asks you a question, answer it in the affirmative. The questions will be repeated. After you answer, you'll hear a possible response and then the conversation will continue.*

MODELO Buenas tardes, señores. ¿Les falta un menú?
Sí, nos falta un menú.

II. The preterit of irregular verbs

A. *You have just met someone who is a fast talker. Each time she uses a verb in the preterit, decide if she is referring to herself (check the **yo** column) or someone else (check the **él, ella, usted** column). You will hear only short verb phrases, but you will hear each one twice.*

MODELO You hear: no quiso ir
You check: **the *él, ella, usted* column**

	yo	**él, ella, usted**
1.	________	________
2.	________	________
3.	________	________
4.	________	________
5.	________	________
6.	________	________
7.	________	________
8.	________	________

B. *To describe a trip to San Francisco during the* **Cinco de mayo** *celebration, restate each sentence in the preterit tense. Then repeat the answer after the speaker.*

8

MODELO Voy a San Francisco en mayo.
Fui a San Francisco en mayo.

III. Prepositions; *por* vs. *para*

A. *Listen to the following sentences and circle the letter of the word or words that best complete each one. Then repeat the answer after the speaker. Each sentence will be repeated.*

1. a. para buscar unos libros.
   b. para vender unos libros.
2. a. sin dejarme.
   b. sin hablarme.
3. a. antes de bailar.
   b. antes de salir.
4. a. contigo.
   b. conmigo.
5. a. después de acostarse.
   b. después de levantarse.

B. *Describe a trip to Santa Barbara. You will hear a sentence, which will be repeated, plus a cue. Make a new sentence using* **por** *or* **para.** *Follow the model and repeat the answer after the speaker.*

MODELO Vamos a Santa Bárbara. (una semana)
Vamos a Santa Bárbara por una semana.

1. la tarde
2. autobús
3. Luisa
4. IBM
5. teléfono
6. el miércoles
7. ir a la playa
8. la calle principal

C. *Listen to the following public service announcements, which appeared on Spanish-language radio stations. Then listen again and complete them with the prepositions you hear.*

8

1. __________ mantener un nivel (*level*) adecuado __________ grasa __________ su dieta, consuma menos carnes, ya sean (*whether they are*) rojas, __________ aves (*poultry*) o mariscos. Los expertos __________ nutrición recomiendan comer únicamente __________ cinco __________ siete onzas __________ carne al día. Al cocinar carnes rojas, quíteles la gordura (*take off the fat*). Si cocina aves, quíteles la piel (*skin*), pues ésta es rica __________ grasa. __________ una dieta más saludable (*healthful*), coma menos carne y más frutas y vegetales. Mensaje __________ la Universidad __________ California.

2. Abril es el mes nacional __________ combatir el cáncer. Aunque los latinos comemos verduras y frutas, no lo hacemos en cantidades suficientes. Aquí hay algunas recomendaciones del programa « __________ acción __________ el cáncer» __________ la Universidad __________ California, __________ San Francisco:

—Coma alimentos (*foods*) _______ fibra, tales como frijoles, chícharos (*garbanzo beans*), lentejas (*lentils*) y maíz. Coma tortillas _______ maíz en vez (*instead*) de pan blanco, pan dulce o tortillas __________ harina (*flour*). Coma muchas frutas __________ día; sírvalas como postre o __________ comidas.

—Coma vegetales y frutas que tengan vitamina A, C y E. Coma verduras _______ color amarillo y verde oscuro, como calabazas (*squash*), zanahorias (*carrots*), tomate, brócoli y espinaca. Agregue (*Add*) vegetales __________ las sopas, guisos (*stews*) y ensaladas.

—El repollo (*cabbages*), coliflores, chiles verdes, papas, apios (*celery*) y nopales son buenos __________ el aparato digestivo. Los limones, naranjas, toronjas (*grapefruit*), fresas (*strawberries*), mangos, melónes, papayas y piñas son ricos vitaminas A y C y __________ otros compuestos (*compounds*) que ayudan proteger los tejidos (*tissues*).

MOSAICO CULTURAL

A. *Listen to the following poems as you read along. Then do Exercise **B**, which follows.*

En el Taco Bell

Jesús Solis

Waiting in line at the Taco Bell,
Looking at the "menu":
Soft Tacos, Tostadas, Beef Meximelt…
La recuerdo a mi mamá
Sus manos oscuras
haciendo tortillas
acariciando la masa—
preparándoles la cena
a todos sus hijos.
Huevos, frijoles, arroz
hechos con cariño,
hechos con el amor de los siglos.
Hey! Ya ready to order? says the Chinese girl at the counter.

kitchen talk

Evangelina Vigil

speaking of the many
tragedies that come in
life most times unexpectedly
I uttered with resolution
"nunca sabe uno lo que le va
traer la vida de un momento
al otro."
sintiendo en un instante
todo lo que ha sentido en su vida
responde mi abuela
"no, pues no,"
thought perfectly balanced
with routine rinsing of coffee cups and spoons
"¡qué barbaridad!
¡pues si supiera uno,
pues qué bárbaro!"

8

B. *Some of the following sentences accurately reflect the content of the poems you have just heard, but a few do not. Listen to the sentences, then circle* **V (verdadero)** *for sentences that are true and* **F (falso)** *for those that are false. Each sentence will be repeated.*

1. V F
2. V F
3. V F
4. V F
5. V F
6. V F
7. V F

PARA ESCUCHAR Y ESCRIBIR

A. *Listen to the following three short conversations which involve ordering food. As you listen check below the food items you hear mentioned in the conversations.*

______ 1. un sandwich de queso
______ 2. un flan
______ 3. papas fritas
______ 4. mole poblano
______ 5. una ensalada de frutas
______ 6. un taco de pollo
______ 7. tortillas
______ 8. salmón de Alaska
______ 9. arroz con pollo
______ 10. un burrito

8

B. *Listen to the conversation among Claudio, Luisa, and the waiter. You may not understand every word. Just listen for the main ideas.*

C. *Listen to the conversation again. Write what Luisa and Claudio ordered in the appropriate columns.*

	LUISA	**CLAUDIO**
Appetizer	______	______
Salad	______	______
Main course	______	______
Beverage	______	______
Dessert	______	______

Nombre ______________________ Fecha ______________ Clase __________

Capítulo nueve
Novios y amigos

VOCABULARIO

Look at the drawing. For each question you hear, circle the letter of the best response. Each question will be repeated.

1. a. Ellos se dicen «adiós» o «hasta mañana».
   b. Ellos se abrazan y se besan.

2. a. Ellos se dicen «adiós» o «hasta mañana».
   b. Ellos se abrazan y se besan.

3. a. Se llaman Sandra y Lola.
   b. Se llaman Gonzalo y Antonio.

4. a. Habla por teléfono con César.
   b. Se viste para salir con unos amigos.

9

5. a. Sí, no hay duda de que ellas se llevan muy bien.
   b. No, la mamá de Paco no parece muy feliz.

6. a. Sí, probablemente hizo algo malo.
   b. Sí, creo que está enamorada de él.

7. a. Sí, probablemente hizo algo malo.
   b. Sí, creo que tiene una cita con Claudia.

8. a. Se baña y piensa en su novia.
   b. Lee poemas de amor.

PRONUNCIACIÓN

Listen to the following words and repeat each one after the speaker, concentrating on the vowel and diphthong sounds.

misterioso	la joya	el público	varios
cristiano	la iglesia	el rey	¡Salud!
el anillo	organizar	pasear	

In Spanish, the letter **q** *is always followed by a silent* **u.** *It appears in the combinations* **que** *and* **qui** *and is pronounced like the English* **k.** *Listen and repeat these words.*

9

Quito	quinientos	quedarse
queso	querer	química
quiso	Enrique	

The sounds **kwa, kwe, kwi, kwo,** *or* **koo** *are always spelled with a* **cu** *in Spanish, never with a* **qu.** *Listen and repeat these words.*

¿cuánto?	cuesta	la cuota (*fee*)
cuarto	la escuela	cubano
¿cuál?	cuidado	culpa

ESTRUCTURAS

I. The imperfect of regular and irregular verbs (*ir, ser, ver*)

A. *Change the following sentences using the cue you hear as the subject. Then repeat the sentence after the speaker.*

MODELO Yo siempre trabajo por la mañana. (nosotros)
Nosotros siempre trabajábamos por la mañana.

B. *Listen to the following statements about the present and then tell how things were in the past. Write the correct form of the verb in the imperfect in the blank. Then repeat the answer after the speaker. Each statement will be repeated.*

MODELO	You hear:	Ricardo no hace su trabajo ahora.
	You see:	Pero lo ______________ antes.
	You write:	**hacía**
	You hear and repeat:	**Pero lo hacía antes.**

1. Pero no ______________ tanto antes.
2. Pero nos ______________ menos antes.
3. Pero ______________ mucho antes.
4. Pero nos ______________ antes.
5. Pero nos ______________ mucho antes.
6. Pero ______________ bien antes.

II. The imperfect vs. the preterit

A. *Some people are talking about a party they attended after a wedding. Listen to what they say and mark an* **x** *under* **pretérito** *or* **imperfecto,** *according to the verb tense you hear. Each sentence will be repeated.*

MODELO You hear: El sábado los García fueron a una fiesta.
You mark: an **x** under **pretérito.**

	PRETÉRITO	IMPERFECTO
1.	______________	______________
2.	______________	______________
3.	______________	______________
4.	______________	______________
5.	______________	______________
6.	______________	______________

B. *Respond to each statement you hear with a question asking for how long the event, action, or situation took place. Use the preterit tense. Then repeat the question after the speaker. Each statement will be repeated. You will hear the question answered afterward, but do not repeat the answer.*

MODELO	You hear:	Santiago Ramírez cantaba en ese restaurante.
	You say:	**¿Cuánto tiempo cantó allí?**
	You hear and repeat:	**¿Cuánto tiempo cantó allí?**
	You hear (but do not repeat):	Cantó allí unos nueve meses.

III. *hacer* with expressions of time

A. *Respond to each statement you hear indicating that the activity or situation has been going on for the period of time indicated; omit subject nouns or pronouns. Then repeat the answer after the speaker. Each statement will be repeated.*

MODELO	You hear:	Carmen y Juan salen juntos.
	You see:	tres meses
	You say:	**Hace tres meses que salen juntos.**

1. una semana
2. cuatro horas
3. años
4. mucho tiempo
5. muchos años
6. ocho años

9

B. *Respond in the negative to each statement or question you hear, stating that the action occurred one hour (day, month, etc.) longer ago than the time mentioned. Then repeat the answer after the speaker. Each statement or question will be repeated.*

MODELO Usted fue a Guatemala hace diez días, ¿no?
No, fui a Guatemala hace once días.

IV. The relative pronouns *que* and *quien*

A. *Circle the letter of the clause that best completes the sentence.*

MODELO	You hear:	No me gustan las personas...
	You see:	a. que me dan muchos problemas.
		b. a quien escribo
	You circle:	**a**
	You hear and repeat:	**No me gustan las personas que me dan muchos problemas.**

1. a. que quiero comprarte.
   b. que se levanta.

2. a. con quienes comen.
   b. que trabaja en un restaurante francés.

3. a. con que trabaja tu amiga.
   b. de quien siempre te hablo.

4. a. que tiene siete hijos.
   b. a quienes les di lecciones de inglés.

5. a. a quien le encanta la música clásica.
   b. con quienes hablamos mucho.

6. a. a quien Javier le trajo chocolates.
   b. de que se quejan.

B. *Marcela is showing her American friend Joanne around Antigua. Listen to what she says as you read along. Combine the two sentences into one using* **que** *or* **quien.** *Add the prepositions* **con, de, en,** *or* **para** *when necessary. Then repeat the answer after the speaker.*

MODELO You hear and read: Ése es el barrio. Vivo en ese barrio.
You say: **Ése es el barrio en que vivo.**

1. Ése es el hombre. Trabajo para él.
2. Ésa es la tienda. Tienen ropa de moda allí.
3. Allí está la catedral. Tiene un estilo muy colonial.
4. Ése es el museo. ¿Hablas de ese museo?
5. Ésos son los amigos. Vamos a cenar con ellos.

MOSAICO CULTURAL

A. *Listen to the following miniplay while you read along. Then do Exercise* **B,** *which follows.*

No hay que complicar le felicidad
Ramón Civedé

(Un parque. Sentados en un banco de piedra, bajo los árboles, ÉL y ELLA se besan.)

ÉL —Te amo.
ELLA —Te amo.
(Vuelven a besarse.)
ÉL —Te amo.
ELLA —Te amo.
(Vuelven a besarse.)
ÉL —Te amo.
ELLA —Te amo.
(ÉL se pone violentamente de pie.)

ÉL —¡Basta! ¡Siempre lo mismo! ¿Por qué, cuando te digo que te amo, no contestas, por ejemplo, que amas a otro?

ELLA —¿A qué otro?

ÉL —A nadie. Pero lo dices para que yo tenga celos. Los celos alimentan el amor. Nuestra felicidad es demasiado simple. Hay que complicarla un poco. ¿Comprendes?

ELLA —No quería confesártelo porque pensé que sufrirías. Pero lo has adivinado.

ÉL —¿Qué es lo que adiviné?

(ELLA se levanta, se aleja unos pasos.)

ELLA —Que amo a otro.

(ÉL la sigue.)

ÉL —Lo dices para complacerme. Porque yo te lo pedí.

ELLA —No. Amo a otro.

ÉL —¿A qué otro?

ELLA —A otro.

(Un silencio.)

ÉL —Entonces, ¿es verdad?

ELLA *(Vuelve a sentarse. Dulcemente.)* Sí. Es verdad.

(ÉL se pasea. Aparenta un gran furor.)

ÉL —Siento celos. No finjo. Siento celos. Estoy muerto de celos. Quisiera matar a ese otro.

ELLA —*(Dulcemente.)* Está allí.

ÉL —¿Dónde?

ELLA —Allí, entre los árboles.

ÉL —Iré en su busca.

ELLA —Cuidado. Tiene un revólver.

ÉL —Soy valiente.

(ÉL sale. Al quedarse sola, ELLA ríe. Se escucha el disparo de un arma de fuego. ELLA deja de reír.)

ELLA —Juan.

(Silencio. ELLA se pone de pie.)

ELLA —Juan.

(Silencio. ELLA corre hacia los árboles.)

ELLA —Juan.

(Silencio. ELLA desaparece entre los árboles.)

ELLA —Juan.

(Silencio. La escena permanece vacía. Se oye, lejos, grito desgarrado de ELLA.)

ELLA —¡Juan!

(Después de unos instantes, desciende silenciosamente el telón.)

B. *You will hear a series of erroneous statements about the miniplay; each will be read twice. Correct them; omit subject nouns and pronouns. Then repeat the correct answer after the speaker. First listen to the model.*

9

Nombre ______________________________ Fecha________________ Clase __________

MODELO You hear: Cuando empieza la obra, ÉL y ELLA están en un árbol.
You say: **No, cuando empieza la obra, están en un parque.**
You hear and repeat: **No, cuando empieza la obra, están en un parque.**

PARA ESCUCHAR Y ESCRIBIR

A. *First listen to the following taped message from Jenny García to Eddie Faith, an American student who is spending the summer with some friends in Guatemala. Then respond to the comments which will follow by circling* **V (verdadero)** *if what you hear is true or* **F (falso)** *if it is false. Each comment will be read twice.*

1. V F
2. V F
3. V F
4. V F
5. V F
6. V F
7. V F
8. V F

B. *Look at the drawing, which shows Catalina's graduation party. Listen to the following questions and circle the appropriate response. Then repeat the answer after the speaker. Each question will be repeated.*

MODELO You hear: ¿Qué dice Juan allí?
You see: a. ¡Felicitaciones! b. Con permiso.
You circle: **b**
You hear and repeat: **Con permiso.**

1. a. Buenas tardes.
   b. ¡Dios mío!

2. a. Perdón.
   b. ¡Felicitaciones!

3. a. ¡Buen provecho!
   b. ¡Salud!

4. a. De nada, David.
   b. ¡Bienvenido, David!

5. a. Con permiso.
   b. ¡Caramba!

6. a. Mucho gusto.
   b. Muchas gracias.

Nombre ______________________ Fecha ______________ Clase __________

Capítulo diez
Viajes y paseos

VOCABULARIO

The following people are all involved in travel-related activities. Write the number of each statement you hear under the drawing that corresponds to it. Each statement will be repeated.

a. ______________

b. ______________

c. ______________

d. ______________

e. ______________

f. ______________

g. ______________

h. ______________

10

PRONUNCIACIÓN

Listen to the following words and repeat each one after the speaker, concentrating on the vowel and diphthong sounds.

la aduana	la cuadra	el sitio	en seguida
la bienvenida	vuelta	antiguo	la suerte
el cheque	la ruina	uruguayo	la esquina

In Spanish, when two identical vowels are next to each other, the two words are linked, or run together. Listen and repeat these words.

la‿abogada	mi‿hijo	ese‿equipaje
la‿arquitectura	mi‿idea	ese‿estado
la‿aduana	mi‿impresión	este‿edificio

Similarly, when two identical consonants are next to each other, they are usually pronounced as one. Listen and repeat these words.

el‿lago	las‿sandalias	pocas‿semanas
el‿libro	los‿señores	esas‿sillas
el‿lugar	los‿sábados	esos‿sombreros

ESTRUCTURAS

I. Formal *usted* and *ustedes* commands

A. *Felipe is visiting Acapulco on a tour and asks the tour guide several questions. Answer each question affirmatively using an* ***usted*** *command, as the tour guide would. Then repeat the answer you hear. The questions will be read twice. First listen to the model.*

MODELO ¿Debo escribir mi nombre aquí?
Sí, escriba su nombre allí.

B. *It's Friday night and Paco and Tito are trying to decide what to do. Respond to what they say with an* ***ustedes*** *command. Then repeat the answer after the speaker.*

MODELO Tenemos ganas de cenar en un restaurante italiano.
Pues..., cenen en un restaurante italiano.

C. *You are in a travel agency in Boston and have to interpret the travel agent's suggestions for a Spanish-speaking couple. Listen to each suggestion and then circle the appropriate Spanish command, which translates the English verb in her statement. The agent's suggestions will be given only once.*

Nombre ______________________ Fecha__________________ Clase ___________

1. a. compra
   b. compre
2. a. saca
   b. saque
3. a. no olvide
   b. no olvida
4. a. va
   b. vaya
5. a. dan un paseo
   b. den un paseo
6. a. ven
   b. vean

II. *tú* commands

A. *Elba's parents are going away for the weekend. Before they leave, they remind her of the things she should or should not do while they are gone. Form affirmative or negative* ***tú*** *commands from the cues you hear, as they would. Then repeat the answer after the speaker.*

MODELOS comer bien
Come bien.

no volver a casa tarde
No vuelvas a casa tarde.

B. *Cecilia is taking a trip to Mexico City. Give her some advice, using affirmative or negative* ***tú*** *commands and the cues you hear. Then repeat the answer after the speaker.*

MODELO visitar la Torre Latinoamericana
Visita la Torre Latinoamericana.

10

III. Position of object pronouns with commands

A. *Repeat each command you hear, replacing the object nouns with object pronouns. Then repeat the answer after the speaker.*

MODELO Tráeme el mapa mañana.
Tráemelo mañana.

B. *Change each command to the negative, using object pronouns when possible. Then repeat the answer after the speaker.*

MODELOS Siéntate allí.
No te sientes allí.

Cómprele el boleto a Raúl.
No se lo compre.

MOSAICO CULTURAL

A. *Listen to the following conversation as you read along. Be prepared to do Exercise* ***B,*** *which follows.*

En una oficina del Zócalo, México, D.F. Dos agentes de la Compañía Turismo Mundial le dan la bienvenida a Amalia Muñoz, una agente uruguaya en viaje de negocios.

HÉCTOR: ¡Bienvenida, señorita Muñoz! ¿Qué tal el viaje?

AMALIA: Bastante bueno, gracias. Pero ¡no me llame «señorita»! Llámeme Amalia, por favor. ¿Y usted es...?

HÉCTOR: ¡Oh, perdóneme! Yo soy Héctor Peralta, y éste es Alonso Rodríguez. Él está a cargo de las excursiones al Caribe...

AMALIA: ¡Alonso! ¡Pero ya nos conocemos! Fue en Montevideo que nos conocimos. ¿Recuerdas?

ALONSO: ¡Claro! Me llevaste a pasear por la playa.

AMALIA: No sabía que ahora vivías en México.

ALONSO: Vine aquí hace dos años.

HÉCTOR: Cuéntenos algo de usted, Amalia. ¿Es éste su primer viaje a México?

AMALIA: Sí. Vine por invitación de la Compañía Mexicana de Aviación. ¡Y vean mi suerte! La invitación incluye pasaje de ida y vuelta y seis días en el mejor hotel de esta ciudad, que me parece maravillosa y fascinante.

HÉCTOR: La ciudad está construida sobre las ruinas de la antigua capital azteca...

ALONSO: ...que estaba en medio de un lago, algo así como una antigua Venecia mexicana, ¿no?

HÉCTOR: Exacto. Dicen que los aztecas tenían su gran templo aquí cerca, en el sitio donde ahora está la catedral.

AMALIA: ¿Realmente? ¡Qué interesante!... ¿Y qué les parece si ahora me llevan a conocer el centro? ¡Recuerden que sólo tengo seis días!

ALONSO: Tus deseos son órdenes, Amalia. Vengan. Síganme. Los invito a tomar una copa en el bar de la Torre Latinoamericana.

B. *Listen to the following statements. If the statement applies to Amalia, check the space under her name; if it applies to Alonso, check the space under his name. If it applies to both Amalia and Alonso, check the spaces under both names. Each statement will be repeated.*

	AMALIA	ALONSO
1.	______	______
2.	______	______
3.	______	______
4.	______	______
5.	______	______
6.	______	______

Nombre ______________________ Fecha ______________ Clase __________

PARA ESCUCHAR Y ESCRIBIR

A. *Listen to the radio commercial Mr. and Mrs. Díaz heard at their hotel in Mérida. Be prepared to do comprehension Exercise **B**, which follows.*

B. *Now listen to the following statements based on the commercial. Each statement will be read twice. If the statement is true, circle* **V (verdadero).** *If it is false, circle* **F (falso).**

1. V F
2. V F
3. V F
4. V F
5. V F
6. V F

C. *Dictado. Listen to the following dialogue between a traveler and an airline agent. Then the lines of the agent will be read a second time with pauses. Write them in the spaces provided. Finally, the agent's lines will be read again without pauses so that you can check what you wrote.*

AGENTE: ____

____

____

AGENTE: ____

____

____

AGENTE: ____

____

____

Nombre ______________________ Fecha______________ Clase __________

Capítulo once
Las noticias

VOCABULARIO

It's your job to choose pictures to illustrate the news stories you hear. Listen to the following news items and write the number of the item under the corresponding picture. Each news item will be read twice.

a. ______________

b. ______________

c. ______________

d. ______________

e. ______________

f. ______________

11

PRONUNCIACIÓN

There are three simple rules for word stress in Spanish. Words ending in a vowel, **n,** *or* **s** *are pronounced with the emphasis on the next-to-the-last syllable. Words ending in a consonant other than* **n** *or* **s** *have the emphasis on the final syllable. Listen to the following words and underline the accented syllable. Then repeat the word after the speaker. Each word will be repeated.*

a-ta-can	au-men-to	a-ma-ble
no-ti-cia	pro-tes-tar	ca-nal
u-ni-ver-si-dad	cu-bres	bos-ques
es-pe-cial	me-jor	sa-lud

Words whose pronunciation does not follow these patterns have written accents. The emphasis falls on the syllable with the accent. Listen to the following words and add an accent mark where necessary. Then repeat the word after the speaker.

ridiculo	incendios	esquio
hablo	facil	prendelo
aqui	premio	conservar
describo	interes	periodico

ESTRUCTURAS

I. The impersonal *se* and the passive *se*

A. *You have just returned from the San Blas Islands, an archipelago of 365 islands off the coast of Panama. Answer each question about your trip in the affirmative. Then repeat the answer after the speaker.*

Vocabulario: agua de coco *coconut milk;* **mola** *colorful appliqué work*

MODELO ¿Vio ropa indígena muy bonita?
Sí, allí se ve ropa indígena muy bonita.

B. *Some people are reading the signs posted at the entrance of a park. Listen to what they say and write the number of the statement next to the appropriate sign. Each statement will be repeated.*

_______ a. No music after 10:00
_______ b. Park closes at 8:00
_______ c. No cars or bikes
_______ d. Tickets sold here
_______ e. Park opens at 9:00
_______ f. No alcoholic beverages
_______ g. No swimming

11

II. The past participle used as an adjective

A. *Complete each sentence, which you will hear twice, by reading aloud the most appropriate ending from the choices given. Then repeat the entire sentence after the speaker.*

MODELO
You hear: Los problemas están...
You see: vueltos / abiertos / resueltos
You say: **resueltos**
You hear and repeat: **Los problemas están resueltos.**

1. escritos / vividos / apagados
2. escritas / cerradas / acostadas
3. vista / atacada / prendida
4. conocido / nacido / pintado
5. vuelta / hecha / hablada
6. cerrada / puesta / declarada

B. *Listen to the following phrases describing people and things seen on a recent trip. Complete each phrase, which you will hear twice, by supplying the appropriate form of the past participle of the verb given. Then repeat the entire phrase after the speaker.*

MODELO You hear: Un niño mal…
You see: vestir
You say: **vestido**
You hear and repeat: **Un niño mal vestido.**

1. romper
2. comprar
3. dormir
4. sentar
5. hacer
6. construir
7. cubrir

III. The present and past perfect tenses

A. *You will hear a question or statement twice. Respond by completing the following sentences with the appropriate present-perfect form of the verb. Then repeat the answer after the speaker.*

MODELO You hear: ¿Cuándo piensas leer el periódico?
You see: (yo) Ya lo ______________.
You say: **Ya lo he leído.**
You hear and repeat: **Ya lo he leído.**

1. Ya le ______________________________.
2. ¡No recuerdas dónde ____________________ las maletas! ¿Qué vamos a hacer?
3. Pero tú y yo ya la ______________________________.
4. (yo) Ya se la ______________________________ el otro día.
5. Creo que ya ______________________________.

B. *Answer Eduardo's questions in the negative, substituting object pronouns when possible. Then repeat the answer after the speaker. Each question will be repeated.*

MODELO ¿Has oído el noticiero?
No, no lo he oído todavía.

11

C. *Laura went to Panama City on Saturday. Look at her agenda for the day.*

Agenda
Sábado, 3 de marzo
8:00 llegar al aeropuerto
9:00 ver Panamá Viejo
12:00 almorzar en el Hotel Dos Mares con Elisa
1:00 dormir la siesta
3:00 ir de compras en la Avenida España
6:00 tomar una copa con Arturo
7:00 cenar en el restaurante Lesseps con Arturo
10:00 ir a bailar en el club Las molas con Arturo

You will hear six statements about her day. Circle **V (verdadero)** *if the statement is true or* **F (falso)** *if it is false.*

MODELO A las 7:00 Laura había llegado al aeropuerto. V (F)

1. V F
2. V F
3. V F
4. V F
5. V F
6. V F

MOSAICO CULTURAL

A. *Listen to the following selection as you read along. Be prepared to do Exercise* ***B,*** *which follows.*

La destrucción de los bosques tropicales es un problema muy grave que ha aparecido mucho en las noticias recientemente. Dicen los expertos que sólo queda el 15 por ciento de los bosques tropicales de África, el 30 por ciento de los bosques tropicales de Asia y el 50 por ciento de los bosques tropicales de Latinoamérica. Pero el pequeño país de Costa Rica está tratando de resolver el problema.

Para 1987 el gobierno de Costa Rica había creado el Sistema Nacional de Áreas de Conservación con nueve «megaparques». Había creado un plan de reforestación y había empezado a entrenar a especialistas para identificar y estudiar las plantas y los animales de la región. Comenzaron a investigar de qué formas el país podía usar esos animales y plantas.

Con la gran variedad de flora y fauna de la región, los megaparques de Costa Rica ahora son muy populares para la práctica del «ecoturismo». Miles de turistas llegan cada año a ver playas magníficas, volcanes cubiertos de nieve, plantas extraordinarias y animales exóticos.

B. *Each of the following statements adapted from the selection contains a vocabulary item that did not occur there. Without referring to the written selection, write the word that is out of place in the column on the left, and the correct word in the column on the right. Each statement will be read twice.*

MODELO You hear: La destrucción de los parques tropicales es un problema muy grave.
You write: **parques** in the left column and **bosques** in the right.

	INCORRECTO	CORRECTO
1.	______________________	______________________
2.	______________________	______________________
3.	______________________	______________________
4.	______________________	______________________
5.	______________________	______________________
6.	______________________	______________________

PARA ESCUCHAR Y ESCRIBIR

A. *Listen to the following news report. Be prepared to do Exercise* ***B,*** *which follows.*

B. *The following incomplete statements are based on the report you have just heard. Choose the words that best complete each statement and write the number of the statement in the appropriate space.*

11

_______ a. desnutridos _______ c. cinco años

_______ b. hambre _______ d. salud

C. **Dictado.** *Now a second report will be read with pauses. Write the missing words in the spaces provided. The entire report will be read again so that you can check what you have written.*

Miles de salvadoreños ______________________ una fecha muy importante:

el 15 de septiembre, cuando ______________________ su independencia.

Aquí en San Salvador las ______________________ comenzaron desde

temprano. Un gran desfile ______________________,

donde hubo diversos ______________________.

Nombre ______________________ Fecha ______________ Clase ____________

Capítulo doce
Fiestas y aniversarios

VOCABULARIO

*What **fiesta** is being celebrated in each of the following drawings? Write the number of each statement you hear under the drawing that corresponds to it. Each statement will be repeated.*

a. ______________

b. ______________

c. ______________

d. ______________

e. ______________

f. ______________

12

PRONUNCIACIÓN

In Spanish, there are two weak vowels, **i** *and* **u,** *and three strong vowels,* **a, e,** *and* **o.** *Two strong vowels together constitute two syllables. A combination of two weak vowels or of a weak and a strong vowel is a diphthong—a multiple vowel sound pronounced in the same syllable. An accent mark on the weak vowel breaks the diphthong into two syllables.*

Listen to these words. In the first and third there are two separate vowels in a row. In the second and fourth there are diphthongs.

María gracias realista puerta

Now you will hear a series of words that include a sequence of two vowels in a row. Listen to the vowel combination in each word and decide whether it is a diphthong or not. Write the word in the appropriate column. Then repeat it after the speaker.

Diphthongs	**Separate Vowels**
________________	________________
________________	________________
________________	________________
________________	________________
________________	________________
________________	________________

ESTRUCTURAS

I. The present subjunctive of regular verbs

A. *Make a new sentence using the cue you see as the subject of the dependent clause. Then repeat the answer after the speaker. Each sentence will be repeated.*

MODELO You hear: La profesora quiere que visites ese museo.
You see: nosotros
You say: **La profesora quiere que visitemos ese museo.**
You hear and repeat: **La profesora quiere que visitemos ese museo.**

1. usted
2. tú
3. nosotros
4. ustedes
5. sus estudiantes
6. yo

12

B. *Berta's mother is very strict. For each statement you hear, respond as Berta's mother would using the cue you see and the subjunctive. Then repeat the answer after the speaker. Each statement will be repeated.*

MODELOS a. You hear: Berta dice que tiene sueño. No quiere levantarse.
You see: Quiero que...
You say: **Quiero que se levante.**
You hear and repeat: **Quiero que se levante.**

b. You hear: Berta tiene ganas de comer chocolates.
You see: Prohíbo que...
You say: **Prohíbo que coma chocolates.**
You hear and repeat: **Prohíbo que coma chocolates.**

1. Quiero que...
2. Prohíbo que...
3. Mando que...
4. No permito que...
5. Prohíbo que...
6. No quiero que...

II. The present subjunctive of irregular, stem-changing, and spelling-changing verbs

A. *Change each sentence, which you will hear twice, to a corresponding sentence in the subjunctive, using* ***Quiero que*** *instead of* ***Dice que.*** *Then repeat the answer after the speaker.*

MODELO Dice que el pavo está delicioso.
Quiero que esté delicioso.

B. *When your friend Vicente wishes you well, you make a similar statement including him. Use the* ***nosotros*** *form of the verb with* ***los dos (both of us)*** *as the subject of the clause. Then repeat the answer after the speaker.*

MODELO Quiero que seas muy feliz.
Quiero que los dos seamos muy felices.

C. *You will hear a clause, which will be repeated. If the verb is in the subjunctive, make a sentence beginning with* ***Quieren.*** *If it is in the indicative, use* ***Saben.*** *Then repeat the answer after the speaker.*

MODELO You hear: ...que ella lo encuentre
You say: **Quieren que ella lo encuentre.**
You hear and repeat: **Quieren que ella lo encuentre.**

III. Additional command forms

12

A. *You will hear a statement, which will be repeated, indicating it is time to do something. Respond with the corresponding* ***nosotros*** *command and* ***ya (Let's do it now).*** *Then repeat the answer after the speaker.*

MODELO Son las dos. Debemos hacerlo.
Hagámoslo ya.

B. *Your friend Beatriz will suggest certain activities for both of you. Each of her suggestions will be repeated. If the activity is at all entertaining or pleasant, respond in the affirmative with a* ***nosotros*** *command. Otherwise give a negative* ***nosotros*** *command and suggest that your brother Luis do it. Use object pronouns when possible. Then repeat the answer after the speaker.*

MODELO a. ¿Escuchamos el concierto?
Sí, escuchémoslo.

b. Estamos sin dinero. Debemos ir al banco.
No vayamos al banco. Que vaya Luis.

MOSAICO CULTURAL

A. *Listen to the following selection as you read along. Be prepared to do Exercise **B**, which follows.*

A los mexicanos les gustan mucho las fiestas y participan activamente en ellas. Algunas fiestas son religiosas y otras son políticas. Hay días de fiesta nacionales, regionales y también locales. El calendario mexicano tiene muchas fiestas y casi cualquier cosa es un buen pretexto para reunirse y celebrar la ocasión. Según el poeta mexicano Octavio Paz, quien recibió el Premio Nóbel de Literatura en 1990, México ha conservado el arte de la fiesta con sus colores, danzas, ceremonias, trajes y fuegos artificiales.

Entre las fechas y fiestas nacionales más conocidas están: el 21 de marzo, cumpleaños de Benito Juárez, un presidente mexicano popular del siglo diecinueve; el primero de mayo, Día de los Trabajadores, y el 5 de mayo, celebración de la derrota de los invasores franceses por las tropas mexicanas en 1862.

Una de las fiestas religiosas mexicanas más importantes es la celebración de «las Posadas». Esta fiesta tiene lugar durante las nueve noches anteriores a Navidad. Muchas familias se reúnen para celebrar las Posadas, dramatización simbólica del viaje de San José y la Virgen María a Belén en busca de una «posada» o lugar donde pasar la noche. Generalmente los niños hacen los papeles de San José y de la Virgen María, y también hacen de posaderos o dueños de la posada.

B. *Each of the following statements adapted from the selection contains a vocabulary item that did not occur in the passage. Without referring to the written passage, write the words that are out of place in the column on the left, and the correct words in the column on the right. Each statement will be read twice. First listen to the model.*

MODELO You hear: Los mexicanos participan muy poco en las fiestas.
You write: **muy poco** in the left column and **activamente** in the right.

	INCORRECTO	CORRECTO
1.	____________________	____________________
2.	____________________	____________________
3.	____________________	____________________
4.	____________________	____________________
5.	____________________	____________________

12

Nombre ______________________ Fecha______________ Clase __________

PARA ESCUCHAR Y ESCRIBIR

A. *Listen to the following soundtrack of a videocassette that Concepción's friends made at her fifteenth birthday party to send to her cousin Antonio. Be prepared to do Exercise* ***B,*** *which follows.*

B. *Now listen to the following statements based on the videocassette. If the statement is true, write* **V (verdadero)** *in the space provided. If it is false, write* **F (falso).**

1. __________
2. __________
3. __________
4. __________
5. __________
6. __________
7. __________

C. Dictado. *Señora Kingsley is talking about her friends who have birthdays on or around the same day. Listen to what she says and write the missing words. Each sentence or phrase will be repeated. The entire passage will then be repeated so that you can check your work.*

¿Celebras tu cumpleaños el mismo día que uno de tus amigos? Hace varios

años yo conocí ______________________________ que tenían

______________________ el mismo ______________________ de julio,

unos pocos días ______________________________

cumpleaños. Ellos ______________________________. Y mi esposo nació

______________________________ yo, ¡también

______________________________! Ahora tengo un amigo

______________________________ el 17 de julio, ¡el mismo día de mi

cumpleaños! Es Eduardo, ______________________________

amiga Teresa. Algún día probablemente ______________________ vamos a

______________________________,

¡con ______________________________ doble!

12

Nombre ______________________ Fecha ______________ Clase __________

Capítulo trece

La salud y el cuerpo

VOCABULARIO

Your friend Eduardo is describing his symptoms to you. Look at the pictures, listen to the statements, and circle the letter of the most logical recommendation for his ailments. Each statement will be read twice.

1. 

   a. Vete al doctor.
   b. No estudies.

2. 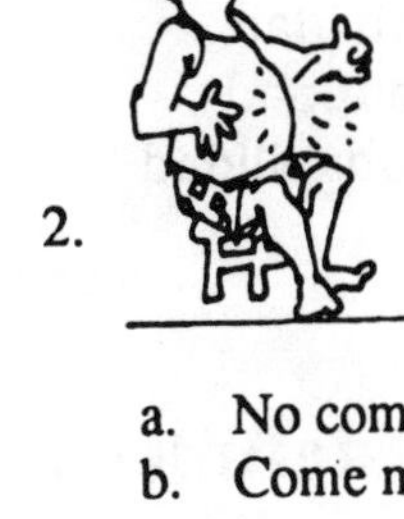

   a. No comas tanto.
   b. Come más.

3. 

   a. Quédate en la cama y toma jugo de naranja.
   b. Ponte un suéter y haz ejercicios.

4. 

   a. Toma estas cervezas.
   b. Toma dos aspirinas y acuéstate.

5. 

   a. Corre dos millas.
   b. Acuéstate.

6. 

   a. Debes jugar al tenis hoy.
   b. No debes trabajar hoy.

13

PRONUNCIACIÓN

Cognates are words that are similar in spelling and meaning in two languages. Listen and repeat these words.

chocolate	final	capital	profesor
doctor	horrible	oficial	vitamina
aspirina	curar	temperatura	humano

The endings **-ción** *and* **-sión** *in Spanish correspond to the English endings* **-tion** *or* **-sion.** *Listen and repeat these words*

constitución	nación	televisión
separación	posesión	conversación
revolución	organización	impresión

The Spanish ending **-dad** *corresponds to the English* **-ty.** *Listen and repeat these words.*

universidad	actividad	realidad
oportunidad	identidad	libertad
responsabilidad	probabilidad	electricidad

ESTRUCTURAS

I. Other uses of the definite article

A. *Change each sentence using the cue given, then repeat the answer after the speaker.*

MODELO Me duele la cabeza. (estómago)
Me duele el estómago.

B. *Respond to each statement, which you will hear twice, by making a general comment about your preferences. Use the appropriate definite article and the cues below. Then repeat the answer after the speaker.*

MODELO You hear: Esta catedral es muy antigua.
You see: Me encantan...
You say: **Me encantan las catedrales antiguas.**

13

1. Me gustan...
2. Prefiero...
3. Gracias, pero no me gustan...
4. Gracias, pero tengo alergia a...
5. Buena idea, le gustan mucho...
6. No me gustan...

Nombre ______________________ Fecha ______________ Clase __________

II. The subjunctive with certain verbs expressing emotion, necessity, will, and uncertainty

A. *Listen to each sentence and circle the letter of the verb form you hear. Each sentence will be repeated.*

MODELO You hear: Te pido que compres un buen vino.
You see: a. compras b. compres
You circle: **b**

1. a. llamamos
   b. llamemos
2. a. llega
   b. llegue
3. a. tenemos
   b. tengamos
4. a. están
   b. estén
5. a. llueve
   b. llueva
6. a. pensamos
   b. pensemos

B. *You like to "live it up" and enjoy parties, celebrations, and holidays. Respond to each statement you hear using the cues below and the subjunctive form of the verb. Omit subject nouns and pronouns in your response. Then repeat the answer after the speaker. Each sentence will be given twice.*

MODELO You hear: La universidad está cerrada.
You see: Dudo que...
You say: **Dudo que esté cerrada.**

1. No me gusta que...
2. Prefiero que no...
3. Me alegro de que...
4. Me gusta que...
5. Espero que...
6. Le voy a pedir que...

C. *Complete each statement, which you will hear twice, with the appropriate phrase below. Then repeat the answer after the speaker.*

13

MODELO You hear: Tengo miedo que...
You see: pase algo malo / estés muy bien
You say: **pase algo malo**
You hear and repeat: **Tengo miedo que pase algo malo.**

1. esté contento / esté muy enfermo
2. no puedan venir a la fiesta / duerman bien
3. se mueran / sean felices
4. coma demasiado / vea a un médico
5. no se preocupen / tengan un accidente
6. vuelva pronto / saque una mala nota

III. The subjunctive with impersonal expressions

A. *Respond to each statement you hear, using the cue below. Use the appropriate indicative or subjunctive form of the principal verb. Then repeat the answer after the speaker.*

MODELOS a. You hear: Le duele la pierna.
You see: Es una lástima que...
You say: **Es una lástima que le duela la pierna.**

b. You hear: El vestido es un poco grande.
You see: Es obvio que...
You say: **Es obvio que el vestido es un poco grande.**

1. Es posible que...
2. Es evidente que...
3. No es cierto que...
4. Es ridículo que...
5. Es probable que...
6. Es difícil que...

B. *Listen to what doctor Espinosa tells his patient. Circle **bueno** if what he says is good advice and **malo** if it is not. Each statement will be repeated.*

1. bueno malo
2. bueno malo
3. bueno malo
4. bueno malo
5. bueno malo
6. bueno malo
7. bueno malo
8. bueno malo

MOSAICO CULTURAL

A. *Listen to the following excerpt about Martí and the song "Guantanamera" as you read along. Be prepared to do Exercise **B**, which follows.*

Entre las voces latinoamericanas que han clamado en contra de la opresión y a favor de la libertad, es probable que la voz del poeta cubano José Martí sea una de las más bellas y sinceras. Poeta, ensayista y mártir, Martí nació en 1853 en Cuba, de orígenes humildes. [...] Los poemas, ensayos y artículos periodísticos de Martí expresan una profunda visión y comprensión de los problemas latinoamericanos. Su poesía, llena de imágenes de la vida diaria, es altruista y sincera. [...] La conocida canción «Guantanamera» inmortalizó algunos de sus *Versos sencillos*. Lea la letra de esta canción tan popular mientras escucha la versión musical que sigue.

13

Guantanamera

Guantanamera, guajira, guantanamera.
Guantanamera, guajira, guantanamera.
Yo soy un hombre sincero,
de donde crece la palma,
Yo soy un hombre sincero,
de donde crece la palma,
y antes de morirme quiero
echar mis versos del alma.
(Refrán)

Mi verso es de un verde claro
y de un carmín encendido.
Mi verso es de un verde claro
y de un carmín encendido.
Mi verso es un ciervo herido
que busca en el monte amparo.
(Refrán)
Con los pobres de la tierra
quiero yo mi suerte echar.
Con los pobres de la tierra
quiero yo mi suerte echar.
El arroyo de la sierra
me complace más que el mar.
(Refrán)

B. *You will now hear some statements based on what you have just heard. If the statement is true, circle* **V (verdadero);** *if it is false, circle* **F (falso).** *Each statement will be read twice.*

1. V F
2. V F
3. V F
4. V F
5. V F
6. V F

PARA ESCUCHAR Y ESCRIBIR

A. *Listen to the following telephone conversation between Antonia and her doctor. Be prepared to do Exercise* **B,** *which follows.*

B. *The following statements are based on the conversation between Antonia and her doctor. Some are true and some are false. For the statements that are true, circle* **V (verdadero)** *below; for those that are false, circle* **F (falso).** *Each statement will be read twice.*

1. V F
2. V F
3. V F
4. V F
5. V F
6. V F

13

C. Dictado. *Listen to the following dialogue between Teresa and her mother and write the missing words. Each sentence or phrase will be repeated. The entire dialogue will then be repeated so that you can check your work.*

TERESA: ¡Uf! ______________________ durante ______________________

______________________ que ahora me ______________________

mucho ______________________. Pero… ¡ ______________________ terminar

este trabajo ______________________!

MAMÁ: Hija, ¡ ____

ese trabajo y ver ____

ahora mismo!

TERESA: Pero, mamá, no hablas en serio, ¿verdad? No hay que ______________

doctor ____

pequeño…

MAMÁ: ¿Cómo sabes que es un problema pequeño? Eso lo debes confirmar con

______________________ como ______________________ .

TERESA: Mamá, te digo que ______________________________ este

trabajo hoy. No tengo tiempo ______________________

______________________ …

MAMÁ: Bueno…, si así piensas… Pero ______________________

______________________ por ser tu mamá tengo que ____________

______________________ . Realmente ______________________

al doctor cuando uno ______________________ …

13

Nombre ______________________ Fecha ______________ Clase __________

Capítulo catorce
La comunicación

VOCABULARIO

Circle the more logical response to each question; they will be read twice. Then repeat the answer after the speaker.

MODELO You hear: ¿Estás surfeando la Red?
You see: a. No, estoy bajando unos archivos.
b. Sí, me gusta estar en la playa.
You circle: **a** because it is the most logical response.
You hear and repeat: **No, estoy bajando unos archivos.**

1. a. Sí, está lista.
   b. No, no la envié.
2. a. Entré a las ocho.
   b. En un momento, cuando termine de leer el correo.
3. a. Lo compré en una boutique.
   b. La compré en la librería.
4. a. No sé. Creo que está en mi cuarto.
   b. ¿Qué disco? ¿Vas a bailar?
5. a. No te preocupes. Yo tengo muchos archivos.
   b. ¡Qué lástima! Ahora has perdido una hora de trabajo, ¿no?
6. a. No, no lo he mandado todavía.
   b. No, no he ido al correo.
7. a. ¡Qué bien! Ahora vamos a hacer las copias.
   b. ¡Qué problema! Quizás Ramón te puede ayudar con la impresora.

PRONUNCIACIÓN

In Spanish, every syllable contains only one vowel or diphthong. When two strong vowels come together, they are divided into two syllables. When a single consonant comes between two vowels, the consonant begins a new syllable. However, diphthongs are never divided. The letters **ll** *and* **rr** *are not divided, neither is* **ch.** *Listen and repeat these words.*

en-viar	ar-chi-vo	i-gual
sis-te-ma	pan-ta-lla	de-sa-rro-llar

When two consonants are together, they are divided into two syllables except when the second consonant is an **l** *or an* **r.** *Listen and repeat these words.*

múl-ti-ple | al-qui-lar | im-pri-mir
cam-bio | com-prar | ex-pre-sar

Listen to the following words, which will be repeated, and divide each into syllables with slashes.

computadora | guardar | archivar
comunicación | consecuencia | reciclable
repaso | orgulloso | ruido
correo | electrónico | noticia

ESTRUCTURAS

I. The future tense

A. *Respond to each statement or question you hear by saying that some day the action will be performed. Use the future tense and then repeat the answer after the speaker. Each statement or question will be repeated.*

MODELO ¿Esperas que ellos se casen?
Algún día se casarán.

B. *Listen to each statement and respond using the cues below. Each statement will be repeated. Then repeat the answer after the speaker.*

MODELO You hear: Volveremos el lunes.
You see: el martes
You say: **Ustedes volverán el lunes; yo volveré el martes.**

1. vino
2. Arequipa
3. estudiar
4. tarde
5. avión
6. seis

C. *Answer each question you hear using the future-tense form of the verb to show probability. Then repeat the answer after the speaker. Each question will be repeated.*

MODELO ¿Qué hora es? ¿Las once?
No sé, serán las once.

14

II. The conditional mood

A. *Make a new sentence replacing the* **iba a** + *infinitive phrase with the corresponding conditional form. Each statement will be repeated. Then repeat the answer after the speaker.*

MODELO Te dije que iba a divertirme.
Te dije que me divertiría.

Nombre ______________________ Fecha ______________ Clase __________

B. *For each statement you hear, mark an* **x** *under* ***futuro, condicional,*** *or* ***imperfecto,*** *according to the verb tense. Each statement will be repeated.*

MODELO You hear: Viviríamos en un apartamento pequeño.
You mark: an **x** under **condicional** because you heard **viviríamos.**

	futuro	condicional	imperfecto
Modelo		x	
1.			
2.			
3.			
4.			
5.			
6.			
7.			
8.			

C. *Change what you hear to a softened request or suggestion, using the appropriate conditional form of* ***deber*** *or* ***poder*** *with the principal verb. Then repeat the answer after the speaker. Each request or suggestion will be repeated.*

MODELOS a. Hace calor. Abra la ventana.
Hace calor. ¿Podría abrir la ventana?

b. ¡Cásense ustedes!
Ustedes deberían casarse.

III. The present participle and the progressive tenses

A. *Respond to each statement using the present progressive tense, as in the model. Each statement will be repeated. Then repeat the answer after the speaker.*

MODELO Tú no lees libros de historia.
Estoy leyendo uno ahora.

14

B. *Circle the most logical response to each question. Each question will be repeated. Then repeat the answer after the speaker.*

MODELOS	You hear:	Hay mucho silencio. ¿Por qué?
	You see:	a. Los muchachos están bailando en la clase.
		b. Los muchachos están escribiendo un examen.
	You circle:	**b** because it is the most logical response.
	You hear and repeat:	**Los muchachos están escribiendo un examen.**

1. a. Está mirando televisión en la biblioteca.
   b. Está estudiando en la biblioteca.

2. a. Está preparando el desayuno.
   b. Está programando la computadora.

3. a. Están viviendo en París, con unos amigos.
   b. Están lavando la ropa.

4. a. No, estoy llamando a Manuel.
   b. No, estoy corriendo.

5. a. La estamos desarrollando.
   b. La estamos enviando por fax.

MOSAICO CULTURAL

A. *Listen to the following interviews as you read along. Be prepared to do Exercise **B,** which follows.*

José Carlos Rodríguez, estudiante de psicología

¿Qué es ser pobre para ti?

No tener posibilidades de trabajo, ni de educación, ni de recreación. Vivir en un medio (*environment*) injusto. Cuando sales de tu barrio, ves las diferencias. Pero la pobreza (*poverty*) también motiva... a la organización... Todos debemos tener las mismas posibilidades.

¿Qué es lo que más les preocupa a los jóvenes?

Saber qué hacer cuando terminan la secundaria. Se tiene todo inseguro... Además, uno ve la pobreza en la casa y tiene que hacer algo, aunque eso implica no estudiar.

Jésica Tejada, deportista

¿A ti te interesa la política?

La verdad es que no tengo un interés a fondo.

¿Por qué?

Es que todos los cambios de gobierno son iguales. Prometen y nunca cumplen.

¿Qué es lo que más te impresiona de los políticos?

Hablan demasiado y la gente ya no cree. Bueno, es su trabajo.

¿Hay menos oportunidades para las mujeres que para los hombres?

Las cosas son más difíciles para las mujeres.

B. *Now listen to the following statements based on the interviews. They will be read twice. If the statement is true, circle* **V (verdadero);** *if it is false, circle* **F (falso).**

1. V F
2. V F
3. V F
4. V F
5. V F
6. V F

PARA ESCUCHAR Y ESCRIBIR

A. *Cecilia is visiting Machu Picchu, Peru. She gets up early one morning to see the ruins and meets a local guide who tells her about them. Listen to their conversation and be prepared to do Exercise* ***B,*** *which follows.*

Vocabulario: **atrapar** to catch; **el emperador** emperor; **el quechua** quechua, an Indian language; **que le vaya bien** may all go well with you.

B. *Listen to the following statements about the conversation. Each will be read twice. If the statement is true* **(verdadero),** *circle* **V;** *if it is false* **(falso),** *circle* **F.**

1. V F
2. V F
3. V F
4. V F
5. V F
6. V F

C. Dictado. *Some segments of the conversation will be repeated with pauses. Write them in the spaces provided below. This whole section will be read again so that you can check your work.*

Guía: ____

____

Cecilia: ____

Guía: ____

____

____

Cecilia: ____

____

____

14

Nombre ______________________ Fecha ______________ Clase __________

Capítulo quince
Sentimientos y emociones

VOCABULARIO

A. *You will hear a comment based on each drawing below. Circle* **V (verdadero)** *if the comment is true, and* **F (falso)** *if it is false. Each comment will be repeated.*

1. V F

2. V F

3. V F

4. V F

B. *Listen to the following comments. Each will be repeated. Circle the letter of the most logical response to each one.*

1. a. Está furioso.
   b. Está contento.
2. a. empieza a llorar.
   b. empieza a reírse.
3. a. Ella está muy enojada con él.
   b. Ella está muy orgullosa de él.
4. a. ¡Qué alivio!
   b. ¡Qué vergüenza!
5. a. se mató.
   b. se rió.
6. a. mucha risa.
   b. mucha rabia.

PRONUNCIACIÓN

Listen and repeat the following cognates, concentrating on pronunciation.

el actor
cruel
el director
el error

fatal
el hotel
la mamá
el terror

el papá
la radio
la televisión
el sofá

The endings **-ente** *and* **-ante** *in Spanish generally correspond to the English endings* **-ent** *and* **-ant.** *Listen and repeat these words.*

el presidente
el accidente
abundante

excelente
inteligente
elegante

el restaurante
importante
el protestante

The Spanish endings **-oso** *and* **-osa** *often correspond to the English ending* **-ous.** *Listen and repeat these words.*

maravilloso
fabuloso

generosa
famosa

religiosa
misterioso

ESTRUCTURAS

I. Uses of the infinitive

A. *Listen to the following sentences. Write the number of each sentence under the sign with which you associate it. The first sentence is marked as an example. Each sentence will be repeated.*

a. ______________ b. ______1______ c. ______________ d. ______________

e. ______________ f. ______________ g. ______________ h. ______________

B. *Respond to the following statements, which will be repeated, saying you have just done the same thing. Then repeat the answer after the speaker.*

MODELO Carlos acaba de hablar con el director.
Yo acabo de hablar con el director también.

II. The subjunctive in dependent clauses that function as adjectives

A. *Your friend Rodrigo is looking for various things. Respond to each of his statements using the cue below. Then listen to his responses.*

MODELO
You hear: No hay nadie que tenga esa información.
You see: Yo conozco a alguien que... esa información.
You say: **Yo conozco a alguien que tiene esa información.**
You hear (but do not repeat): ¿Conoces a alguien que tiene esa información? ¿De veras? ¡Qué alegría!

1. Conozco un restaurante barato que... buena comida francesa.
2. Conozco a alguien que... trabajar los fines de semana.
3. Mi prima es una mujer que... independiente, alegre y divertida.
4. Mi tío tiene un auto pequeño, bueno, ¡y que... muy poco!
5. Yo trabajo en una oficina donde nadie...

B. *You work outdoors in a busy section of the city. When people ask if you know or have seen certain individuals or things, reply using the cue below. Each question will be repeated. Then listen to the answer, but do not repeat it.*

MODELO
You hear: Perdone, ¿ha visto usted a un hombre alto y que parece un poco loco?
You see: No, lo siento, no he visto a nadie alto y... loco.
You say: **No, lo siento, no he visto a nadie alto y que parezca un poco loco.**
You hear (but do not repeat): No, lo siento, no he visto a nadie alto y que parezca un poco loco.

1. No, lo siento, no he visto a ninguna persona baja y que... amarillos.
2. No, lo siento, no ha pasado nadie que... más corta.
3. No, lo siento, no conozco a nadie que... en esta calle.
4. No, lo siento, no... ningún auto que... colores.
5. Lo siento, pero por aquí no... ningún perro (*dog*) que... un resfrío muy fuerte y que se... mucho. ¡Hay mucha gente en esas condiciones hoy!

III. The subjunctive with certain adverbial conjunctions

A. *Respond to each sentence using the cue below. Then repeat the answer after the speaker. Each sentence will be repeated.*

MODELO You hear: El niño necesita dormir.
You see: Debemos irnos para que...
You say: **Debemos irnos para que duerma.**

1. No voy a la fiesta a menos que Luis...
2. Adriana piensa casarse sin que lo...
3. Voy a llevar el paraguas en caso de que...
4. Le llevamos un regalo para que no...
5. Quiero pedirles algo antes de que...
6. No le digas nada para que no le...

B. *Listen to each statement and say that this is a customary situation for the people mentioned. Then repeat the answer after the speaker. Each statement will be repeated.*

MODELO Voy a estar más ocupada cuando venga mi mamá.
Siempre estás más ocupada cuando viene tu mamá.

MOSAICO CULTURAL

A. *Listen to the following letter while you read along. Based on it, be prepared to do Exercise* ***B,*** *which follows.*

Querido Teddy:

En tu última carta me preguntaste si yo había aprendido algunas palabras en guaraní... ¡Por supuesto, «che ro jaijhú», mi amor! Ayer doña Ramona me enseñó esa frase y muchas otras más. Te la voy a traducir personalmente, en cuanto regrese a San Francisco, ¿de acuerdo, «che cambá»? Aquí en Asunción prácticamente todo el mundo es bilingüe y la verdad es que en Paraguay más gente habla guaraní que español. ¿Sabías que éste es el único país de América donde la lengua indígena es una de las dos lenguas oficiales del país? Creo que el 95% de los paraguayos hablan guaraní mientras que sólo el 60% habla español. En tu carta también me pediste dos o tres canciones paraguayas de protesta. El problema es que aquí no hay muchas canciones de protesta. [...] Según Luis, ésa fue una de las consecuencias culturales de la dictadura del general Alfredo Stroessner que, como tú sabes, fue dictador durante casi 35 años, de 1955 a 1989. [...] Te pido que me escribas o llames por teléfono tan pronto como puedas, ¿de acuerdo?

Te abraza cariñosamente,

Jane

B. *Now you will hear a series of erroneous statements about the letter; each will be given twice. Correct the statements. Leave out subject nouns and pronouns. Then repeat the correct answer after the speaker. First listen to the model.*

MODELO You hear: Doña Ramona le enseña español a Jane.
You say: **No, le enseña guaraní.**
You hear and repeat: **No, le enseña guaraní.**

PARA ESCUCHAR Y ESCRIBIR

A. *Listen to Jane's taped message to Teddy and the song while you read along. You will then hear some comments based on both parts. Each comment will be read twice. Circle* ***V (verdadero)*** *if what you hear is true or* ***F (falso)*** *if it is false.*

Pájaro Chogüí

(canción tradicional paraguaya)

Cuenta la leyenda que en un árbol
se encontraba encaramado
un indiecito guaraní...
que sobresaltado por un grito de su madre
perdió apoyo y cayendo se murió.
Y que entre los brazos maternales
por extraño sortilegio
en chogüí se convirtió.
¡Chogüí, chogüí, chogüí, chogüí!,
cantando está, mirando allá,
llorando y volando se alejó.
¡Chogüí, chogüí, chogüí, chogüí!,
qué lindo va, qué lindo es,
perdiéndose en el cielo guaraní.

Y desde aquel día se recuerda
al indiecito cuando se oye
como un eco a los chogüí.
Es un canto alegre y bullanguero
del gracioso naranjero
que repite en su cantar.
Salta y picotea las naranjas
que es su fruta preferida
repitiendo sin cesar:
¡chogüí, chogüí, chogüí, chogüí!,
cantando está, mirando allá,
llorando y volando se alejó.
¡Chogüí, chogüí, chogüí, chogüí!,
qué lindo va, qué lindo es,
perdiéndose en el cielo guaraní.
¡Chogüí, chogüí...!

1. V F
2. V F
3. V F
4. V F
5. V F
6. V F

B. *Now you will hear a prose version of "Pájaro Chogüí" read with pauses. Fill in the missing words below. The entire passage will be repeated so that you can check your work.*

Según ______________________, un indiecito ______________________ se había ______________________ árbol. Allí estaba ______________________ ______________________ el grito de su madre ______________________. El niño se asustó ______________________ se cayó del árbol y ______________________ ______________________. Después, ______________________ su madre ______________________ en brazos, el cuerpo del indiecito ______________________ ______________________, mágicamente, en ______________________: el pájaro chogüí, y ______________________ volar ______________________ el cielo.

15

Nombre ______________________ Fecha______________ Clase __________

Capítulo dieciséis
De compras

VOCABULARIO

Look at the drawings and then answer each of the following questions. Repeat the answer after the speaker. Each question will be repeated.

MODELO ¿Dónde podemos comprar pan y galletas?
En la panadería.

En la farmacia...

En la agencia de viajes...

En el almacén...

En la tienda...

En el banco...

En la mueblería...

En la panadería...

En la librería...

16

PRONUNCIACIÓN

Spanish intonation, or the rise and fall in the pitch of a speaker's voice, is different from English intonation in certain respects. Spanish-speakers differentiate questions from statements by a rise and fall in the pitch of their voice at the end of a sentence. English-speakers vary the pitch of their voice more within a sentence. Listen to the rise and fall in intonation in these sentences.

Question:	¿Sabías todo eso?	Did you know all that?
Statement:	Yo sabía todo eso.	I knew all that.

Listen and repeat the following sentences after the speaker, concentrating on the intonation.

—¿Busca algo en especial, señor?
—Sí, necesito una impresora.

—Quisiera hablar con el director.
—Lo siento, pero no está aquí.

—¿Encontraron algo que les gustara?
—No, no vimos nada que nos gustara.

—¿Hasta cuándo tienen estas ofertas?
—Hasta el fin de mes.

—¿Qué harías si fueras rico?
—Viajaría por todo el mundo.

ESTRUCTURAS

I. The imperfect subjunctive

A. *Make a new sentence, using the cue you hear as the subject of the dependent clause. Then repeat the answer after the speaker.*

MODELO Dudaban que Pancho tuviera el dinero. (tú)
Dudaban que tú tuvieras el dinero.

B. *Answer each question, saying you wanted something to happen, but you have changed your mind and this is no longer the case. Use the cue given below to respond. Then repeat the answer after the speaker. Each initial question will be repeated.*

MODELOS a. You hear: ¿Quieres que compre pan?
You see: Quería que lo..., pero ya no.
You say: **Quería que lo compraras, pero ya no.**

b. You hear: ¿Busca a alguien que cuide a la niña?
You see: Buscaba a alguien que la..., pero ya no.
You say: **Buscaba a alguien que la cuidara, pero ya no.**

Nombre ______________________ Fecha______________ Clase __________

1. Prefería que... conmigo, pero ya no.
2. Necesitaba que..., pero ya no.
3. Quería que la..., pero ya no.
4. Buscaba un secretario que... alemán, pero ya no.
5. Quería llamarla antes que..., pero ya no.
6. Esperaba que..., pero ya no.

II. *if* clauses

A. *Listen to the following statements. If the speaker views the situation as true or definite, or is making a simple assumption, check the* **Sí** *column. If the speaker views the situation as hypothetical or contrary to fact, check the* **?** *column. Each statement will be repeated.*

MODELO You hear: Si terminamos pronto, podremos salir temprano.
You check: **Sí**

	Sí	**?**		**Sí**	**?**
1.	______	______	4.	______	______
2.	______	______	5.	______	______
3.	______	______	6.	______	______

B. *Circle the letter of the most logical response to complete each sentence you hear. Each sentence will be repeated.*

MODELO You hear: Si no entendiera la lección...
You see: a. miraría televisión.
b. hablaría con el profesor.
You circle: **b** because it is the most logical response.

1. a. no asistiría a clase.
   b. estudiaría más.
2. a. nos lo prestaría.
   b. nos lo pediría.
3. a. tuviéramos un accidente.
   b. hiciéramos una fiesta.
4. a. me sentaría.
   b. caminaría más.
5. a. sería actor.
   b. sería millonario.
6. a. lloviera.
   b. hiciera calor.

C. *You friend Martín will make some hypothetical statements; respond to each one following the models. Then repeat the answer after the speaker.*

MODELOS a. Si cuesta menos, lo voy a comprar.
Claro, si costara menos.

b. No tendré frío si me quedo en casa.
Claro, si te quedaras en casa.

16

III. Other uses of *por* and *para*

*You will hear a statement with the preposition missing. Mark an **x** under **por** or **para** and then repeat the correct answer after the speaker. Each statement will be repeated.*

MODELO You hear: Esta taza es... café.
You mark: an **x** under **para**
You hear and repeat: **Esta taza es para café.**

	POR	PARA		POR	PARA
1.	______	______	6.	______	______
2.	______	______	7.	______	______
3.	______	______	8.	______	______
4.	______	______	9.	______	______
5.	______	______			

MOSAICO CULTURAL

A. *Listen to the following conversation while you read along. Based on it, be prepared to do Exercise **B,** which follows.*

Un matrimonio de un pequeño pueblo venezolano toma café con sus vecinos.

EL VECINO: No nos han dicho nada de su viaje a Caracas. ¿Qué les pareció la capital?

LA SEÑORA: ¡Horrible!

EL SEÑOR: Una gran desilusión. Todo era muy caro y de mala calidad. Nosotros hicimos el viaje principalmente para que los muchachos vieran los sitios importantes: los museos, la casa de Bolívar...

LA SEÑORA: Pero también vieron otras cosas sin que lo pudiéramos evitar.

LOS VECINOS: ¿Pero qué cosas tan horribles vieron?

EL SEÑOR: Fuimos al Parque del Este y vimos novios que se besaban en público, como si estuvieran solos en el mundo.

En otra parte de la casa, el hijo de catorce años y la hija de dieciséis toman refrescos con unos amigos.

EL AMIGO: ¿Y el viaje a Caracas? ¿Qué les pareció la ciudad?

EL HIJO: ¡Fabulosa! Allí todo es muy barato y de buena calidad. En las tiendas se venden miles de cosas.

LA HIJA: Sí, es un sueño. Los jóvenes se visten a la moda y tienen mucha libertad. Es una lástima que no pudiéramos pasar más tiempo en las playas. Conocimos allá a un grupo de chicos que nos invitaron a una fiesta.

EL HIJO: Sí, pero mamá nos prohibió que aceptáramos la invitación.

LA AMIGA: ¡Qué lástima! A mí me gustaría vivir algún día en Caracas.

EL HIJO: A mí también. Si yo pudiera vivir en esa ciudad, sería la persona más feliz del mundo.

B. *Listen to each statement and circle* **P (probable)** *if what you hear is probable. If it is improbable, circle* **I (improbable).** *Each statement will be repeated.*

1. P I
2. P I
3. P I
4. P I
5. P I
6. P I

PARA ESCUCHAR Y ESCRIBIR

A. *Listen to the following conversation between Maricruz and a salesperson in a big department store. You will then hear some statements based on it. Circle* **V (verdadero)** *if what you hear is true or* **F (falso)** *if it is false.*

1. V F
2. V F
3. V F
4. V F
5. V F
6. V F

B. *Now you will hear another conversation between Alejandro and a salesperson in a crafts shop. It will be read twice with pauses. Fill in the missing words below. The entire conversation will be repeated so that you can check your work.*

DEPENDIENTE: Parece que usted ______________________, señor... ¿o tal vez colecciona artesanías ______________________ ______________________?

ALEJANDRO: Pues, mi esposa y yo ______________________ la semana próxima y queremos llevarles ______________________ ______________________ a nuestros amigos.

DEPENDIENTE: Esos tapices con pájaros (*birds*) y flores (*flowers*) ______________ ______________________ y gustan mucho. Ayer ______________________ a unos turistas de Miami. Y los pájaros y animales en madera ______________________ ______________________. Son ______________ ______________________ ¡y no ______________ ______________________ en el viaje!

ALEJANDRO: Tiene usted razón. Voy a comprarle sus últimos ______________ ______________________ pájaros ______________ ______________________. ¿Cuánto ______________ en total?

16

DEPENDIENTE: Los ______________________ en oferta, a doscientos cincuenta bolívares cada tapiz; y esos pájaros de madera ______________________

cada uno. Su total es entonces... ______________________

______________________.

ALEJANDRO: Aquí los tiene, exactamente dos mil bolívares. Y muchas gracias ______________________.

DEPENDIENTE: ¡Gracias a usted y ______________________ viaje!

16

Nombre ______________________ Fecha______________ Clase __________

Capítulo suplementario
La naturaleza

VOCABULARIO

*You will hear some statements about camping. If the statement indicates an advantage, circle **bueno.** If it indicates a disadvantage, circle **malo.** Each statement will be repeated.*

1. bueno malo
2. bueno malo
3. bueno malo
4. bueno malo
5. bueno malo
6. bueno malo
7. bueno malo
8. bueno malo

PRONUNCIACIÓN

*Proverbs and sayings are commonly heard in any language. In Spanish, they are called **refranes** or **dichos.** Listen to the following examples and repeat each one after the speaker, concentrating on your pronunciation.*

Más vale (un) pájaro en (la) mano que cien volando.
A bird in the hand is worth two in the bush. (Literally: . . . is worth more than a hundred flying.)

Estar como perro en barrio ajeno.
To feel out of place. (Literally: to be like a dog in another neighborhood.)

Echar la casa por la ventana.
To spend money like water. (Literally: to throw the house out the window.)

En boca cerrada no entran moscas.
Flies don't get into a closed mouth.

Ver es creer.
Seeing is believing.

No es oro todo lo que reluce.
All is not gold that glitters.

Quien todo lo quiere, todo lo pierde.
He/She who wants it all, loses it all.

Al mal tiempo, buena cara.
Grin and bear it. (Literally: for bad times, a good face.)

Cada cabeza es un mundo.
Every mind is a world in itself.

Now listen to this tongue-twister **(trabalenguas)** *and repeat each segment after the speaker.*

María Chucena techaba (*was putting a roof on*) su choza (*hut*) cuando un leñador (*woodcutter*) que por allí pasaba le dijo: «María Chucena, ¿techas tu choza o techas la ajena (*someone else's*)?» —«Ni techo mi choza ni techo la ajena, techo la choza de María Chucena.»

ESTRUCTURAS

I. The neuter *lo*

A. *You are a realtor trying to sell a house on a lake. When some prospective buyers ask you questions, respond in the negative or the affirmative, using* **lo.** *Respond negatively only if they ask something that might detract from the value of the house. Then repeat the answer after the speaker.*

MODELOS a. ¿Es lindo el lugar?
Sí, lo es.

b. Allí el aire no está contaminado, ¿verdad?
No, no lo está.

B. *Complete each sentence with the most logical ending from those given. Then repeat the complete sentence after the speaker. Each initial phrase will be repeated.*

MODELO You hear: Lo mejor de este lugar es...
You see: la niebla / el clima maravilloso
You say: **Lo mejor de este lugar es el clima maravilloso.**

1. las vacaciones / las piedras
2. el silencio / el ruido
3. sus flores / sus peces
4. las estrellas / los insectos

5. el calor horrible / el frío terrible
6. la contaminación del aire / el sitio tranquilo donde está

II. Long forms of possessive adjectives; possessive pronouns

A. *Make a sentence using the cue below. Follow the model and repeat the answer after the speaker. Each initial sentence will be repeated.*

MODELO You hear: las plantas no son nuestras.
You see: el pájaro / sí
You say: **El pájaro es nuestro.**

1. los peces / sí
2. el apartamento / sí
3. el animal / no
4. la camisa / no
5. los insectos / no
6. las flores / sí

B. *You will hear various people praise things you have. Each comment will be repeated. Respond, as in the models, with the appropriate possessive pronoun. Then repeat the answer after the speaker.*

MODELOS a. Tu casa es muy bonita.
La tuya es muy bonita también.

b. Sus hijos son muy simpáticos.
Los suyos son muy simpáticos también.

III. The passive voice

A. *For each passive sentence you hear, circle the corresponding active sentence below. Each passive sentence will be repeated. Then repeat the answer after the speaker.*

MODELO You hear: Machu Picchu fue construida por los incas.
You see: a. Los incas construyen Machu Picchu.
b. Los incas construyeron Machu Picchu.
You circle: **b**
You hear and repeat: **Los incas construyeron Machu Picchu.**

1. a. Colón descubrió América en 1492.
   b. Colón descubre América en 1492.

2. a. Vieron muchas estrellas al anochecer.
   b. Ven muchas estrellas al anochecer.

3. a. La doctora López resolverá el problema.
   b. La doctora López resolvió el problema.

4. a. Los incas construyeron la ciudad de Cuzco.
   b. Los incas construían la ciudad de Cuzco.

5. a. Pablo Neruda escribió esos poemas.
   b. Pablo Neruda ha escrito esos poemas.

6. a. Descubren Machu Picchu en 1911.
   b. Descubrieron Machu Picchu en 1911.

B. *Listen to the following passage in English about Ecuador. Each time you hear a beep, you will make a decision about the correct Spanish verb form to translate what you hear in English. Study the phrases below and circle your choice. The passage will be read twice so that you can check your answers.*

1. fue fundada / es fundada
2. fue conquistado / era conquistado
3. fueron construidos / fueron construidas
4. fue visitada / es visitada
5. han sido construidos / fueron construidos
6. han sido abiertos / son abiertos
7. fueron visitados / fueron visitadas

MOSAICO CULTURAL

A. *Listen to the following dialogue as you read along. Be prepared to do Exercise* ***B,*** *which follows.*

En el restaurante del Hotel Colón, en Quito

LAURA: Así que piensan mudarse a Quito. ¡Deben estar muy contentos! Pero, ¿cuándo...?

PEDRO: Pues, nos gustaría estar aquí para Año Nuevo. Yo me jubilo el mes próximo, ¡por fin! Por ahora, buscamos casa... Lo malo es la inseguridad de no saber dónde vamos a vivir.

LUIS: (...) Pero lo lindo, lo positivo, lo interesante de la vida en Quito es que aquí siempre hace un tiempo magnífico, ¿no?

LAURA: Así es. Por algo llaman a Quito «la ciudad de la eterna primavera», ¿no? Estoy segura de que la vida aquí les gustará muchísmo. (...) Cambiando de tema..., ¿arreglaron lo de la habitación que no les gustaba?

PEDRO: No. Pedí una habitación doble, con dos camas, pero no me la pudieron dar.

LAURA: ¿Y por qué no se quedan con nosotros?

LUIS: ¡Buena idea! Tenemos un dormitorio para huéspedes, con baño, dos camas, ... y una sala pequeña con sofá y sillones.

ESTELA: Es que no nos gustaría molestar...

LAURA: ¡Por favor! Esa habitación les va a gustar y la pueden usar por el tiempo que quieran. ¿Aceptan?

PEDRO: Bueno, si no les causaremos problemas... Estela, ¿qué opinas?

ESTELA: ¡Por supuesto que sí! Y un millón de gracias. Sé que con ustedes estaremos

SUP

cien veces mejor que en el hotel.

B. *Each of the sentences that you will hear contains a vocabulary item that did not occur in the dialogue. Without referring to the written dialogue, write the word that is out of place in the column on the left, and the correct word in the column on the right. Each sentence will be read twice.*

	INCORRECTO	CORRECTO
1.	______________	______________
2.	______________	______________
3.	______________	______________
4.	______________	______________
5.	______________	______________
6.	______________	______________

PARA ESCUCHAR Y ESCRIBIR

A. *Listen to the following passage as you read along. Be prepared to do Exercise* ***B,*** *which follows.*

Las islas del archipiélago de Colón, también conocidas como las islas Galápagos, están situades a 622 millas de la costa pacífica de Ecuador. En total son trece islas grandes, seis más pequeñas, y más de cuarenta isletas. Son de origen volcánico y la mayor parte de ellas están al sur de la línea ecuatorial. Fueron descubiertas por Tomás de Berlanga, un obispo español, mientras viajaba entre Panamá y Perú.

Las islas tienen un gran valor científico y el área es ahora un parque nacional. El famoso naturalista inglés Charles Darwin llegó a las islas en 1835. Las curiosas formas biológicas que existían en el archipiélago le inspiraron para escribir su obra revolucionaria: *El origen de las especies por medio de la selección natural.*

Es posible viajar al archipiélago por avión o por barco. Si le interesa la biología y le encanta la naturaleza, algún día tendrá que hacer un viaje a esas islas fascinantes.

B. *Listen to the following incomplete statements based on the passage. You will hear a beep where there is a word missing. Circle the appropriate word to complete the statements.*

1. atlántica / pacífica / caribe
2. tres / treinta / trece
3. inglés / español / francés
4. Perú / Chile / Venezuela
5. pirata / naturalista / conquistador

SUP

C. Dictado. *Now parts of the passage will be repeated with pauses. Write down what you hear. The selected passages will then be repeated without pauses so that you can check what you have written.*

SUP

ANSWER KEY TO THE EJERCICIOS ESCRITOS

Capítulo uno

VOCABULARIO

A. 1. hija
2. abuelo
3. prima
4. hijo
5. esposa
6. tío
7. abuela
8. tía

B. 1. Se llama José.
2. Se llama Alicia.
3. Víctor y Ana son los padres de Carmen.
4. Catalina es la abuela de Eduardo.
5. Se llama Amelia.
6. Víctor es el hermano de Alicia.

ESTRUCTURAS

I. The present tense of regular *-ar* verbs

A. 1. Ustedes, Ellos, Los estudiantes
2. Tú
3. Yo
4. Marta, El esposo de Graciela
5. Ella y yo, Nosotras, Tú y yo

B. 1. En la Plaza de España Ana mira la estatua de Don Quijote y Sancho Panza.
2. Nosotros llegamos a la ciudad de Ávila.
3. Ana y yo buscamos un hotel.
4. Los turistas necesitan un taxi.
5. Teresa, Paco y Juan Manuel visitan la Universidad de Madrid.

II. Articles and nouns: Gender and number

A. 1. un, unos, un
2. una, unas
3. una
4. un
5. unos

B. 1. No, miramos la ciudad.
2. No, la tía de Carlos está aquí.
3. No, buscan los hoteles.
4. No, los hijos de Isabel desean hablar con usted.
5. No, necesito las cámaras.

C. 1. semana
2. lápiz
3. dirección
4. tío de Juan
5. sillas
6. amigos
7. pasaporte

III. Cardinal numbers 0–99; *hay*

A. 1. ochenta y siete centavos
2. dos dólares y treinta y siete centavos
3. un dólar y cincuenta y seis centavos
4. setenta y cuatro dólares y doce centavos
5. veinticinco dólares y quince centavos
6. catorce dólares
7. sesenta y un dólares y dieciocho centavos
8. noventa y nueve dólares y once centavos

B. 1. No, no hay un hombre en la luna.
2. Sí, hay treinta días en noviembre.
3. No, no hay tres días en un fin de semana.
4. Sí, hay hoteles en los aeropuertos.
5. No, no hay doctores en las farmacias.

IV. Interrogative words and word order in questions

1. ¿Quiénes hablan mucho?
2. ¿Adónde viajan ustedes?
3. ¿Cómo viajan?
4. ¿Qué lleva Pepito?
5. ¿Cómo se llama la mujer?
6. ¿Con quién está(s)?
7. ¿Quién pasa una semana aquí?
8. ¿Cuándo llega el avión?
9. ¿Dónde están Juan y José?

PARA COMUNICARNOS

A. 1. b
2. c
3. a
4. b
5. a

B. 1. padres
2. abuelos
3. capital
4. aviones
5. hoteles
6. tíos
7. señores
8. lápices
9. ciudad

PARA ESCRIBIR

Answers vary, but include the following verbs:

1. Estoy...
2. Me llamo...
3. Llevo...
4. ...escucho...
5. Deseo viajar a...

Capítulo dos

VOCABULARIO

A.
1. descortés
2. pequeño
3. bueno
4. irresponsable
5. idealista
6. optimista
7. aburrido
8. egoísta
9. insensible
10. viejo

B. *Answers vary.*

ESTRUCTURAS

I. The verb *ser*

A.
1. son
2. somos
3. son, soy
4. es, es
5. eres
6. son

B.
1. somos
2. son
3. soy
4. es
5. somos
6. eres
7. es
8. son
9. es
10. soy

II. Adjectives

A.
1. grande
2. buen
3. norteamericanas
4. mal
5. mexicano
6. trabajadora
7. linda

B.
1. muchos, buenos
2. horrible, amables
3. viejas, lindas
4. excelentes, modernas
5. inteligentes, trabajadores
6. internacionales, famosos
7. muchas, interesantes, elegante
8. gran, importante

III. *ser* vs. *estar*

A. 1. f 2. a 3. b 4. c 5. d 6. a 7. e

B. 1. b 2. b 3. a 4. b 5. a

C.
1. están
2. estamos
3. soy
4. está
5. son
6. es
7. estás
8. estamos

D. 1. es
2. está
3. es
4. es
5. está
6. es
7. está
8. es

IV. The contractions *al* and *del*

V. The personal *a*

A. 1. X, a
2. X
3. a
4. X
5. X
6. a

B. 1. No, necesito el número de teléfono de la profesora de francés.
2. No, busco la dirección del profesor de inglés.
3. No, llevo los libros a la clase.
4. No, comemos en el restaurante del museo de arte.
5. No, llamamos a las primas de Laura.

C. *Answers may vary but will include:*
1. a. Busco una exposición.
b. Busco al señor Aguirre.
2. a. La farmacia está lejos del hotel.
b. La farmacia está cerca de la Avenida Caracas.
3. a. El turista mira a las chicas.
b. El turista mira los museos.
4. a. Los pasajeros llegan al aeropuerto.
b. Los pasajeros llegan a Estados Unidos.
5. a. El restaurante está al lado del hotel.
b. El restaurante está enfrente de la universidad.

PARA COMUNICARNOS

A. 1. ¡Qué horrible! (¡Qué malo!)
2. ¡Qué descortés! (¡Qué malo!)
3. ¡Qué egoísta!
4. ¡Qué bueno! (¡Qué interesante! ¿Verdad?)
5. ¡Qué interesante! (¡Qué aburrido!)
6. ¡Qué suerte!
7. ¡Qué interesante! (¡Qué aburrido!)

B. 1. enfrente de, cerca de
2. al lado de, detrás de
3. a la derecha de, enfrente de
4. cerca de, al lado de
5. lejos de
6. detrás de, a la derecha de

PARA ESCRIBIR

Answers vary.

Capítulo tres

VOCABULARIO

1. b 2. a 3. b (*or* a) 4. a 5. b

ESTRUCTURAS

I. Telling time

A. 1. Tú llegas a las cinco menos diez de la tarde.
2. El doctor Jaramillo y yo visitamos la clase a las once menos veinte de la mañana.
3. Tú llamas a la agencia a las dos y cinco de la tarde.
4. Ahora son las ocho de la mañana en París.
5. Nosotros deseamos llegar a las once y media de la mañana.

B. 1. A la una y media Juana lleva los (unos) libros a la casa de una amiga.
2. A las dos menos veinte Juana habla con la profesora de física.
3. A las tres y cuarto (quince) Juana visita a la familia de Miguel.
4. A las cinco menos cuarto (quince) Juana pregunta la hora.
5. A las cuatro y media (treinta) Juana mira televisión.

II. The present tense of regular *-er* and *-ir* verbs

A. 1. cree, debemos
2. leen
3. vivimos
4. escribe, recibe
5. Aprenden
6. comen
7. comprendo

B. 1. creo
2. leen
3. recibe
4. comemos
5. lees
6. viven
7. debes
8. abrimos

III. Possessive adjectives

A. 1. Tus composiciones están en la mesa.
2. Nuestro primo Alberto vive aquí.
3. Necesito sus libros, doctora Carretón.
4. Nuestros parques y plazas son bonitos.
5. Bienvenido, profesor Álvarez, está en su casa.
6. Voy a escribir a mis hijas.

B.
1. Mi
2. mis
3. mis
4. Nuestro
5. sus
6. su
7. Nuestro
8. su
9. Nuestra
10. Su
11. tus (*or* sus)

IV. The present indicative of *tener*

A.
1. tengo un reloj
2. tienen un hotel
3. tenemos libros
4. tiene un avión
5. tienen una librería

B.
1. tengo
2. tengo ganas de
3. tienes ganas de
4. tenemos que
5. tengo

C. *Answers vary.*

V. The verbs *hacer, poner, salir,* and *venir*

A.
1. haces, hago
2. pone
3. hacemos
4. vienen
5. vienes
6. salgo

B. *Answers vary, but possible answers are:*
1. Sí, (No, no) vengo a la universidad por la mañana. Vengo a las (nueve).
2. Sí, (No, no) salgo mucho a comer. Salgo con (mis amigos).
3. Venimos a la clase de español a las (once).
4. Hago la comida todas las noches. (*or* Como en la cafetería de la universidad.)

PARA COMUNICARNOS

A. *Answers vary.*

B. *Answers vary.*

PARA ESCRIBIR

Answers vary.

Capítulo cuatro

VOCABULARIO

A. 1. nieva
2. sol, calor
3. meses, primavera
4. estación, otoño
5. frío, enero
6. llueve

B. 1. time
2. weather
3. time
4. weather

I. The irregular verb *ir;* adverbs with *-mente*

A. 1. van
2. vas
3. va
4. vas
5. voy

B. 1. van, física
2. va, psicología
3. vamos
4. vamos, química
5. va, ingeniería
6. vamos, inglés

C. 1. descortésmente
2. rápidamente
3. Posiblemente
4. lentamente

II. Dates

A. *Answers vary.*

B. *Answers vary.*

III. Cardinal numbers 100 and above

A. 1. Cinco millones de pesos viejos son quinientos pesos nuevos.
2. Treinta mil pesos viejos son tres pesos nuevos.
3. Dos millones de pesos viejos son doscientos pesos nuevos.
4. Ochocientos mil pesos viejos son ochenta pesos nuevos.
5. Ochenta mil pesos viejos son ocho pesos nuevos.
6. Quinientos cincuenta mil pesos viejos son cincuenta y cinco pesos nuevos.
7. Diez millones novecientos noventa mil pesos viejos son mil noventa y nueve pesos nuevos.
8. Cuatro millones cuatrocientos cuarenta mil pesos viejos son cuatrocientos cuarenta y cuatro pesos nuevos.

B. 1. ciento cuarenta y nueve
2. quinientos dos
3. novecientos ochenta y cinco
4. trescientos uno
5. trescientos cuarenta y uno
6. novecientos veintiuno
7. trescientos cincuenta y ocho
8. cuatrocientos setenta y ocho

IV. Idiomatic expressions with *tener; hay que*

A. 1. Hay que ir primero a la oficina de la administración.
2. Sí, hay que estudiar la historia de Estados Unidos.
3. Tienen que abrir la biblioteca a las siete y media de la mañana.
4. Tienes que tener un total de veinte libros para las clases.
5. Tienes que ir a Smith Hall para buscar las oficinas de los profesores de inglés.

B. 1. Porque hago (tengo que hacer) ejercicios y tengo calor.
2. Porque tienen examen hoy.
3. Porque no tengo hambre.
4. Porque tenemos ganas de nadar.
5. Porque tengo dolor de estómago.

V. Affirmative and negative words

A. 1. Ninguna
2. alguien
3. nada
4. algún
5. ningún
6. tampoco
7. nunca
8. ni

B. 1. Nadie viene por aquí hoy.
2. Ni Lorenzo ni Elena van de vacaciones.
3. Ninguno de los Balboa esquía.
4. Marisa tampoco baja aquí.
5. Nada llevan a la fiesta.

C. 1. No, nunca tomo café por la mañana.
2. No, no tengo ninguna pregunta.
3. No, no visito a nadie en el hospital hoy.
4. No, no necesito nada.
5. No, no viajo a ningún país hispano en el verano.

PARA COMUNICARNOS

A. *Answers vary.*

B. *Answers vary.*

PARA ESCRIBIR

Answers vary.

Capítulo cinco

VOCABULARIO

A. 1. el museo
2. la discoteca
3. la tienda
4. la agencia de viajes

B. *Answers vary.*

I. Demonstrative adjectives and pronouns

A. 1. Esta contaminación del aire es terrible.
2. ¿Qué calle buscas? ¿Ésta?
3. Busco el Museo de Arte Moderno. ¿Es aquél?
4. Estos hombres que están aquí necesitan empleo.
5. Aquella tienda es nueva.

B. 1. este
2. ese
3. ése
4. aquel
5. aquél
6. aquella
7. aquélla

II. Stem-changing verbs: *e* to *ie*

A. 1. piensas
2. entiendo
3. empieza
4. cierran
5. pierde
6. piensas
7. entiendo

B. 1. entienden
2. empezamos
3. quiero (*or* prefiero)
4. quieren (*or* prefieren)
5. pienso, perdemos

C. *Answers vary.*

III. Direct object pronouns

A. 1. ¿Por qué vas a comprarlo?
2. Porque Susana va a visitarnos.
3. ¿Quién va a invitarla?
4. Voy a llamarla ahora.
5. Voy a buscarlo.
6. ¡Tú vas a hacerla!

B. 1. Sí, me va a ayudar (va a ayudarme) con las maletas.
2. Sí, los esperamos en el hotel.
3. Sí, nos va a llamar (va a llamarnos) mañana.
4. Sí, los vamos a visitar (vamos a visitarlos) el sábado.
5. Sí, lo vemos.
6. Sí, los tenemos.

IV. The present tense of *saber* and *conocer*

A. 1. Sí, (No, no) conozco el programa «El Show de Paul Rodríguez».
2. Sí, (No, no) sé quién es Paul Rodríguez.
3. Sí, (No, no) conozco el programa «Ocurrió así».
4. Presentan una película a las nueve.
5. Sí, (No, no) sé si hay programas en español en mi área. (Los presentan en...)

B. *Answers vary.*

PARA COMUNICARNOS

Answers vary.

PARA ESCRIBIR

Answers vary.

Capítulo seis

VOCABULARIO

A. *Answers vary.*

B. *Answers vary.*

I. Indirect object pronouns

Answers vary, but include the following indirect object pronouns:

A.
1. le
2. les
3. Le
4. me
5. nos
6. Les
7. le

B.
1. Ana te presta la bicicleta.
2. Ana me muestra el libro.
3. Ana le toca el violín.
4. Ana les saca fotos.
5. Ana les hace una fiesta de cumpleaños.
6. Ana les prepara el almuerzo.

II. Stem-changing verbs: *e* to *i;* the verb *dar*

A.
1. sigues
2. dice
3. pedir
4. doy
5. preguntan
6. siguen, dar
7. piden
8. sirven

B.
1. preguntas
2. pedir
3. preguntas
4. pides
5. preguntar, pedir

III. Stem-changing verbs: *o* to *ue, u* to *ue*

A.
1. Ella sueña con la comida que le prepara su mamá.
2. Mi papá duerme muy poco, pero siempre puede trabajar bien.
3. Catalina y yo siempre volvemos temprano y te encontramos enfrente del televisor; ¿no recuerdas que debes estudiar?
4. Las películas cuestan mucho ahora, pero mis amigos y yo siempre encontramos algún programa interesante en la televisión.

B. *Answers vary, but include the following verbs:*
1. vuelvo
2. almuerzo
3. encuentro
4. cuesta
5. juego

IV. Direct and indirect object pronouns in the same sentence

A. 1. la bicicleta
2. a la señorita
3. el dinero
4. las entradas
5. el almuerzo
6. a ustedes
7. la casa
8. a Juan y a Carmen

B. 1. Sí, puedo sacársela.
2. Sí, puedo prestártelo.
3. Sí, quiero mostrárselo.
4. Sí, voy a comprártela.
5. Sí, pueden llevárselo.

PARA COMUNICARNOS

A. 1. El Hotel Aristi está en Cali.
2. Sí
3. Sí, sí, sí
4. **Sencillas** quiere decir *single.*

B. *Answers vary.*

PARA ESCRIBIR

Answers vary.

Capítulo siete

VOCABULARIO

A. Carmen lleva...
1. un vestido
2. zapatos
3. un bolso
4. un traje
5. una blusa
6. una falda

José lleva:
1. una corbata
2. una camisa
3. pantalones
4. guantes
5. un abrigo
6. un suéter
7. un cinturón

B.
1. paraguas, impermeable
2. traje
3. abrigo
4. falda, vestido
5. camisas

C. 1. c 2. a 3. d 4. b

ESTRUCTURAS

I. The reflexive

A.
1. acuesto
2. te levantas
3. se divierten
4. quedarse
5. lavamos
6. llamar
7. se pone
8. se muda

B.
1. se despiertan
2. se lava, se viste
3. se van
4. se quita
5. se quedan
6. se divierten
7. se ponen, se acuestan

C. *Answers vary.*

II. The preterit of regular and stem-changing verbs

A.
1. pretérito
2. pretérito
3. presente
4. pretérito
5. pretérito
6. pretérito
7. presente
8. pretérito
9. pretérito
10. presente

B. 1. visité
2. llevé
3. hablamos
4. salí
5. llegué
6. llamé
7. nos sentamos
8. empecé
9. escuchó
10. Prefirió
11. llevé

C. 1. vivieron
2. llegaron
3. tomaron, llamaron
4. tomó
5. quedaron
6. contó
7. reconquistó, salieron
8. perdió, vivieron
9. vivió, trabajó
10. nacieron
11. empezó, murió
12. ocuparon, abandonaron
13. celebraron
14. escribieron
15. viajó, bailaron

III. Comparisons; the superlative

A. 1. tan
2. tantos, como
3. tan
4. tan, como
5. tan, como
6. tantas, como

B. 1. más viejo que
2. las calles más grandes de
3. más cerca de
4. los edificios más viejos de
5. menos famoso que

C. 1. ¿Es usted (Eres) el (la) menor de su (tu) familia? *Answers vary.*
2. ¿Quién es el mayor de su (tu) familia? ¿El más alto? *Answers vary.*
3. ¿Tiene(s) un hermano mayor? ¿Un hermano más grande? *Answers vary.*
4. ¿Cuál es la mejor estación del año? ¿La peor? ¿Por qué? *Answers vary.*
5. ¿Cuál es el lugar más interesante que conoce(s)? *Answers vary.*

PARA COMUNICARNOS

A. *Answers vary.*

B. 1. ¿de qué color es?
2. depende
3. ¿De qué es?
4. ¿Cuándo o dónde lo necesita?
5. Lo necesito cuando llueve.

PARA ESCRIBIR

Answers vary.

Capítulo ocho

VOCABULARIO

Answers vary.

ESTRUCTURAS

I. The present tense of *encantar, faltar, gustar, importar, interesar;* the verbs *oír* and *traer*

A. 1. traigo
2. gustan
3. falta
4. importa
5. faltan
6. gusta
7. oyes
8. oigo
9. encanta
10. gusta
11. interesa

B. 1. Me encantan el arroz y los frijoles.
2. A mi familia le gusta la sopa.
3. ¿Oye(s) a los niños?
4. ¿Trae(s) el vino?
5. ¿Te faltan papas?
6. A mí me importan los amigos.
7. A ellos les interesa la filosofía.

C. *Answers vary.*

II. The preterit of irregular verbs

A. 1. ser
2. ser
3. ir
4. ir

B. 1. dijiste
2. trajo
3. Hubo
4. supieron
5. hizo
6. pudo
7. di

C. 1. fuimos
2. hicieron
3. trajeron
4. vino
5. puso
6. pude
7. tuvimos
8. dimos

III. Prepositions; *por* vs. *para*

A. 1. él
2. usted
3. -migo
4. con-
5. sin
6. esperar
7. salir
8. venir

B. 1. ...por teléfono
2. ...para la clase de francés
3. ...por la tarde
4. ...por autobús
5. ...para David
6. ...para llevar a una fiesta
7. ...para las nueve y media

C. *Answers vary, but may include the following:*
1. por autobús, para Cartagena
2. por el parque
3. por la noche
4. por teléfono, por la lluvia
5. para el miércoles
6. por aspirinas, para comprar aspirinas

PARA COMUNICARNOS

A. 2, 6, 3, 7, 4, 9, 1, 5, 8

B. *Answers vary.*

C. *Answers vary.*

PARA ESCRIBIR

Answers vary.

Capítulo nueve

VOCABULARIO

A.
1. se enamoró
2. cita
3. beso
4. celos
5. abrazaron
6. acompañó
7. boda
8. Se casaron
9. compañeros
10. llevar

B. *Answers vary.*

C. *Answers vary.*

ESTRUCTURAS

I. The imperfect of regular and irregular verbs (*ir, ser, ver*)

A.
1. éramos
2. tenía
3. estaba
4. era
5. hacía
6. estábamos
7. desayunábamos
8. almorzábamos
9. cenábamos
10. nos despertábamos
11. volvía
12. iba
13. traía
14. quería
15. preparaba

B. Eulalia *estudiaba* ingeniería en la Universidad Nacional. Ella no *era* muy responsable y no *sacaba* muy buenas notas, pero *era* muy popular y *tenía* muchos amigos que la *querían* mucho. *Vivía* con sus padres y sus dos hermanos menores que la *admiraban* mucho. A nosotros nos *gustaba* su compañía y nos *veíamos* frecuentemente: *íbamos* a la playa, al cine, a algún baile, o simplemente nos *quedábamos* en casa a conversar. Siempre nos *divertíamos* cuando *estábamos* juntos.

C. *Answers vary.*

II. The imperfect vs. the preterit

A.
1. sabía
2. conocías
3. conocí
4. supiste
5. sabía
6. sabía

B. 1. quería
2. Llamé
3. quería
4. dijo
5. tenía
6. llamé
7. iba
8. preguntó
9. quería
10. dije
11. tenía
12. me quedé

C. 1. fui
2. hablaba
3. llegó
4. se sentó
5. llamaba
6. hablamos
7. abrazamos
8. fui
9. estudiaba
10. llamó
11. pidió
12. dije
13. gustaba

III. *hacer* with expressions of time

A. 1. Hace dos años que estudio español.
2. Sí, hace unos días que le escribí a mi amigo en San Salvador.
3. Hace cuatro meses que preparo este viaje.
4. Sí, hace seis meses que tengo mi pasaporte.
5. Sí, hace cinco semanas que tengo el boleto para mi vuelo.

B. 1. hace
2. hacía, que
3. Hacía, que
4. hace
5. hace, que

C. 1. Hacía dos meses que la mujer lo conocía cuando se casaron.
2. Hacía tres años que estaban casados cuando el casamiento terminó en un divorcio.
3. Hace tres años que lo vio en San Salvador.
4. Hacía mucho tiempo que ella no pensaba más en él cuando lo vio allí en San Salvador.

IV. The relative pronouns *que* and *quien*

A. 1. quien
2. quien
3. que
4. que

B. 1. Espero el autobús que siempre llega a las nueve.
2. Ese presidente que visitó España es un buen político.
3. Maribel y Joaquín son los amigos con quienes vamos a almorzar.
4. Pedro es el estudiante de biología a quien le tengo que pedir un favor.
5. Tegucigalpa es una ciudad muy interesante que quiero visitar en diciembre.
6. ¿Éste es el amigo de Silvia que va a quedarse con nosotros?

PARA COMUNICARNOS

1. Me llamo Luis Durán.
   Mucho gusto.
2. ¡Buen provecho!
   ¡Gracias!
3. ¡Bienvenido!
   ¡Gracias! (Con permiso.)
4. ¡Salud!
5. ¡Felicitaciones!
6. ¡Salud!
7. Perdón.
8. Con permiso.

PARA ESCRIBIR

Answers vary.

Capítulo diez

VOCABULARIO

A. Lugares: las ruinas, el puerto, la estación de trenes, el parque zoológico, el Museo Nacional de Antropología, la agencia de viajes, el monumento, las pirámides, la aduana

Cosas: el boleto, el dinero, el mapa, el pasaporte, las maletas

B. 1. la estación de trenes
2. a la aduana
3. quedarnos
4. la aduana
5. «¡Buen viaje!»
6. hotel
7. pasaje
8. hermosas

ESTRUCTURAS

I. Formal *usted* and *ustedes* commands

A. 1. Busque el libro.
2. Vayan con ella.
3. Espere cinco minutos.
4. Salga de la catedral.
5. Empiecen a las ocho.
6. Llegue temprano.
7. Escriban pronto.
8. No digan eso.

B. 2. escribo, escriba, escriban
3. cuento, cuente, cuenten
4. salgo, salga, salgan
5. llego, llegue, lleguen
6. traigo, traiga, traigan
7. pongo, ponga, pongan
8. pido, pida, pidan
9. voy, vaya, vayan
10. vengo, venga, vengan

C. 1. Vuelvan al avión ahora.
2. Si quiere ir al Zócalo, camine dos cuadras más.
3. Llame al agente de viajes.
4. No saquen más fotos de esas ruinas.
5. Traiga su pasaporte.

D. *Answers vary.*

II. *tú* commands

A. 1. venga Ud., ven tú
2. haz tú, haga Ud.
3. tenga Ud., ten tú
4. no pongas tú, no ponga Ud.
5. no salga Ud., no salgas tú
6. no vaya Ud., no vayas tú

B. *Answers vary.*

C. 1. Mateo, no lleves esos pantalones blancos.
2. Señores García, no vayan al parque ahora.
3. Profesor, repita ese nombre, por favor.
4. Muchachos, doblen a la izquierda en esa esquina.
5. Teresa, no subas al autobús con ese paraguas.
6. Muchachos, no caminen por esa calle.
7. Pablo, ve al centro esta tarde.
8. Por favor, Marta, no leas esa carta ahora.

III. Position of object pronouns with commands

A. 1. trabajo; tú
2. mapas; Ud.
3. puerta; tú
4. catedral; Ud.
5. calcetines grises; Ud.
6. sombrero; tú
7. programa; Ud.

B. 1. No se siente allí.
2. No nos lo digas.
3. No me las traigan.
4. No los mires.
5. No se la pidas.
6. No se vayan.

C. 1. No me la compres hasta mañana.
2. No se los lleves hasta mañana.
3. No me lo busque hasta mañana.
4. No nos la diga hasta mañana.
5. No se la escriba(s) hasta mañana.
6. No me la hagas hasta mañana.

PARA COMUNICARNOS

A. 1. izquierda, derecha, derecha
2. derecho, derecho
3. izquierda, oeste, enfrente
4. derecho, la Avenida Lázaro Cárdenas
5. izquierda, a la Fuente de la Diana Cazadora

B. Vaya / Cómo llego a... / Vaya derecho / Camine cinco cuadras / Doble a la izquierda / Cruce / Está al lado del

C. *Answers vary.*

PARA ESCRIBIR

Answers vary.

Capítulo once

VOCABULARIO

A. *Answers will vary. Some probable responses:*

1. el partido internacional de fútbol, las elecciones en Costa Rica, la visita del Papa, el terremoto en Guatemala, los Juegos Olímpicos
2. las elecciones nacionales, la visita del Papa, la manifestación…
3. el aumento de precios de petróleo, la huelga de trabajadores, el costo de la vida, la superpoblación
4. el partido internacional de fútbol, el maratón de Boston, la visita del Papa, el concierto de piano, el anuncio de las mejores películas del año, los Juegos Olímpicos

B. *Answers vary.*

ESTRUCTURAS

I. The impersonal *se* and the passive *se*

A.
1. cierran
2. cambian
3. debe
4. dice
5. ven
6. necesitaba

B. 1. c 2. a 3. f 4. e 5. b 6. d

II. The past participle used as an adjective

A.
1. abiertos (*or* cerrados)
2. prendida
3. escrito
4. hechas
5. abiertas
6. perdido
7. resuelto
8. cerrada (*or* abierta)
9. roto

B.
1. Sí, profesor, todas las maletas están puestas en el autobús.
2. Sí, profesor, los periódicos están comprados.
3. Sí, profesor, las ventanas y las puertas están cerradas.
4. Sí, profesor, los números de los pasaportes están escritos en su cuaderno.
5. Sí, profesor, la lista de los números de teléfono de emergencia está hecha.

III. The present and past perfect tenses

A. 1. Los trabajadores han pedido aumento de sueldo.
2. La profesora ha visitado ese museo.
3. Tú y yo hemos viajado a Nicaragua.
4. Ha empezado la huelga de los maestros.
5. Me he quedado en el Hotel París.
6. Antonio no ha dicho casi nada en la reunión.
7. Todos hemos visto el noticiero de las once.

B. *Answers will vary especially in the time given for completing the action. Some possible answers:*

1. Ya había decidido si quería quedarse en una pensión. (Ya había reservado un cuarto.) Lo decidió hace seis semanas.
2. Ya había leído varios libros (*or* guías, mapas, *etc.*) sobre el país (*or* la ciudad, *etc.*). Los leyó hace dos meses.
3. Ya había hecho la maleta. La hizo hace diez días.
4. Ya había ido al banco. Fue allí hace dos semanas.
5. Ya había llegado al aeropuerto. Llegó allí el sábado a las seis de la mañana.

C. 1. b 2. a 3. b 4. b 5. a 6. a 7. b 8. a 9. a 10. b

PARA COMUNICARNOS

Answers vary.

PARA ESCRIBIR

A. *Horizontales:*

1. ve
4. revista
9. canal
10. si
12. su (*or* tu)
14. ser
16. porque
20. sí
21. un
22. co
23. te
24. oro
25. se
26. aumentas (*or* aumentan)
30. reunión
32. época
36. Teatro
38. artista
39. Sevilla
43. sabe
44. re
46. día
47. esas
48. leo

Verticales:

1. va
2. en
3. el
5. es
6. vi
7. siesta
8. ah (*or* ay)
11. poco
13. Ud.
15. ríes (*or* ríen)
16. protestar
17. que
18. U.N.
19. con
22. celebrar
25. santos
27. U.S.
28. tío
29. yo
31. no
33. casado
34. veías (*or* veían)
35. pasar
37. uvas
38. al
40. ese
41. iba
42. les
45. el

B. *Answers vary.*

Capítulo doce

VOCABULARIO

A. 1. en mayo
2. en noviembre
3. en diciembre
4. en julio
5. en enero
6. en junio
7. en enero
8. *Answers vary.*

B. *Answers vary.*

ESTRUCTURAS

I. The present subjunctive of regular verbs

A. 1. a 2. c 3. a 4. a 5. b 6. c 7. b

B. 1. enseñe
2. nos quejemos
3. mande
4. nos reunamos
5. fume
6. asistas
7. celebre
8. ayude

C. 1. llames
2. compres
3. inviten
4. escribas
5. comas
6. comprendamos

II. The present subjunctive of irregular, stem-changing, and spelling-changing verbs

A. 1. pidamos
2. enseñe
3. ponga
4. seas
5. piensen
6. haga
7. vayas
8. se reúnan

B. 1. tener, tengan
2. venir, venga
3. conocer, conozcas
4. ir, vayan
5. llevar, lleves
6. asistir, asista

C. 1. sepan
2. conozcan
3. comprendan
4. pueda
5. veamos
6. vengan
7. interese
8. se sientan
9. pasen

III. Additional command forms

A. 1. Tomemos
2. Sentémonos
3. hagamos
4. le expliquemos
5. Ayudemos
6. les digamos

B. 1. la acueste
2. le escriba
3. vaya
4. la llame
5. los reciba

PARA COMUNICARNOS

A. *Answers vary.*

B. *Possible answers:*

1. c   2. e   3. f   4. a   5. b   6. d

C. *Answers vary.*

PARA ESCRIBIR

Answers vary.

Capítulo trece

VOCABULARIO

A. 1. la boca
2. el brazo
3. el dedo
4. la espalda
5. el cuello
6. el pulgar (el dedo)
7. la pierna
8. el pie
9. el coratón
10. la mano
11. el pelo (el cabello)
12. la rodilla
13. la oreja
14. el ojo
15. la nariz
16. el estómago

B. 1. Me duele la cabeza. (*or* Tengo dolor de cabeza.)
2. Me duele la garganta. (*or* Tengo dolor de garganta.)
3. Me duele el estómago. (*or* Tengo dolor de estómago.)
4. Tengo fiebre.
5. Me duele la espalda. (*or* Tengo dolor de espalda.)
6. Me duelen los ojos. (*or* Tengo dolor de ojos.)
7.–9. *Answers vary.*

El diagnóstico 1.–3. *Answers vary*

ESTRUCTURAS

I. Other uses of the definite article

(*Sentences 3, 4, 7, 8, 11, and 12 are correct.*)

1. La salud es muy importante.
2. Me duele la cabeza.
5. Lávate la cara, Pepito.
6. Ellos creían que el español era más fácil que el francés.
9. Dame la mano, hija.
10. Le gustan las personas sofisticadas.

II. The subjunctive with certain verbs expressing emotion, necessity, will, and uncertainty

A. 1. a 2. c 3. b 4. a 5. b
6. c 7. b 8. a 9. a 10. b

B. *Answers vary.*

C. *Answers will vary but the verb forms should be:*

1. se alegra / le dé
2. duda / llueva
3. le pide / vaya
4. prefiere / no fume
5. tiene miedo / llegue(n)

D. 1. a. Quiero estudiar español.
   b. Quiero que estudie(s) español.

2. a. Espero ir a la fiesta.
   b. Espero que ella vaya a la fiesta.

3. a. Siento no poder estar allí.
   b. Siento que ella no pueda estar allí.

4. a. Me gusta viajar con ellos.
   b. Me gusta que viajen conmigo.

5. a. Me dice que sale (se va) esta noche.
   b. Me dice que salga (me vaya) esta noche.

6. a. Me alegro de no estar enfermo(-a).
   b. Me alegro (de) que no estén enfermos(-as).

III. The subjunctive with impersonal expressions

A. 1. a   2. a   3. b   4. b   5. c   6. c

B.
1. escribió
2. sea
3. hablar
4. se alegre
5. recuerde
6. tener
7. se vayan
8. diga
9. lean
10. vean

C.
1. No es verdad que los enfermeros ganen mucho dinero.
2. No es seguro que se casen en junio.
3. No es obvio que tú estés enferma.
4. No es cierto que lo vayan a operar del corazón.
5. No creo que la tensión sea una de las causas del dolor de cabeza.
6. No piensan que el abuelo de Marina tenga cáncer.

PARA COMUNICARNOS

A.
1. es
2. pequeña
3. pelo
4. salud
5. cabeza
6. pie
7. camina
8. difícil
9. dudo
10. pedir
11. sea

B. 1. …sea malo para el estómago nadar después de comer.
2. …la vitamina C cure todos los resfríos.
3. …correr sea malo para el corazón.
4. …(no) sea bueno lavarse el pelo todos los días.
5. …las verduras frescas tengan más vitaminas que las cocidas.
6. …todas las mujeres embarazadas coman pepinos con azúcar.

C. *Answers vary.*

PARA ESCRIBIR

A. *Answers vary.*

B. *Answers vary.*

Capítulo catorce

VOCABULARIO

A.

B. *Answers vary.*

ESTRUCTURAS

I. The future tense

A. 1. verá la sección de las noticias que quiere conocer en detalle.
2. se comunicará con los dependientes de una tienda.
3. podrá hacer todas sus compras.
4. obtendrá una licencia para manejar.
5. hará nuevas amistades.
6. encontrará a personas con intereses comunes.
7. tendrá acceso a toda la información de la Biblioteca del Congreso.

B. 1. veré
2. saldrá
3. se pondrán
4. harás
5. compraré

C. 1. b, probability
2. a, probability
3. a, probability
4. b, future
5. c, probability

II. The conditional mood

A. Predijeron que...
1. ...la supercarretera crearía miles de nuevos empleos.
2. ...las personas muy tímidas formarían nuevas amistades fácilmente por correo electrónico.
3. ...habría 500 canales de televisión en la Red.
4. ...nosotros podríamos pedir cualquier película o programa de televisión por computadora.
5. ...nosotros pagaríamos por «evento».
6. ...las tiendas que alquilan videos ya no existirían.
7. ...los estudiantes tendrían fuentes de información muy ricas y podrían «estar» en salones de clase a 3.000 kilómetros de distancia.
8. ...las bibliotecas estarían vacías.

B.
1. llegaría
2. podrías
3. pasarían
4. saldrían
5. acompañaría
6. llevaría
7. deberías

C.
1. ¿Quién podría haber sido? (¿Quién podría ser?)
2. Sería
3. (Te) olvidarías
4. estaría cerrado
5. estaría en el correo

The description following the dialogue will vary.

III. The present participle and the progressive tenses

A.
1. En este momento Esteban está imprimiendo un archivo.
2. En este momento Anita le está enviando un fax a Susana.
3. En este momento tú le estás escribiendo una carta a Ramona.
4. En este momento nosotros estamos limpiando la oficina.
5. En este momento estoy estudiando para un examen.

B. *Answers vary.*

C.
1. estaba buscando
2. estaba tocando
3. estaba mirando
4. estaba leyendo
5. nos estábamos divirtiendo (*or* estábamos divirtiéndonos)
6. estabas haciendo

PARA COMUNICARNOS

A. *Answers vary.*

B. *Answers vary. Possible answers:*

1. llevarme a casa, estoy cansada, dormir
2. escuchar la radio
3. prestar dinero
4. hablar

PARA ESCRIBIR

Answers vary.

Capítulo quince

VOCABULARIO

A. **Agradable:** viajar, enamorarse, sentirse feliz, reírse, besar, abrazar, ponerse contento, estar orgulloso

Desagradable: asustarse, estar avergonzado, matar, tener miedo, llorar, enojarse, aburrirse, estar deprimido, sentirse triste

B.
1. asustada
2. asustada
3. contenta
4. conducía
5. avergonzada
6. furioso
7. rabia
8. se enojó
9. vergüenza
10. rabia
11. risa

ESTRUCTURAS

I. Uses of the infinitive

A.
1. Sí, (No, no) es bueno estar a dieta.
2. Sí, (No, no) es necesario comprar pasajes de ida y vuelta.
3. Sí, (No, no) es importante salir antes de las cinco.
4. Sí, (No, no) es posible dormir en el tren expreso.
5. Sí, (No, no) es malo correr después de comer.

B. 1. a 2. b 3. c 4. a 5. a

C.
2. Don't step on the grass (Keep off the grass)
3. Take care of your dog (Curb your dog)
4. Put trash (in its place)
5. Scenic view
6. Wet paint
7. Don't pick the flowers
8. Exit
9. No smoking
10. Pull
11. Push
12. No parking
13. Post no bills
14. No left turn

II. The subjunctive in dependent clauses that function as adjectives

A. 1. a 2. a 3. b 4. a 5. c 6. c

B. 1. No conozco a ninguna persona que se enoje fácilmente.
2. No tiene ningún amigo que sea supersticioso.
3. No necesito a nadie que conozca al presidente.
4. No venden nada que yo pueda comprar.
5. Así no ofendes a nadie que sea inocente.

C. *Answers vary.*

III. The subjunctive with certain adverbial conjunctions

A. 1. Vamos a hablar antes de que el profesor nos llame.
2. Debes volver pronto en caso de que el profesor empiece la clase más temprano.
3. No podemos casarnos sin que nos queramos.
4. No te doy este anillo a menos que me des cien mil guaraníes.
5. Soy puntual para que el profesor no se enoje.
6. Te mando este libro para que tengas algo que leer.

B. 1. a. sea
b. corran
c. reciban

2. a. se ría
b. llore
c. esté

3. a. pueda
b. se despierte
c. vea

C. 1. lleguen
2. vio
3. me enojé
4. diga
5. se casen
6. hablo

D. 1. esté
2. se sienta
3. esté
4. puedan
5. empiece
6. ofende
7. pida
8. vean
9. crean

PARA COMUNICARNOS

A. *Answers vary.*

B. *Answers vary.*

C. *Horizontales:*

1. ah
3. sus
6. hija
10. docena
13. ducha
15. el
16. temía
17. mamá
18. ir
19. da
20. lámpara
21. carne
22. esquía
24. esquiar
26. panadero
30. horno
32. lavaré
34. cama
35. de
36. es
39. ya
41. mío
42. dormitorio
43. come
45. al
46. ir
49. lee
52. enojo
54. ido
55. sueña
56. oír
58. ríes (*or* ríen)
59. risa
60. dio
61. devoto
64. pase
65. ese (*or* esa)
66. adorno

Verticales:

1. además
2. hola
3. será
4. un
5. S.A.
7. id
8. judía
9. a.C.
11. embargo
12. garaje
14. abre
16. también
18. inca
19. dedo
20. lavaderos
23. usará
25. ido
27. conservadora
28. radio
29. camisas
30. hay
31. re
33. veo
36. Ema
37. sillones
38. dolerá
40. acá
44. mi
47. pobres
48. libros
50. repaso
51. jardín
53. otro
57. ida
62. ve
63. te

PARA ESCRIBIR

Answers vary.

Capítulo dieciséis

VOCABULARIO

A. 1. fruit
2. fish
3. juice
4. shoes
5. milk
6. bread
7. meat
8. furniture

B. *Possible answers:*
1. abrigo, blusa, bolso, camisa, falda, pantalones, poncho, sombrero, suéter, zapatos
2. arroz, azúcar, bananas, carne, cerámica, huevos, leche, lechuga, manzanas, naranjas, pan, pescado, piña, pollo, poncho, queso, sombrero, tomates, torta, vino
3. termómetros, cosméticos, medicinas, vitaminas, aspirina
4. arroz, azúcar, bananas, huevos, leche, lechuga, manzanas, naranjas, pan, piña, queso, tomates, vino
5. cama, mesas, silla, sofá

I. The imperfect subjunctive

A. 1. Me pidió que le comprara un poncho en el mercado.
2. Dudábamos que ellos pagaran tanto por esa cerámica.
3. Su madre le pidió que no viera más a Ramón.
4. Esperábamos que Ana ahorrara su dinero.
5. Era mejor que pidieran eso en una boutique del centro.
6. Era necesario que regatearas en el mercado.
7. Buscaba un banco que me cambiara este cheque.
8. Querían ver ese tapiz antes de que se lo dieras a tu amiga.

B. 1. fuera al mercado antes de que lo cerraran.
2. manejara con cuidado y que no tuviera prisa.
3. tratara de regatear para que nos dieran los mejores precios posibles.
4. no comprara nada que no estuviera en oferta.
5. llevara más dinero en caso de que viera algo muy bueno en oferta.
6. vendieran las mejores cosas muy temprano y que no quedara nada interesante después.
7. no parara en ninguna parte para hablar con mis amigos, aunque me pidieran que tomara una cerveza con ellos.
8. no quisiera seguir los consejos de una buena tía.

C. 1. Quisiera cambiar estos boletos.
2. Tú debieras llamar antes de salir.
3. Ella quisiera acompañarte.
4. Ustedes debieran tener sus maletas preparadas.

II. *if* clauses

A.
1. si valiera menos de 400 bolívares, ¿lo comprarías?
2. si los rebajara, ¿comprarías en su tienda?
3. se enamorara de alguien que trabajara con él, ¿se divorciarían?
4. le aumentaran el sueldo a Héctor, ¿te llevaría a Europa?
5. supiera, ¿se ofendería?

B.
1. paso
2. pongo
3. pudiera
4. dejaría
5. tuvieran
6. pasará
7. aceptan
8. podré
9. tengo
10. espera

C. *Answers vary.*

D. *Answers vary.*

III. Other uses of *por* and *para*

A.
1. por
2. por
3. por
4. por
5. Por
6. para
7. por
8. para
9. por
10. por
11. Para
12. por
13. por

B. *Answers vary.*

PARA COMUNICARNOS

A. *Answers will vary, but some probable reactions:*
1. ¡Esto no me gusta! (*or* ¡Esto es insoportable!)
2. Eso no es aceptable. (*or* ¡Esto es insoportable! *or* Es demasiado.)
3. ¡Esto es buenísimo!
4. ¡Esto es fabuloso! (*or* ¡Esto es justo lo que me faltaba!)
5. ¡Eso es insoportable! (*or* Es demasiado.)
6. ¡Esto es fabuloso! (*or* ¡Esto es buenísimo!)

B. *Answers will vary. Some possible responses:*
1. ¿Qué talla usa usted?
2. el probador
3. ¿Qué número calza usted?
4. prueba
5. grandes
6. hacen juego
7. envuelvo
8. puestas
9. probador
10. probarme

PARA ESCRIBIR

Answers will vary.

Capítulo suplementario

VOCABULARIO

A. *Answers vary.*

B. *Answers vary.*

C. *Answers vary.*

ESTRUCTURAS

I. The neuter *lo*

A. 1. importante
2. lo que
3. Lo que
4. lo que
5. lo
6. lo

B. 1. a 2. a 3. b 4. c 5. b

C. *Answers vary.*

II. Long forms of possessive adjectives; possessive pronouns

A. 1. su boda (su casamiento); la boda suya (el casamiento suyo)
2. mi anillo; el anillo mío
3. nuestra gente; la gente nuestra
4. su trabajo; el trabajo suyo
5. sus parientes; los parientes suyos
6. mis primas; las primas mías
7. tus amigos; los amigos tuyos
8. nuestros boletos de ida y vuelta; los boletos nuestros de ida y vuelta

B. 1. Los libros son de mí. Son míos.
2. El televisor es de Sonia. Es suyo.
3. La bicicleta es de él y de Jorge. Es suya.
4. La motocicleta es de nosotros. Es nuestra.
5. La computadora es de ti. Es tuya.
6. La radio es de mí. Es mía.

(*In the identification section of this exercise answers will vary.*)

III. The passive voice

A. 1. a 2. a 3. b 4. a 5. b

B. 1. a 2. a 3. b 4. a 5. b

C. 1. b 2. a 3. b 4. b 5. b

ACTIVIDADES

A.
1. campo
2. clima
3. valle
4. vista
5. nieve
6. sol
7. nube
8. lago
9. peces
10. los insectos
11. pájaros
12. amanecer
13. flores

B. *Answers vary*

PARA ESCRIBIR

Answers vary.

ANSWER KEY TO THE SELF-TESTS

SELF-TEST I

I.
1. conozco, sé
2. buscan
3. podemos
4. pongo
5. salgo, Vienes
6. crees, soy
7. debemos
8. quieren
9. tengo, tienes
10. va
11. tenemos
12. vive
13. digo, dice
14. duerme
15. vuelven
16. veo

II. es, es, es, está, es, es, está, está

III. A.
1. mi
2. Tus
3. sus
4. Nuestro
5. Su

B.
1. esta
2. aquellos
3. Este
4. esas
5. Esa

IV.
1. Sí, yo la llevo.
2. Sí, te puedo esperar unos minutos. (*or* Sí, puedo esperarte unos minutos.)
3. Sí, yo les hablo.
4. Sí, quiero preguntárselo. (*or* Sí, se lo quiero preguntar.)
5. Sí, te quiero.
6. Sí, puedo decírselo. (*or* Sí, se lo puedo decir.)
7. Sí, quiero dárselos. (*or* Sí, se los quiero dar.)
8. Sí, Anita nos escribe mucho.
9. Sí, me puedes visitar mañana. (*or* Sí, puedes visitarme mañana.)
10. Sí, se lo voy a dar. (*or* Sí, voy a dárselo.)

V.
1. Conoce, saber
2. dice, Habla
3. pido, pregunta
4. están, Son

VI.
1. Mucho gusto.
2. Buenos días.
3. Gracias.
4. Por favor.
5. ¿Qué hora es?
6. ¿Qué día es hoy?
7. Tengo hambre.
8. Buenas tardes.
9. ¿Tienen un cuarto con baño?
10. ¿Cuánto cuesta este reloj?
11. Lo llevo. (*or* Lo voy a llevar.)
12. Hace calor.

13. ¿Tiene(s) calor?
14. ¿Tiene(s) ganas de ir?
15. ¡Bienvenido(-a, -os, -as)!
16. ¿Puede decirme dónde está el restaurante «La Cazuela»? (*or* ¿Me puede decir...?)
17. Hasta mañana. (*or* Nos vemos mañana.)
18. ¡Qué lástima!
19. ¡Cuidado!

SELF-TEST II

I.

1. Hablen de su viaje.
2. Estudia hoy.
3. No comas los chocolates.
4. Vete ahora, Rosa.
5. No sea pesimista.
6. Pásemela.
7. No pierdan la dirección.
8. Dísela.
9. No me llames muy temprano.
10. Ven a clase.
11. Tráigamela.
12. Ten ciudado.
13. Espérenme.
14. Vístase a la moda.

II. A.

1. Tuvieron que aprender inglés.
2. ¿Qué pediste?
3. Ya los vi.
4. Se lo dimos a ellos.
5. ¿Quién perdió? ¿Quién ganó?
6. No tuviste tiempo de ver la película.
7. Simón Bolívar quiso unir toda Sudamérica.
8. Los árabes trajeron a España una rica cultura.
9. Salí temprano.
10. Fernando se fue a casa a dormir.
11. Se divirtieron mucho.
12. No nos quiso ver.
13. Conocieron a María.
14. Supo la verdad.
15. Me levanté a las ocho.

B.

1. Tenían que aprender inglés.
5. ¿Quién perdía? ¿Quién ganaba?
6. No tenías tiempo de ver la película.
7. Simón Bolívar quería unir toda Sudamérica.
11. Se divertían mucho.
12. No nos quería ver.
13. Conocían a María.
14. Sabía la verdad.
15. Me levantaba a las ocho.

C.

2. ¿Qué has pedido?
3. Ya los he visto.
4. Se lo hemos dado a ellos.
5. ¿Quién ha perdido? ¿Quién ha ganado?
6. No has tenido tiempo de ver la película.
10. Fernando se ha ido a casa a dormir.
11. Se han divertido mucho.

D. esperaba; vi; nos conocimos; queríamos; admiraba; tenía; había heredado; había visto (*or* veía); vi; llevaba; dije; estaba; pregunté; seguía; dijo; viajaba; visitaba; contó; conoció (*or* había conocido); se enamoró; decidieron; tenía; era; vivieron (*or* vivían); descubrió; tenía; dejó (*or* ha dejado); inspiró (*or* ha inspirado); empecé; han podido (*or* pueden)

III.
1. Siempre me divierto con Andrea y Tomás.
2. Él se va de aquí mañana.
3. ¿Se lava la cara? (*or* ¿Te lavas la cara?)
4. Me levanto de la mesa.
5. ¿Cómo se llama tu mejor amigo?
6. Siéntese, por favor. (*or* Siéntate, por favor.)
7. Me acuesto a las once.
8. Te despiertas temprano. (*or* Se despierta temprano.)

IV.
1. ¡Qué tonterías!
2. ¡Por supuesto!
3. ¡Felicitaciones!
4. ¿Me puede(-s) decir cómo llegar al Hotel Internacional?
5. Vaya derecho (adelante).
6. ¡Salud!
7. De nada. (*or* No hay de qué.)
8. ¿Dónde se venden zapatos?
9. ¿A qué hora (se) abren las tiendas?
10. Tráigame un café, por favor.
11. ¿Qué desea (desean) pedir?
12. La cuenta, por favor.
13. Perdón.
14. ¡Buen provecho!
15. ¿Qué (nos) recomienda?

SELF-TEST III

I.
1. Se alegró mucho de que se casaran.
2. Tiene miedo que lleguemos tarde.
3. Creo que ellos venden la casa.
4. Dudo que Susana vaya al cine hoy.
5. No es cierto que él tenga dolor de cabeza.
6. No había nadie allí que pudiera hacerlo.
7. Supo que ellos llegaron temprano.
8. El médico no cree que Silvia esté enferma.

II.

A.	1. estemos	2. tenga	3. vuelvan	4. pueda
B.	5. mienta	6. traigas		
C.	7. venga	8. conozcas		
D.	9. ganen	10. fume, descanse		
E.	11. haga			
F.	12. coma	13. sean		
G.	14. pueda	15. tengamos	16. alquile	
H.	17. trabajen	18. nos acostemos	19. me vaya	
I.	20. salga	21. reciba		
J.	22. sea	23. pueda		
K.	24. sepa	25. lleguen		

III.
1. por
2. por
3. para
4. por
5. por
6. para
7. Por
8. por
9. Para
10. por, para

IV. A.
1. yo daré
2. él escribirá
3. nosotros viajaremos
4. tú harás
5. ellos pondrán
6. ella irá
7. nosotros pediremos
8. tú dirás
9. yo me levantaré
10. él dormirá

B.
1. yo daría
2. él escribiría
3. nosotros viajaríamos
4. tú harías
5. ellos pondrían
6. ella iría
7. nosotros pediríamos
8. tú dirías
9. yo me levantaría
10. él dormiría

C.

1. yo estoy dando
2. él está escribiendo
3. nosotros estamos viajando
4. tú estás haciendo
5. ellos están poniendo
6. ella está yendo
7. nosotros estamos pidiendo
8. tú estás diciendo
9. yo me estoy levantando
10. él está durmiendo

V. A.

1. viene
2. pierdan
3. vamos
4. llegan
5. quiera
6. van

B.

1. supo
2. tuvieras
3. llevara
4. estuviéramos
5. ayudó
6. se calmó

VI.

1. Quiero ir de compras. ¿Te [Le(s)] gustaría venir conmigo? (*or* ¿Quisieras [Quisiera(n)] venir conmigo?)
2. ¿Dónde está el correo?
3. ¿Qué te (le) pareció la ciudad? ¡Una maravilla!
4. ¿Qué edad tiene?
5. ¡Qué barbaridad! ¡He perdido mis tres maletas!
6. Adiós. Que te (le) vaya bien.
7. Me duele la cabeza.
8. ¿Hay una (alguna) farmacia cerca?
9. Quiero que conozca(n) a mi amigo Rafael Márquez.
10. ¡Qué sorpresa! Pensamos (Pensábamos) que llegaría mañana, no hoy.
11. Lo siento mucho.
12. ¡Qué alivio!
13. ¿En qué puedo servirlo(la)?
14. (Les) Recomiendo que tomen el tren. (*or* [Le] Recomiendo que tome el tren.)
15. No se permite sacar fotos.